JN313329

産業心理と経営学

宮脇敏哉 編著

野呂一郎・和田 造・金津 謙・深見 環・
太田義人・辰巳佳彦・宮脇広哉 著

北大路書房

まえがき

　2012年は，大手企業のコンプライアンス問題，アラブの春，円高，原発問題，一票の格差などの問題山積による激動の年となっている。今回，本書『産業心理と経営学』の執筆に際し，まず考えたのは企業経営の要諦になっているのは利益や企業規模ではなく「人」であるということである。この「人」を理解して，はじめて経営が考えられるとう視点から捉えたことが本書の特徴である。

　なぜ大手企業がコンプライアンス問題を次々に起こすのか，にわかには理解できない面があるが，そこに切り込むには心理学が重要になってくると思われる。「人」はなぜ働くのか，求めているものは何なのか，どこに行きたいのかを解明しないと企業組織はゴーイングコンサーンにはなれない。フォーマル組織には必ずインフォーマル組織が存在しており，企業の方向さえ左右している。なぜこのようなことが起こるのか，経営学者のテーラーやファヨールの登場から間もなく多くの心理学者が経営学分野に参入したのはどのような理由からなのか，を明らかにしていく。

　企業は1980年代の「企業30年説」から1990年代の「企業10年説」，そして2000年代のベンチャー企業論，アントレプレナー論の台頭によって「企業3年説」と変貌してきた。成長している企業と衰退する企業の違いは何かと考えると，やはり「人」に行き着くことが多いことが，近年の不祥事などを通して判明している。

　あらゆる組織体は法治国家のなかに存在しており，当然コンプライアンスの遵守が求められている。しかしコンプライアンスの問題が発生し続けるのはなぜなのか。ハーズバーグが言うように，一般の人が集団で悪い方向に進むのはなぜか。なかでも，第二次世界大戦時のドイツにおいて発生した事案は深刻なものであった。一般の「人」が，ある要因で変貌することを止められるのか，また予防できるのか，という提案もハーズバーグが行なった。さらに，ハーズ

バーグはモチベーションと衛生理論を M-H 理論として発表した。

　本書は 2 部構成となっている。第 1 部では産業心理を中心に展開する。経営学には多くの心理学者が参加しており，1920 年代から企業の従業員がいかに働くかが大きなテーマになってきた。まず第 1 章では，産業心理学の成立を，メイヨーとレスリスバーガー，バーナード，サイモン，テーラー，ファヨール，チャンドラー，サイヤートとマーチ，ドラッカーといった重要人物を紹介しながら論じていく。第 2 章では，企業経営において重要となるリーダーシップについて，その歴史・形成から今後の課題までをコッターの「リーダーシップ論」を交えて検討する。第 3 章では，企業経営には欠かせないモチベーション論を，心理学者のマズロー，マグレガー，ハーズバーグ，リッカートらの理論から展開する。第 4 章では，経営学のなかで企業経営に即日必要となる意思決定論について，学説から現状を検討する。第 5 章では，人的資源管理の 8 つの要素を順次論じ，グローバル化で急速に変化する環境のなかで人的資源管理をどのように活用するかを考察する。そして第 6 章では，経営戦略の本質は，考え（ビジョンやゴールをもつこと）とコンテキスト（組織固有の条件，環境，判断）にあることとし，その構築，意図，評価，選択，プロセスの意義を述べる。

　第 2 部では，企業経営の根幹をなす経営学からの会計と意思決定における会計，労働法などの法律，異文化経営，企業家精神，中小企業の事例などを取り上げる。第 7 章では，経営における会計の基礎を，経営会計の仕組み，原価，利益計画，予算管理の順に概観し，次の第 8 章では，企業経営で直面する意思決定における会計を学ぶ。第 9 章では，企業内ハラスメントのなかでも象徴的な，パワーハラスメントとセクシュアルハラスメントの具体例をあげ，その法的責任について論じる。第 10 章では，企業の形態や経営がグローバル化していく際にみられる理論的側面について検討し，第 11 章では，各国市場への対応を迫られる企業の組織運営と異文化におけるコミュニケーション，人的資源管理，マネジメントを検討する。最後の第 12 章では，中小企業経営の事例として，新潟県を代表する中小企業クラスター地域である三条市を取り上げ，地域産業の発展から日本の発展の可能性を考える。

　第 1 部と第 2 部を通して，産業心理学と経営学の融合が行なわれ，本書が目

的とする「心理学を駆使して持続可能な企業経営を行なう方法を学ぶ」ことに貢献するものになれば幸いである。

　最後に，出版事情が厳しいなか本書の刊行を引き受けていただきました北大路書房の皆様，編集部の北川芳美氏に感謝申し上げる。

2012年9月
秋めいてきた新潟市駅南にて
編者　宮脇敏哉

目　次

まえがき　i

第1部　●●●　経営に活かす産業心理の諸理論

■ 第1章　産業心理の歴史と重要人物 …………………………… 3
第1節　社会心理学の知見　4
第2節　産業心理学の成立　6
第3節　おわりに　25

■ 第2章　産業心理からのリーダーシップ …………………… 27
第1節　リーダーシップとは何か　28
第2節　リーダーの特徴　30
第3節　リーダーシップ理論　33
第4節　小集団の役割とリーダーシップ　37
第5節　おわりに　38

■ 第3章　産業心理からのモチベーション …………………… 41
第1節　マズロー　42
第2節　マグレガー　44
第3節　ハーズバーグ　46
第4節　リッカート　49
第5節　おわりに　51

■ 第4章　産業心理からの意思決定 …………………………… 53
第1節　意思決定とは　54
第2節　意思決定と組織　56
第3節　おわりに　60

■ 第5章　人的資源をどう活用するか ………………………… 63
第1節　人的資源管理の体系　64
第2節　採用・配置　65

第3節　教育訓練　67
　　　第4節　評価とは何か　68
　　　第5節　昇進・昇格　73
　　　第6節　報酬　77
　　　第7節　労働組合　80
　　　第8節　安心と安全　81
　　　第9節　心身の健康　83

■ **第6章　組織は戦略に従うのか**　85
　　　第1節　戦略概念の系譜　86
　　　第2節　経営戦略とは何か　88
　　　第3節　コンテキストの重要性　92
　　　第4節　戦略を構築する　95
　　　第5節　戦略的意図　97
　　　第6節　戦略的評価　99
　　　第7節　戦略的選択　103
　　　第8節　戦略構築プロセスの意義　106

第2部　●●●　経営戦略・企業と経営

■ **第7章　経営における会計**　113
　　　第1節　経営会計のフレームワーク　114
　　　第2節　原価の概念　118
　　　第3節　利益計画　122
　　　第4節　予算管理　128

■ **第8章　意思決定における会計**　135
　　　第1節　事業部制会計　136
　　　第2節　設備投資の経済計算　141
　　　第3節　ABCとABM　143
　　　第4節　原価企画　149
　　　第5節　バランスト・スコアカード等　153

■ **第9章　企業内ハラスメント**　157
　　　第1節　パワーハラスメント　158
　　　第2節　パワーハラスメントと法的責任　160

　　　　第3節　パワーハラスメント発生の予防　167
　　　　第4節　セクシュアルハラスメント　169
　　　　第5節　セクシュアルハラスメントと法的責任　172
　　　　第6節　モラルハラスメント　177

■ 第10章　グローバル化と企業経営 …………………………………… 181
　　　　第1節　企業の海外進出と発展段階　182
　　　　第2節　企業の多国籍化に関する理論　187
　　　　第3節　グローバル企業の組織形態　192
　　　　第4節　バートレットとゴシャールによる企業組織の分析　198

■ 第11章　異文化経営とコミュニケーション ………………………… 203
　　　　第1節　価値連鎖の配置と調整　204
　　　　第2節　グローバル企業の機能と類型　207
　　　　第3節　組織運営とコミュニケーション　213
　　　　第4節　人的資源管理と異文化マネジメント　217

■ 第12章　地域産業の中小企業経営 …………………………………… 227
　　　　第1節　三条市の工業　228
　　　　第2節　中小企業経営の具体例　231
　　　　第3節　三条市の工場立地　239
　　　　第4節　まとめ　240

　　　人名索引　243
　　　事項索引　245

第 **1** 部

経営に活かす産業心理の諸理論

第 1 章　産業心理の歴史と重要人物

　アメリカの経営学の発展を考える場合，フランスにおいて 1910 年代後半にファヨールの『産業ならびに一般の管理』が著わされていたことを考えれば，トップマネジメントも含めた全般的管理の理論化あるいはアメリカ経営学の総合化は遅れていたといわねばならない。しかし，戦後になりストーズによるファヨールの著作の英訳版が一般に普及したこともあり，ファヨールの管理論はアメリカ経営学に大きな影響を与えたものである。その後に，多くの心理学者が経営学に参入することになった。心理学者メイヨーとレスリスバーガーによるホーソン実験，心理学者マズローの欲求 5 段階説，心理学者ハーズバーグのモチベーション，心理学者マグレガーの X 理論・Y 理論，政治学者であり心理学者のサイモンの経営行動などである。

　アメリカの研究者の代表としては，バーナードがあげられる。角野（1997）によると，バーナードは 1886 年マサチューセッツ州モールデンに生まれた。彼はけっして恵まれた家庭環境に育ったわけではなかったが，当時一世を風靡したハーバート・スペンサーの哲学を論じあうような家庭のなかで，勤勉，個人の尊重，自主独立，プラグマティズムといった伝統的なアメリカ精神を育み，哲学と読書好きの青年として育った。彼は，自らの生活費と学費を稼ぐため，ピアノの調律師やあらゆる仕事をしながら 1906 年ハーバード大学に入学し，経済学を専攻し，タウンシック教授のもとで経済学を，ローウェル教授のもとで政治学を学んだ。

　そして 1927 年にはニュージャージー・ベル電話会社の社長になった。さらにローエル研究所で行なった 8 回の講義をもとにし，1938 年『経営者の役割』を著わしたのであった。組織を組織目的を達成するための合理的手段，あるいは職務間の公式的な構造（関係）とみなすような管理論的接近法に基づく経営学でなく，まず人間および人間行動を分析し，人間の活動から協働体系という基本的概念を導き出し，このような人間活動の体系から組織とは何かを問い直す社会学的な組織研究といえるものであった。事実，バーナードはこの書を執筆するにあたり，デュルケーム，パレート，テンニース，パーソンズといった社会学者の著作を大いに参照し，ある意味でこの書は「公式組織の社会学」とでもよべるものであると述べている。

第1節　社会心理学の知見

　心理学は，その対象とすることによっていろいろな部分に分かれているが，大きく基礎心理学と応用心理学に分けることができる。産業心理学は応用心理学で，社会心理学の一分野であるが，社会心理学は大きく分けて2つに分類できる。1つは集団の成員としての心理過程をもつ集団内行動，2つ目は集団の成員として全部あるいは大部分で共通行動をする集団行動である。

　集団内行動と集団行動は社会をつくっている成員の個人にみられる心理的特徴がある。個人が何らかの交流によって互いに補っているということは，生理心理学と社会心理学は近くにあるということである。1人ひとりの人間は，社会のなかに生まれてきて，その成員として社会生活をしている。その個性あるいはパーソナリティ（性格・能力・気質の個人的な特徴の総体）は，その人の住んでいる生活環境に大きく左右される。

　社会心理学は，パーソナリティ・集団内行動・集団行動の3つの面を心理学の方法とテクニックを使って研究する学問である。社会行動の研究では，まず社会をつくっている人間の問題から出発している。社会生活のなかでは，他の人たちとの間に何らかのかたちで折り合いをつけながら欲求を処理する方式をとらなければならない。

　集団に属する成員の大部分あるいは全部は，その集団に決められた約束や心理的な統制力に従って，共通な集団行動を示す。集団の約束が成員の行動を統制する場合は，統制的な集団行動となる。たとえば，法律，慣行，風習，さらに流行は，法律的，道徳的，心理的な統率力に従って集団行動を行なう。集団に統率力が及ばないときには，群衆，乱業あるいは心理的な影響など，一時的なあるいは永続する非統率的な集団行動が起こる（南，1958，1-5頁）。

　心理学や組織論において論ぜられているように，組織集団の特性として，集団の擬集性と誘因性があげられる。擬集性は集団にメンバーをとどめようとする力であり，誘因はメンバーを引きつける力である。この両者の間には，プラスの誘因がはたらけば擬集性が大となり，集団は持続的に繁栄する。マイナスの誘因がはたらけば擬集性は小となり，集団は衰退するという特性がある。

　集団の発展のためには，集団の志向性が重要になってくる。集団志向性のな

い集団は，いわゆる烏合の衆になる。企業は組織発展のためには，集団志向性を高める必要がある。ここで注目したいのが，誘因性を高めるためにビジョン・ミッションなどを整備する必要があるが，要諦となるのは，集団のリーダーの役割である。集団のリーダーには高い倫理観が必要不可欠であり，集団の成員のモチベーションを高め，組織活動をスムーズに行なうのもリーダーの行動しだいである。

　リーダーは人間性が高いレベルにあることは，当然であり，集団の成員のことをよく理解する能力が求められる。リーダーはナレッジマネジメント力と情感的な能力が求められている。特に以下の項目が必要とされる。①自分自身の情動を自己認識できる能力，②感情を制御できる能力，③自分自身を動機づける能力，④他人の感情を認識する共感能力，⑤人間関係をうまく処理する能力，である（水谷，1998，93-96頁）。

　規範は，集団全体の利益を図るために合理的に集団成員を統合して行動するもとになるものである。規範に従う行動を同調行動という。規範は，大きく分けると2つあり，1つは成文化された規範でそれを強制するために制裁を合法に行なう組織（警察など）をもっている。2つ目は全体の成員がだれでも適応される法律とは違って，個々の部分社会，社会集団の成員に対する規則・規約・申し合わせなどがある。

　規範は，これまでの風習や慣行の非合理的な要素がしだいに除かれ，合理的になったものである。近代社会では，社会統制の慣行的な要素が規範となってきている。成員の生活全体が合理的になってくると規範は必要でなくなってくる。つまり，規範が良識となって成員の生活に取り込まれるからである。規範に従わない組織体が近代社会においても存在しているが，その組織体独特の慣行があること自体がコンプライアンス問題を抱えていることになる。組織体独自の慣行が行なわれていることは，その上位にある法令に抵触する場合もある（南，1958，99-101頁）。

第2節　産業心理学の成立

1. メイヨーとレスリスバーガー

　1924年から1927年の約4年間にわたって行なわれた「ホーソン実験」がこのことをみごとに証明した。ホーソン実験というのはアメリカのウエスタンエレクトリック社のホーソン工場において行なわれた，ハーバード大学関係者を中心として，心理学者のエルトン・メイヨー（Mayo, G. E.）とフリッツ・レスリスバーガー（Roethlisberger, F. J.）が参加する「能率増進劇」であった。組織構造をいくら立派なものにしても，社員に働く能力や働く気がなかったら組織の目的を達成することはできない。伝統的な組織論者は組織構造さえ合理的に組み立てれば，あとは機械的に組織目的を達成できるとした。

　メイヨーとレスリスバーガーは当時支配的であった科学的管理法や産業心理学の助けを借りて，労働時間や作業方法が作業者個人にどのように影響を与えるかを研究した。実験結果としては，社員が単なるもの言う機械でもなく，経済的利害のみによって動かされるものでもない。ほとんどの人間行動は論理的でもなく，不合理でもなく没論理的である。つまり，感情に動機づけられて行動するのである。このような感情は個人独自のものというより，自分が属している集団によってつくり出された感情である。この感情を規定しているのはインフォーマル組織である。インフォーマル組織は体内的には社会的統制を行ない，対外的には防衛のメカニズムとして機能する。この集団規範が会社の指示する作業方式や標準と異なるとき，社員は仲間はずれにされることを恐れて，集団の規範に従う。

　メイヨーとレスリスバーガーの研究結果が世に出るや否や，メイヨーらはいっせいに集中砲火を浴びることになった。その批判の要約は，①技術体系が職場集団に及ぼす作用を無視している，②経営者的視点である，③労働組合を無視している，④人と仕事の関係を無視している，⑤企業の経済的側面をほとんど考慮していない，などであった（工藤，1985, 88-90頁）。

　経営学の世界では，メイヨーは特異な存在である。メイヨーの関心は企業という小範囲にとどまらず，人間一般や社会全体に広がっていた。特にホーソン

実験において心理学と社会学と臨床医学を経営学に融合させた。人間関係論の創始者であり、産業社会学や産業心理学という新しい学問分野の誕生に大きく寄与した。レスリスバーガーはメイヨーを師事する有能な学生であった。レスリスバーガーは内向的な学生であり、外向的なメイヨーとは性格が正反対であった。ホーソン実験では、メイヨーはおもに会社の上層部と交流を図り、また経営陣とのコミュニケーションを密接にとり、資金獲得などを行なった。それに対してレスリスバーガーが、現場監督者といっしょに働き、実験の進行をよりよくする係であった。工場現場には、レスリスバーガーが嫌いな無味乾燥なアカデミックな理論ではなく、生き生きした人間、おもしろい体験、新しい刺激があった。

　メイヨーとレスリスバーガーが関与したホーソン実験は「照明実験」と「継電器組み立て実験」「面接調査実験」「バンク巻き線作業観察実験」などである。照明実験の目的は、照明の質と量が従業員の作業能率のうえにいかなる影響を及ぼすかを発見することであった。照明実験は2つの労働者グループをつくり、それぞれ違う建物に配置してコイル巻き作業をさせた。グループはコントロールグループと名づけられた一定の照明度による作業と、テストグループと名づけられた照明度を変化させる作業の効率変化の実験であった。照明実験による結果は、照明度に関係なく作業効率は低下しなかった。この調査から照明度よりも今回の実験に参加しているという状況が、モチベーションアップにつながったと考えられた。

　継電器組み立て実験では、選ばれた6名の女子工員（15〜28歳、組み立て作業5名、作業補助1名）が、工場内の隔離された作業所のなかで、約40個の部品を電話用継電器に組み立てるという単純反復作業を行なうという実験であった。実験中に労働条件の変更を行ない、それに伴う生産性の変化や工員の態度の変化をみた。

　結果は、効率がアップしたうえに、労働意欲が高まり、楽しんでいるようにも見えたのである。理由としては以下のことを工員が述べた。

　①作業の進行を妨げるものがない。
　②達成しなければならない「責任割当額」がない。
　③「ボス」がおらず、また奴隷的な強制もない。

④牛馬が小屋に入れられているような拘束がない。
⑤落とした部品を無理に拾いあげさせない。
また，なぜ6名はそんなに働くのか聞いたところ以下のように述べた。
①小グループであった。家族的な作業ができた。
②監督のタイプがよかった。柔軟で寛容な監督であった。
③状況の新鮮さ。
④実験への興味。
⑤テスト室への非参加者からの注目。

結論としては，照明実験と継電器組み立て実験から作業条件と作業能率間の相関関係は検出されなかった。

面接調査実験は，延べ2万1000人の従業員に対する面接による調査であった。最初の面接は30分程度であったが，後に90分に延長されるケースも出た。この実験は規模がとても大きかったが，従業員たちは，意見や考えを表明できて喜んでいた。結果的に，管理者と従業員との人間関係が改善され，会社と従業員間の信頼性がアップした。また企業内部の人間関係は明らかに改善された。この実験では，仕事と無関係な雑談をしただけでも仕事の効率がアップすることが判明した。

バンク巻き線作業観察実験は，捲線工9名，ハンダ工3名，検査工2名という3業種から男子作業員14名の作業班をつくった。集団出来高給制度を取り入れてようすを観察した。結果は，この作業班のなかに何らかの仲間集団が存在し，その仲間集団内の独自なおきてが作業員の行動を大きく左右していることが判明した。

ホーソン工場における長期の実験によって以下のことが明らかになった。
①経済的報酬だけでなく，社会的報酬をも求める。
②合理的理由だけでなく，感情的理由にも左右される。
③公式組織だけではなく，非公式組織にも影響される。

(喬，2011，71-90頁)

メイヨーが『産業文明における人間問題 (The Human Problems of an Industrial Civilization)』(1933) を書いたとき，彼の念頭にあった経営問題は，一企業や特定産業の範囲を越えた文明のしくみそのものだった。産業文明では，

人々を有効に協働するように訓練してきた社会規範が崩壊したとメイヨーは述べた。現代人は，帰属集団から道徳的に引き離されており，生活が無計画である。そのことがよけいに個人の無能力を痛感させる。これをメイヨーは「敗北の生活様式」とよんだ。

レスリスバーガーは経営組織のモデルとして経営組織は社会組織であること，そのなかには物質環境としての技術的組織だけではなく人間組織が内在していると述べた。人間組織には，純粋に個人的感情の領域と集団の規範が支配する部分があり，後者を社会的組織とよんでおり，企業の組織図にある権限と責任の公的な関係が存在する。

人間関係論の発見は，社会的組織のなかにはもう1つの組織が存在することを確認したことである。それは職場におけるインフォーマルによる，自然発生的な不文律によって支配されている非公式組織図である。経営組織には2つの評価システムが二重に構造化されており，公式的な業績に対する個人的評価を経営者が述べることである。それと，非公式な社会的評価（同僚からの評価）がある。レスリスバーガーが心情の体系というときは後者の社会的評価である。

レスリスバーガーは，ホーソン実験の成果に基づく，企業の人間問題処理の新しいアプローチとして，以下の点をあげた。

①各部署，各階層の内部およびその相互間の良好なコミュニケーションを維持する。
②技術の変更やフォーマルな組織の変更を行なうときには，時期，度合，従業員の理解，適応性を考慮して従業員間のバランスを保つ。

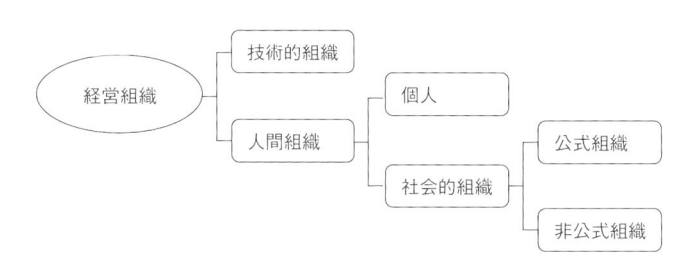

図1-1　人間関係論の組織モデル（亀川・鈴木，1997）

③従業員を職場環境に適応させ，職場グループを経営全体に適応させる。

人間関係論は 1945 年以降，企業に利用されるようになった。それまでの人事管理の限界を認識して，人間関係論を取り入れる企業が増加した。そして新しい人事管理の技術が導入された。①提案制度（suggestion system），②苦情処理制度（grievance system），③態度調査（attitude survey），④意思疎通（communication）などである。人間関係論が既存の組織管理に大きな影響を与えた。各企業に，従業員の情緒的側面を重視する施策の導入をもたらし，福利厚生，モラール・サーベイ，面接計画の実施をうながした（岡本，1976，29-40 頁）。

メイヨーとレスリスバーガーの各種の実験を通して得た結果は，人は経済的理由だけではなく使命をもった場合は大きな個人的力を発揮する。そして人事管理とは，ただ単に人を統制するだけではなにも問題が解決しないことが明らかになった。さらに事業体の組織にはフォーマルな組織とインフォーマル組織があり，インフォーマル組織が大きな役割をもっていることがわかった。

面接調査実験によって一個人であったものが，聞き取りをしてもらうことによって，日々考えていた仕事に対する意見を述べることによって企業に参加していることを自覚した。結論として，人は機械ではなく人間であるということを認識して経営管理する必要がある。メイヨーとレスリスバーガーはサイモンの研究に大きな影響を与えた。

2．バーナード

チェスター・バーナード（Barnard, C. I., 1886～1961 年）は，アメリカのマサチューセッツ州に生まれ，ハーバード大学で経済学を専攻したが，中退して AT & T 社に入社し，統計主任の職に就いた。その後，ペンシルベニア・ベル電話会社副社長補佐兼総支配人となり，次いで AT & T グループの子会社ニュージャージー・ベル電話会社社長，ロックフェラー財団理事長などを歴任した。バーナードは経営実践に基づいた理論展開によって，学会にインパクトを与えた。そして，近代組織論の始祖と称されるようになった。バーナードは，意思決定の重要性に着目し，組織行動の本質は意思決定であるとして，意思決定という概念を明確にして研究を進め，理論の構築を行なった（森田，1996，

214頁)。

　1930年代は経営管理思想のなかに「人間」の問題が入ってきた。人間関係論が新しい考え方を提起したとき，実務家の多くにそれは甘い考え方だと思われた。バーナードは，人間関係論の問題提起をさらに発展させた「組織と個人」論を提起した。1934年にバーナードは講演会において決定論と自由意思の問題を組織論の基本的なテーマとした。組織と個人についてバーナードは，人間の努力の有効性を大いに評価し，それなしでは得られない多くの不可欠な役割を果たしてくれる道具または機械のようなものとした（亀川・鈴木，1997，229頁)。

　バーナードによって展開された近代組織論は，1938年に刊行された著書『経営者の役割（The Function of the Executive)』によって発表されたものである。経営者の実体験から，組織と経営者の職能について基礎づけたもので，経営者の役割は組織を維持していくことにあるとした。組織のメカニズムを解明する理論として，バーナード革命とよばれている。バーナード理論は，従来の人間観を統合して，自由と責任をふまえた自律的人間観に立って，物的・社会的・人的・組織的要因の統合物として人間をとらえている。そして，人間は一定の制約のもとに自由意思をもつことができ，さまざまな動機に基づいて自己の行動を選択することができるとした（森田，1996，215頁)。

　バーナードは人間の社会性を次のように説明している。「人間生活の集合的性質は，物質的生産と消費，あるいは政治的必要のいずれかが示すより以上に根深いものである。人間は決して自分自身に起源するものではなく，各人は無数の世代にわたる人種と社会の発現であることは生物学的，心理学的にも正しいことである」したがって，自然的自由も社会関係のなかではじめて獲得される（庭本，2006，86-87頁)。バーナードは人間は社会的自由を根底にもっており，貢献意欲，共通目的，コミュニケーションを通してそれぞれ個人人格と組織人格が誘因へ，個人目的と組織目的が均衡へ，命令と服従が権限につながるとした。

　バーナードによると，どの組織も貢献意欲，共通目的，コミュニケーションという3要素がみられるという。このうちのどれかが1つでも欠けていれば組織は存続できない。貢献意欲においては，組織は人間の意欲なしには成り立たない。たとえば，1つの作業を協業している場合に1人だけ休むわけにはいか

ない。これが個人人格といわれ、協業して作業しているのが組織人格といわれる。なぜ、個人は自由な意思を放棄して組織に協働するのだろうか。組織が個人の動機を満たす何ものかを与えられる場合に個人は協働する。これをバーナードは誘因とよんだ。

共通目的は協業への貢献意欲は共通の目的を他者と分かち合うことで生まれる。従来の作業においては、管理者が社員に対して合理的な規則と権限によって強制するか説得する。組織目的は1人ひとりの社員にとってはまったく意味がないが、社員にとっては組織目的に貢献する過程に、組織が社員にどのような負担や利益を与えるかが重要である。協働システムの構成要素として役立つ目的とは、協働メンバーからそれが果たすべき組織の共通目的である。それが、共通目的を設定するリーダーシップ職能である。

コミュニケーションにおいては、バーナードが共通目的として達成（人間の存在）と協働システムに内在（相対する両極）がある。ウェーバー（Weber, M.）の官僚制理論からみると、正当性のあるコミュニケーションは命令と服従である権限が大きな存在である。バーナードは権限が機能するには部下によって認められてこそ有効になると述べた（亀川・鈴木、1997、230-232頁）。

テーラー（Taylor, F. W.）やファヨール（Fayol, J. H.）によって提唱された従来の管理原則は、管理者の経験のなかから有効と考えられる知識を基準として組み立てられたもので、その枠組みは予測・組織化・命令・調整・統制という管理の過程的要素である。

バーナードによれば、従来の組織に関する理論は組織の表面的な現象だけをとらえ、必ずしも本質をついたものではないとした。組織の本質を知るためには、組織に作用するさまざまな力とその作用する形態を克明に究明することが求められている。組織を構成する個人の性格分析から個人がいかなる状態で意思決定をしたときに組織が成立するかを明らかにする必要がある。バーナードは、組織とは人間の協働システムと定義した。その成立要因は組織を構成する人々が行動を通じて貢献しようとする協働意欲をもち、共通の目的達成をめざして、相互に意思を伝達できることとしている。

協働意欲とは、組織の目的を達成するために、組織内の他の構成員との協働関係をどのようにつくりあげるかというものである。また、共通の構成員が組

織の目的を認めることによって，協働関係を確立することができる。さらに，協働意欲と共通目的を結びつけ，組織の構成員の諸活動を調整する基本要素としてコミュニケーションを位置づけている（森田，1996，120-121頁）。

バーナードは，「組織経済の唯一の計算書は，成功か失敗かで表わしたものであり，その経済の唯一の分析は，組織の行動に関する意思決定の分析である」と述べている。組織経済のバランスがとれ，組織効用の余剰が増えたか逆に減ったかは，直接の共通尺度がないので組織が成長したのか縮小したのかで判断するしかない。

ヘンリー・フォード（Ford, H.）が自動車の組み立て作業を7883の工程に分け，1人が1工程のみを担当するとした結果，1人が1台を組み立てるのに12時間28分かかったものが，最終的に1時間32分ですむようになったのは特筆すべきことである。ピラミッド型組織は，最終目的を順次分割して下位の者に目標を下していき，最下位の社員は特定の狭い範囲の作業を行なっている。

バーナードは「産業組織では，作業員，事務員，試験員，実験室助手，販売員，専門技能者，技師などが，特に全体としての組織に外的な環境の戦略的要因の探求にたずさわっている」と述べた。ピラミッド型の管理組織は，情報収集・分類・整理の体系であり，意思決定の体系ということもできる（眞野，1997，87-89頁）。

バーナードが意思決定の重要さを指摘して経営学が飛躍的に発展した。彼は実務家としての経験から社員の人間性回復に寄与している。また人格を個人の人格と組織の人格があるとしたことは，意思決定者として人に興味をもち人の尊厳を認めて経営に取り組んだことが伺える。バーナードは近代組織論を構築したが，それまでの研究者だけで議論されていたところに実務家として参加したことはフォードとともに評価できる点である。

3．サイモン

（1）サイモンの組織

ノーベル賞学者のハーバート・サイモン（Simon, H. A., 1916～2001年）は，伝統的管理論の行き詰まりは管理原則（計画，組織，指揮，統制という過程ないし職能とする）に対する経験的検証が行なわれないことが原因であることを

証明した。サイモンはバーナードの展開した組織論を直接に受け継いで，行動科学的なアプローチをとり，人間の意思決定過程の分析を核にして経営管理論を理論的に確立し，体系化した。1947年の著書『経営行動（Administrative Behavior）』および1960年のティード（Tead, O.）との共著『意思決定の科学（The New Science of Management Decision）』において，バーナード理論の多くを実証主義の立場からより高度な理論展開を行ない，管理学の科学性をいっきょに高めた。

サイモンは，管理とは意思決定としてとらえ，管理上の意思決定の合理性を分析している。サイモンの『経営行動』は，組織における人間行動の分析に基づく経営行動に関する分析であり，組織を分析するための枠組みとされている。組織を人間の集まりとして理解するのではなく，組織を構成するメンバーの意思決定のネットワークとしてとらえている。意思決定という行為は，決定の条件と決定に分けられる。決定の前提とは，意思決定を行なうための事前の情報であり，それが行動目的を意味する価値前提（value premises）と目的達成の手段を意味する事実前提（factual premises）とに分けられる。

サイモンによれば，人間は組織の活動が直接あるいは間接に自分自身の個人的目的に貢献するとき，その組織に参加する。個々の人間は，組織が提供する誘因（inducement）と引き換えに組織に対して貢献（contribution）することになる。組織はこのような誘因と貢献の均衡から成り立つのである（森田，1996，216-218頁）。

経営組織が，イノベーションなどによって物的組織を変更すると，人間組織のうちインフォーマル組織は抵抗の心情をもつ場合がある。奨励給を設けても，仲間がさぼっているのに自分1人だけががんばって奨励給をもらうことは，社会的評価にかかわる問題となる。そこでたとえやる気のある社員でも，心情の体系に規制されて，同僚の仕事のペースに合わせることになる。逆に社会的な評価を得ると，仕事に力を入れる。こうして人間関係論は，経営組織の能率とインフォーマル組織の規範に深く依存している。心理学や社会学に多大な影響を受けたメイヨーとレスリスバーガーらによる組織のなかの人間の発見であった（亀川・鈴木，1997，226-228頁）。

(2) 組織の部門化

　課業をたばねることを「部門化」とよんでいるが，それにはいったいどのような方法があるのか。ごく一般的には次のような方法がとられている（工藤，1985，59-60頁）。

①職能別部門化：共通または類似の課業あるいは職務を集めて同じ組織単位にする。

②製品別部門化：製品の種類が同じものどうしを集めて同じ組織単位にする。

③地域別部門化：経営の規模が大きくなり，日本全国，あるいは世界中に活動の場が広がってくると，地域ごとに課業や職務をまとめたほうが好都合な場合がある。

④顧客別部門化：大企業がふえると，その企業自体が大きな市場となるので企業別に組織単位とする。

⑤市場別部門化：衣料品店の子供服，婦人服のような組織単位をつくる。

⑥工程別部門化：工場の生産現場に適用される。（連続型は単一の経路を通って進められる。ユニット・アセンブリー型は仕事の流れとは無関係である）。

⑦直接・間接部門化：直接部門は製造業にあたり，間接部門はそれをサポートする。

⑧プロジェクト別部門化：タスクフォースやプロジェクトチームなど。

　仕事を遂行するのに必要なものは，「権威」である。サイモンは権威について，他人の活動を導くような決定をする権力であるとした。今日の組織構造は上位者と下位者とが権威関係という目に見えない糸でつながってできている。このような組織階層をハイアラーキーという。ハイアラーキーは目に見えないが，この見えないものを見えるようにしたものが組織図である。組織図には社長－部長－次長－課長のように職位を示す名称が書かれている。

(3) 新しい組織論の登場

　組織構造をいくら立派なものにしても，社員に働く能力や働く気がなかったら組織の目的を達成することはできない。伝統的な組織論者は組織構造さえ合理的に組み立てれば，あとは機械的に組織目的を達成できるとした。「ホーソ

ン実験」がこのことをみごとに証明した（工藤，1985，61頁）。

　サイモンの組織論は，特別な人だけがやるべき学問ではなく，市民の学問であるという基本に成り立っている。サイモンは1916年アメリカのウィスコンシン州ミルウォーキーに生まれ，20歳でシカゴ大学政治学科を卒業した。その後，カリフォルニア大学バークレー校で行政調査プロジェクトの研究員となり，1942年にイリノイ工科大学の政治学助教授となり，翌1943年にシカゴ大学で政治博士号を取得した。青年期の彼の関心は政治的なアドミニストレーション（行政）から出発していた。『経営行動』を著わした後，1949年にカーネギー工科大学（現カーネギーメロン大学）の管理工学および心理学教授に就任，政治学，心理学はもとより，社会学，経済学，コンピュータ工学，認知科学など，じつに多様な分野で多くの業績を発表している。

　サイモンは組織の管理者が意思決定する際，その人を意思決定主体としてみている。意思決定過程はある動機が存在し，それを満たすためにはどうしたらよいかの手段を探すと述べている。組織についての命題は人間行動についての命題であるから，組織論はどのような人間行動の仮設を前提とするかによってその基本的な性格が決まる。社会科学で最も常識的な人間仮説は経済人モデルである。経済人の合理的な意思決定とは次のような前提に立っている。

①人間はある目的を達成するためのすべての代替的戦略を列挙できる。
②これらの代替的戦略の結果をすべて知っている。

図1-2　意思決定過程（鈴木，2002，149頁）

図1-3　意思決定過程の活動（鈴木，2002）

③自分の価値前提から、これらの結果を評価し、序列化できる。

(鈴木、2002、147-149頁)

　1995年からのIT産業の飛躍によって、サイモンが述べてきた人間行動を取り入れた新しい企業組織が登場した。これまでのピラミッド型組織図とまったく違う組織の横並びがグーグルによって構築された。トップの下位が社員であり、その社員がグループ化している。またグループを越えていくつものグループの構成メンバーになることによって、人間的な組織ができ上がったのである。グループの代表は自分たちで決定して業務遂行する形となった。

4. テーラー

　フレデリック・テーラー (Taylor, F. W.) は科学的管理論の父といわれている。テーラーはアメリカ・フィラデルフィアに1856年に生まれる。父は弁護士で、裕福な家庭に育った。1874年にハーバード大学に入学が許可されたが、眼病のために進学を断念している。そして近くにあるポンプ工場に見習いとして職を得た。その後科学的管理法を研究することになるミッドベール製鋼所に転職した。そこでテーラーは科学的な賃金と課業の動作、時間の研究をまとめることになった。テーラーのシステムは課業管理、時間研究、行動研究、職能制、出来高制、などを基本とした。

　テーラーは、ミッドベール製鋼所、ベツレヘム製鋼所における現場の技師、管理者の経験をもとに数々の論文を発表した。1883年にはスティーブンス工科大学の夜間部を卒業している。最初の論文は「1つの出来高給制度」といわれている。テーラーの3大内容としては、①基本的時間研究 (elementary time study)、②職能組織 (functional organization)、③差別出来高給制度 (the differential rate system of a piece work) があげられる。テーラーが実際にミッドベール製鋼所で実験を行なったのは1880年に職長になってからである。

　テーラーは職長になってから、これまでの自身の経験により、製造時間の短縮を工員に命じて工員と対立することになった。ここでテーラーは、工員の一日の作業工程の把握が不足していることに気づいて、正確な1日の作業分析を行なった。そして標準作業工程を割り出したのである。工員が1日に遂行できるこの標準時間が、課業といわれた。課業はこれまでの成行きでされてきた作

業ではなく，前日までに作業工程を決定し，工程表が作成され，それに従って作業が行なわれることを指している。課業は工員だけではなく，職長，管理職すべてに課せられ，組織体全体が課業により，作業が遂行されることを基本とした。

　テーラーの差別出来高給制度は1895年に発表され，課業に対して，時間が短くすぐれた製品作りができれば，高い賃金がもらえるが，時間が長くかかり不良品がでれば賃金が低くなるシステムである。このテーラーの差別出来高給制度はすぐれてはいたが，相次いで非難も起こった。それは人間をあたかも機械のごとく扱っていて非人間的であるということであった。が，当時のアメリカ社会は労働力が不足しており，南北戦争復員やヨーロッパからの移民を効率よく働かせるためには必要であったといえる。テーラーによって，これまで成り行き作業から，管理者と工員の分担がはっきりし，計画的な作業ができるようになり，作業が効率的になったのである。

　テーラーの組織論は職能別組織（functional organization）に関する問題が要諦となっている。それは，計画職能と作業職能との分割ということに職能化の原則が存在していることを指している。テーラーの組織論においては，計画部（planning department）の設置が重要視されている。計画部の設置は，計画的，頭脳的な仕事を現場の職長や労働者からすべて分離し，これを1部門に集中することによって成立すると考える。すなわち，計画部の職能的要素としては，時間研究，標準化の仕事，資材・部品の在庫の記録，管理，原価の記録・分析，組織の維持および改善，雇用，監督などの労務管理，販売受注の分析，などの工場管理職能が含まれる。テーラーの計画部の職能に対する考えは，①科学的事実を発見するための調査研究，②科学的調査に基づく基準や標準の設定，③計画の作成と必要な指令の発行，④標準と実績との比較による統制である。

　職能別組織の原則は，管理労働を分離・分割して，各管理者が細分化した職能を分担するというものである。軍隊式の組織では，各労働者は1人の管理者から命令を受け，管理の各職能はこの管理者を通じてだけ労働者に伝達（communication）できることが特徴的である。職能的な組織は各労働者が1人の職長から命令を受けるのではなく，違った職能的職長（functional foreman）から，日常の命令や援助を直接に受けるという点が最も著しい特色

である。

　テーラーによれば，軍隊式組織のもとで1人の職長によって行なわれていた管理の仕事は，8人の職能的職長に分割できる。計画部は，①作業命令および手順（order or work and route clerk），②指示票係（instruction card clerk），③時間および原価係（time and cost clerk），④訓練係（shop disciplinarian）である。工場現場の職能的職長は，①準備係（gang boss），②速度係（speed boss），③検査係（inspector），④修繕係（repair boss）の仕事である（鈴木，1992，82-85頁）。

　テーラーが工場の現場にストップウォッチをもち込み，科学的管理論を唱えたときは多くの工員から批判があがった。テーラーはこの時にある一定の時間にどれだけ完成できるかをカウントしたが，一般的には平均値を目標とするところを，テーラーは最大値を目標とした。一見，非人間的な感じを受けるが，世界でも早い時期に製造現場に経営管理を確立したのであった。テーラーが科学的管理論を唱えるまでの工場での仕事は職長のさじ加減でその日の生産量が決められていたのが現状であった。

5．ファヨール

　アンリ・ファヨール（Fayol, J. H.）はテーラーと対比される管理論を打ち立てた。ファヨールは1841年にフランスに生まれた。鉱山技師から経営者に登りつめ，1916年に著書『産業ならびに一般の管理（Administration industrielle et générale）』を刊行した。ファヨールは鉱山会社の経営者となるが，経営が思わしくないのは，経営全般が科学的でないことに気づくのである。ファヨールは経営管理には5つの要素があるとした。それは計画化，組織化，指揮，調整，統制であると述べた。

　計画化はビジョン設定であったと思われるが，その会社がなにをするのか，どこに向かうのかを明確にすることである。計画化は企業存続の原点であり，企業の経営資源（ヒト，モノ，カネ，情報）をいかに有効利用して企業の永続性，利益を追求するかである。

　組織化は各部門相互の明確化，活動重複回避，命令伝達一元化が要点である。組織は一般には，従業員の数によって決まるが，1つの集団は50名までである。

50名を超えると管理が行き届かないのが現状である。管理者にはレベルの高い管理能力が求められるのである。まず健康であること，知識，道徳観，教養などが求められる。ファヨールは管理者が全体を把握するためにはスタッフが必要であると述べた。実際に50名までは1人の管理者で管理できるが，それには最低2名のサブ管理者が必要となる。そのサブ管理者には，命令，調整，統制力が必要となる。

ファヨールはあらゆる組織体には経営管理能力が必要であり，管理原則，管理原理が求められる。管理原則には分業，権限，規律，命令，指揮などがある。経営者は経営管理を講義する学校での教育が必要であり，企業内大学等における経営管理教育を提唱した。これらの考え方はアメリカ経営学に大きな影響を与えた。

植藤 (1988) によると，「能率増進運動」はファヨールの「差別的出来高給制度」を契機として「科学的管理運動」へと発展することになった。それまでの「能率増進運動」の中心であった賃金支払い制度の改善によって組織的怠業を解消し，生産の合理化を達成しようとした方法を「成行管理」として批判するファヨールは，まず組織的怠業の原因を賃金支払い制度の不合理性に求め，賃率設定の合理化は，従来の「経験的方法」や「伝統的方法」にかえて，労使双方が納得し，信頼できる客観的な「科学的方法」で労働者の1日の作業量，すなわち課業の決定をすることであった。

ファヨールの主張によれば，科学的管理論は賃率設定の合理化を意味し，さらには，課業設定の合理化は，その科学化を意味することになった。これが課業設定の合理化のための科学化，すなわち，ストップウォッチによる時間研究に求められたことは周知のところである。さらに植藤は「能率増進運動」が，生産の人的合理化を目的としたことからみて，ファヨールの科学的管理は，生産の人的合理化に質的深化をもたらしたといえると述べている。

そしてファヨールの科学的管理が課業管理を中核にすえたことが大きな意味をもつことになった。課業制度の実施は，工場制度の確立によって手工業的な個性的，主観的作業が大衆化，客観化される時，はじめて可能となる。換言すればテーラーシステムは産業革命によって機械化された経営を地盤としてのみ存在しうるものである，とファヨールは述べた。

ファヨールは長年の経営者としての経験から管理の重要性と管理教育の必要性を認識していた。ファヨール (1916) は「経営」と「管理」を明確に区別し，経営とは「企業に委ねられているすべての資源からできるだけ多くの利益をあげるよう努力しながら企業の目的を達成するよう事業を運営すること」であり，管理は「経営がその進行を確保せねばならない本質的6職能の1つにすぎない」としている。

管理職能は①事業の全般的活動計画を作成すること，②組織体を構成すること，③諸努力を調整すること，④諸活動を調和させること，を任務にしているのである。さらにこの管理職能は5つの「管理要素（elements d administration）」からなるとファヨールは定義した。つまり，「管理する」とは，計画し（prevoir），組織し（organser），命令し（commander），調整し（coordonner），統制する（controller）ことになるのである（大月ら，1997，172頁）。

なお，ファヨールは鉱山技師から経営管理理論をもって，鉱山会社の社長になった実務家である。実務経験を生かして，石炭開発の時にむやみに掘削するのではなく，これまで採掘した地形を勘案して地理学でいう扇状地を掘削することを行なって開発に成功したのである。

6. チャンドラー

アルフレッド・チャンドラー（Chandler, Jr., A. D.）は，外部環境の変動に対処し，企業の維持，発展を図る全般的な経営戦略が必要であるとし，それには的確な意思決定の必要性を指摘している。すなわち，経営戦略のなかできわめて重要な機能を果たすものがマーケティング戦略である。

チャンドラーは，「戦略はある企業の基本的な長期目的や目標を決定して，これらの目的を達成するために必要な行為コースの選択と諸資源の配分である」とした（西村，1976，75頁）。

チャンドラーによると組織能力を意味するものとして産業資本主義における発展の原動力はコアのなかにあるとし，コアとは総合体として企業がもつ組織能力である。これらの組織能力は企業内部で組織化された物的設備と人的スキルの集合であり，それらは工場，事務所，研究所などの多くの現業単位それぞ

第1部　経営に活かす産業心理の諸理論

表1-1　アメリカの経営学者（森田，1996より作成）

学派	学者	特徴	理論
管理過程学派	テーラー	科学的管理論の父	作業の標準化を通して作業全体をシステム化する
	ファヨール	管理原則	予測から統制にいたる過程を1サイクルとし，管理機能の全体的な理論的な枠組みが構成された
人間関係論学派	メイヨー	人間行動の理解	人間尊重を主張する人間関係論あるいは人間関係論的方法
	レスリスバーガー	新しい人間関係	リーダーは人間の理論的および非理論的な行動を理解する能力，意見を聞いたり伝達したりする技能を必要とする
行動科学学派	マズロー	欲求5段階説	人間というものは，いろいろの欲求をもっていて，たえずその欲求を満たそうとして，さまざまな行動を起こす
	リッカート	労働者は人的資源	経済的報酬による動機づけだけではなく，非経済的欲求を満たすことが重要な要素だとした
	マグレガー	人間行動を分析	X理論－Y理論を発表 X理論－人間は生来仕事が嫌いで，できれば仕事をしたくない Y理論－仕事で心身を使うのはあたりまえである
意思決定学派	バーナード	近代組織論の始祖	意思決定の重要性に着目し，組織行動の本質は意思決定であるとした
	サイモン	経営行動	管理とは意思決定として捉え，管理上の意思決定の合理性を分析した
歴史学派	チャンドラー	戦略的意思決定	企業の長期計画の基本目的を決定し，その遂行に必要な行動方式を確定し，経営の諸資源を配分する
社会学派	ドラッカー	イノベーション	利益は事業の存続と繁栄に必要最小限の要件を満たす。このような企業観に基づいて行なわれる事業活動はマーケティングとイノベーションを行なって顧客を創造する活動であるとした

れの物的設備と各現業単位で働いている従業員のスキルのことである。そして企業が国内および国際市場で競争し，かつ成長を維持するのに必要な規模と範囲の経済を達成できるのは，こうした施設やスキルが注意深く調整され統合された場合に限られていた。さらにチャンドラーは企業に備わった組織能力は，持続的な成長に必要な資金の多くを供給するに足りる収益を生みだし，外国市場や関連産業において企業に優位性を与える専門化した設備やスキルを提供したと分析したのである。

チャンドラーの組織能力とする人的スキルには，各部門の従業員の機能的なスキルや管理的なスキルが含まれている。そしてそのようなスキルが注意深く調整され統合されたときのみ企業は範囲の経済（のドメイン）を獲得できると指摘した。また知識，スキル，経験，チームワークといった組織された人間のケイパビリティに依存するとした。チャンドラーは組織能力概念に依存する知識は，技術，機能，マネジメントの3つがあるとし，それぞれを技術能力，機能的能力，マネジメント能力としている（立教大学経済学研究会，2007，210頁，211頁，217頁）。

チャンドラーが組織能力について言及しはじめてから組織論は大きな飛躍を遂げた。その著書『組織は戦略に従う（Strategy and Structure）』は経営戦略の経営学における位置を上位にした。企業を経営するうえで重要な経営学として経営戦略，経営管理，経営組織があげられるが，近接するこれらの領域の研究をさらに発展させたいと考える。これまで経営戦略と経営管理を中心に研究してきたので，今後経営組織に焦点をあてたいと考える。

7. サイヤートとマーチ

リチャード・サイヤート（Cyert, R. M.）とジェームズ・マーチ（March, J. G.）は，その著書『企業の行動理論（A Behavioral Theory of the Firm）』（1963）において，サイモンに従い，大規模組織を伴った現代の企業について意思決定が企業経営の要諦であると論じている。サイモンと同じく，広い意味での企業組織の成員は，経営者・管理者・一般従業員のみならず，株主・消費者・原材料供給者等からなると考えた。そして，組織目的は，広範な組織成員の多様なステークホルダーの相互作用（バーゲニング）から形成されていると述べて

いる。企業目的はステークホルダーを有する広範な企業構成員のバーゲニング過程から生み出されている。組織はバーゲニング過程を伴った組織要員の連合体（coalition）とされ，企業は複数の企業目的を追求しており，利益・売上高・市場シェア・生産性が最重要とされている。また，その過程において，成員間における利害対立（コンフリクト）を克服しなければならない。

組織の成員は意思決定において，目的に照らして予想される結果を想定して情報収集を行なっている。これを組織期待というが，サイモンが述べたように，満足意思決定の基準に従い，代替案を探索して評価，選択，意思決定，実行という過程よりも，意思決定の実行を想定して，代替案の評価から選択への流れが評価されている。逐次的意思決定は，1つの代替案の探索・評価という過程を通り，順番に意思決定することである。組織選択の意思決定過程では，適応性人間行動モデルと同じく，企業においても適応的合理性をもっていると考えられる。さらに，企業は環境に対して学習しながら経験を積み意思決定ルールの構築を行なっている（角野，2001，95-96頁）。

8. ドラッカー

ピーター・ドラッカー（Drucker, P. F.）は1909年，オーストリアのウィーンで生まれ，18歳でドイツのハンブルグ大学に入学，1929年フランクフルトに移り証券会社の見習いとして働きだした。その後，第一次世界大戦によってナチスに追われイギリスに逃れた。そしてアメリカへわたり，経営コンサルタントを経て1950年ニューヨーク大学経営大学院教授となり，1971年からクレアモント経営大学院教授を務めた。

ドラッカーは，1933年『フリードリッヒ・ユリウス・シュタール―保守政治論と歴史的展開』を発表以来，経営学的あるいは社会学的な視野に立った経営に関する20数冊の著書や多数の論文を発表した。ドラッカーが基礎としていたのは，「企業は自己法則をもつ制度的存在」であった。ドラッカーによれば，企業は利潤を追求する組織体あるいは極大利潤の追求をするものという従来の企業観を排除し，企業を単なる経済的制度ではなく，現代社会における社会制度であり，決定的・基本的制度であると述べている。

事業経営における経営者の主導的役割を重視し，経営者は資本の所有者に代

わって企業の支配者として，リスクを冒す企業の意思決定と行動によって環境に働きかけ，それによって経済を発展させ，社会の富と雇用の機会を増大させると述べた（森田，1996，220-224頁）。

ドラッカーは顧客創造を唱えてマーケティングとイノベーションが企業経営の根幹であると述べた。マーケティングからマーケティング戦略へそして発展系として経営戦略へと進化した。またイノベーションはシュンペーター（Schumpeter, J. A.）が唱えて以来，ドラッカーへと引き継がれている。イノベーションは技術革新といわれることが多いが，わかりやすく表現すると「変化」であるといえる。

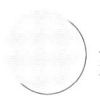

第3節　おわりに

経営学は企業経営のための学問であり，企業が利益をあげるための手法であるといえる。その経営学の発展に大きく寄与したのが心理学者集団であった。社会心理学者が特に経営学に参加して産業心理学分野を形成した。企業経営が持続可能になるためには，利益確保とともに高い倫理観の構築が必要不可欠となっている。経営学は企業や商店・病院・学校・NPOその他の経営活動の指針になる学問であり，「畳の上の水練」にならないように実学を習得する学問である。

企業が成長して大きな組織になった場合に，経営学の基本を忘れるか知らなかった場合はやがて組織は衰退していく。そうならないためには，「連続するイノベーション」が必要となってくる。経営組織自体が衰退する場合は集団の成員が「烏合の衆」となっていることが多々ある。テーラーの科学的管理論とファヨールの管理原則を要諦として経営管理論がスタートした。その後，心理学者であったメイヨーやレスリスバーガー，マズロー（Maslow, A. H.），マグレガー（McGreger, D. M.），ハーズバーグ（Herzberg, F.），リッカート（Likert, R.）が経営学の分野へ参入することで研究の幅が拡大した。またサイモンは政治学分野から心理学へ移行している。ただしサイモンはその後あらゆる分野を研究対象とした。

結論としては経営学に多くの社会心理学者が企業経営の研究を通して参入し

たことによって，産業心理学が経営学の大きな発展のエンジンになったと思われる。反対に経営学者が社会心理学分野に参入することも，学問発展につながると考える。

◆ 引用・参考文献 ………………………………………………………………………………

　亀川雅人・鈴木秀一（1997）『入門経営学』新世社
　工藤秀幸（1985）『経営の組織』日本経済新聞社
　工藤達男（1986）『経営基本管理』白桃書房
　喬　晋建（2011）『経営学の開拓者たち―その人物と思想―』日本評論社
　眞野　脩（1997）『講義経営学総論』文眞堂
　南　博（1958）『社会心理学入門』岩波書店
　水谷雅一（1998）『経営倫理学のすすめ』丸善
　森田保男（1996）『経営学』同文舘
　西村　林（1976）『マーケティング管理論』中央経済社
　庭本佳和（2006）『バーナード経営学の展開』文真堂
　野中郁次郎（1980）『経営管理』日本経済新聞社
　岡本康雄（1976）『現代の経営組織』日本経済新聞社
　大月博司・高橋正泰・山口善昭（1997）『経営学』同文舘
　立教大学経済学研究会（2007）「立教経済学研究」第61巻第2号，210，211，217頁
　佐護　譽（編著）（1990）『経営学要論』泉文堂
　鈴木秀一（2002）『入門経営組織』新世社
　鈴木　喬（1992）『経営組織の研究』同文舘
　田尾雅夫（1993）『モチベーション入門』日本経済新聞社
　角野信夫（1997）『アメリカ経営組織論』文眞堂
　角野信夫（2001）『経営組織』新世社
　植藤正志（1988）『経営職能管理の生成』税務経理協会

第2章 産業心理からのリーダーシップ

　2011年3月11日に起こった東日本大震災によって，政府の混乱，地方自治体の混乱，われわれの混乱が引き起こされた。この未曾有の大震災によって，誰もが何かが変わったと感じたが，今後のパラダイムシフトがどのようになるのか，まだわからない状況が続いている。

　このような非常事態で必要なことはリーダーがわれわれをどこに向かわせるかである。明確なビジョン設定ができなければ，混乱のうえにさらに混乱が起こることになる。組織のなかのリーダーが経営学を駆使して，どのように混乱をおさめていくかは今回の震災の大きなテーマであろう。

　企業経営においては，リーダーシップ（leadership）が，その企業の展開を大きく左右している。倫理観の高いリーダーと低いリーダーでは，組織体の行く方向が違ってくる場合が多い。各組織体を1隻の船と考えると，リーダーが方向性をまちがえると沈没することがある。そしてリーダーが複数いれば，船頭が多くいるのといっしょで，それぞれが多方面に船を進めるので同じく沈没することがある。また，内紛が発生すると，その船から優秀な船員から退出する。

　企業経営においても，非常に重要な経営学の要諦である経営組織論からリーダーシップ論を検討したいと考える。経営組織論のなかでも近年注目されているのがリーダーシップ論とモチベーション論であるといえる。そして組織運営に経営学理論なしで参加できない状況になっている。リーダーシップの歴史・形成から現在そして課題について検討したい。

　コッターはリーダーシップにはビジョンとイノベーションが重要であると述べており，経営戦略からリーダーシップ論を展開している。またリーダーは長期ビジョンを提示して，この組織体がどこに向かうのかを明確にする必要があると述べている。

第1節 リーダーシップとは何か

リーダーシップは,経営管理論,経営組織論のなかでトピックスとして最も研究された分野である。リーダーシップは,影響力やパワーという概念に関連させて定義されている。リーダーシップの定義は「目標達成に向けて人々に影響をおよぼすプロセスである」とされている。この定義には,①リーダーは,2人ないしそれ以上の人々の間の影響関係であるから,誰でも状況によってリーダーになれること,②影響は公式のパワーと非公式のパワーの双方の行使を含む広い概念である,を含んでいる。

影響力の行使には,何らかのパワーをもっていなければならない。パワーとは,他人に対して影響あるいは統制を行使できる能力である。パワーは,合法力,報償力,強制力,専門力,同一力の5つのタイプがある。1950年代に入ってリーダーシップスタイルの研究が盛んになっており,一定のリーダーシップスタイルがあるのではないかと議論された。アメリカ・オハイオ州立大学,ミシガン大学での研究が源泉といえる(野中,1980,121-123頁)。

本物のリーダーであると人々に認めてもらうのは生やさしいことではなく,2つの壁を乗り越えなければならない。その第1は,言行一致を徹底すること

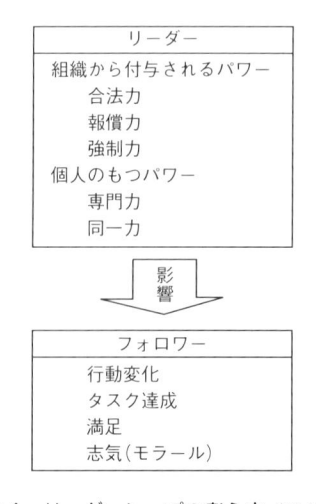

図 2-1 リーダーシップの考え方 (野中,1980)

である。これができなければ、部下たちから本物とみなされることはありえない。

　言行一致が欠かせないのは衆目の一致するところである。しかし、優れたリーダーというものは、これをただのお題目で終わらせたりしない。己の信念を体現することにとりつかれているといっても過言ではない。☆1

　優れたリーダーに必要なのは、自己認識と自己開示のスキルだけではない。それに加えて、さまざまな層の部下たちが、リーダーが本当の自分自身なのか、はたしてどの側面を見たいと考えているかを見きわめる能力も必要としている。ほとんどの場合、優れたリーダーたちのアンテナは超高性能で観察力と認知力をさまざまに組み合わせながら、部下たちが意識的あるいは無意識的に発信するシグナルをキャッチし、識別する。☆2

　リーダーシップはグループ現象であり、部下がいなければリーダーは存在しない。リーダーシップはつねに個人の間での影響や説得を伴う。リーダーはその影響力を駆使し、ある行動の過程を通じ、またある目標の達成をめざし、他人を指導する。したがって、リーダーシップは目標志向的であり、グループや組織において積極的な役割をはたす。リーダーが存在する場合、グループ内に何らかの形での序列が想定される。頂点にリーダーが存在する。また序列が正式なものではなく、そこに柔軟性がある場合もある。アフサネ・ナハヴァンディ（Nahavandi, A.）は上記の要素を組み合わせて、リーダーを「組織内の個人やグループに影響力をもち、目標設定を支援したり、目標達成をめざして指揮をとったりして、みんなが成果をおさめることができるようにする人物」と定義した。

　リーダーシップの有効性に関する研究は大きく進んでいる。リーダーが目標を達成できるようにするには、効果的でしかも成功したマネージャーによる内外活動が重要となる。実績をあげることを奨励し、それに報いるためには「成功する」タイプではなく「効果的な」タイプのリーダーシップ活動に対して組織が報償する必要がある。理想的には、リーダーシップの有効性をおしはかるときには、リーダーが果たすさまざまな役割と職能のすべてを考慮に入れて評価するべきである。しかし、そうした徹底的な分析を行なう組織は少ないと考える（Nahavandi, 1996／藤原, 2004, 11-15頁）。

　リーダーは、将来を見据えた長期的な視点に立ち、広く状況を展望したビジ

表 2-1　リーダーシップとマネジメント（Nahavandi, 1996／藤原, 2004）

リーダー	マネージャー
将来を重視する	現在を重視する
変革を起こす	現状と安定性を維持する
共有する価値観による文化を創生する	方針と手順を執行する
部下と精神的な繋がりを築く	距離をおき客観的立場を保つ
その人自身の力を使う	地位による力を使う

ョンを部下に提示する。一方，マネージャーは短期的な視点に立ち，所属する部署やグループのなかでの日常的な問題点を処理する。ザレズニク（Zaleznik, A.）は指摘している。マネージャーと違い，リーダーはカリスマ性をもち，部下を奮起させて目的意識をもたせることができる人たちである。コッター（Kotter, J. P.）は，議論を歴史的に眺めて以下のように論じた。「リーダーシップは古くからある概念だが，マネジメントのほうは産業革命後の複雑な組織の出現に伴って，近年100年間で発達した概念である。マネージャーの役割は，計画，予算作成，管理によって秩序と一貫性を確保することにある。これに対してリーダーシップの目的は，行動と変革を起こすことにある」(Nahavandi, 1996／藤原，2004, 33-37頁)。リーダーシップとマネジメントの大きな相違点を表2-1において提示する。

第2節　リーダーの特徴

　経営の政治活動の正当性については，内部問題と外部問題があるといわれる。内部問題は経営内部の統治に関するもので，経営者の意思決定権限の基盤や責任などである。外部問題は，経営の政治的活動の適正さを検討するものである。経営統治におけるリーダーの正当な選任過程は，①経営統治に関する，経営と他の社会組織体との共通性，②経営リーダーの公的容認と選任手続，③経営者による責任の認識，④経営意思決定の恣意性の減少などである。リーダー選出

表2-2 リーダーの特性（Nahavandi, 1996／藤原, 2004より作成）

1. 気力。このなかには，モチベーションや精力も含まれる
2. 統率する欲望と意欲
3. 正直さと誠実さ
4. 自信
5. 知性
6. ビジネス知識

の正当性意識は組織の内部原理である。ウェーバー（Weber, M.）は3つの原理を述べている。①伝統的正当性，②カリスマ的正当性，③合理的・法的正当性である（奥村，1999, 147-149頁）。

　カークパトリック（Kirkpatrick, D. L.）とロック（Rock, I.）がリーダーシップにおける特性の役割を解明する近代的アプローチを提案した。いくつかの主要な特性をそなえるだけではリーダーになることはできないが，該当特性がリーダーシップを有効にする前提条件にはなる。リーダーが必要なリーダーシップ技能を修得するときに資するとして彼らがあげた数多くの特性のうち，主要なものを表2-2に提示する。

　知性や気力などの一部の特性は，訓練によってやしなうことはできない。産業知識や自信などの他の特性は，時間をかけて適切な経験をつかむことによって習得できる。単純な選択肢としては，正直さという特性がある。他の文化でのマネージャーやリーダーに関する研究でも，成功したリーダーには同等の特性がみられている。たとえば，ロシアで成功したビジネスリーダーの特徴としては「旺盛な野心，無限の精力，高い能力」がある（Nahavandi, 1996／藤原，2004, 72-73頁）。

　リーダーについてスタンフォード大学ロバート・サットン（Sutton, R. I.）が「ハーバードビジネスレビュー」のなかで「リーダーにはさまざまなことが求められるが，その1つが自ら人間の盾となることだ。リーダーは，上層部からの理不尽な口出し，延々と続くむだな会議，時間を浪費するだけの定例業務，

経営陣の愚かな判断，法外な要求をするコンシューマ等々，部下が仕事に全力投球するうえで妨げとなるあらゆることから，身をもって部下を守らなければならない。優れたリーダーは社内外からプレッシャーを自ら吸収するか，撥ね退ける一方，おもしろみのない仕事を代わりに引き受けるなど部下が仕事に集中できるようにしている。[☆3]

　リーダーシップは，多様な意味を含む概念であるが，一般的には組織を構成する複数の人が一定の目標に向かって努力し，行動するためのはたらきかけや影響力と定義できる。企業組織では，上司である管理者がリーダーとして，部下に対し業務遂行のために指示や指導を行なう。リーダーに従い，その影響を受ける人はフォロアー（follower）とよばれる。ただし，ここで注意しなければならないのは，リーダーとフォロアーという立場は固定したものではないことである。リーダーシップは特定の役割や人物だけに与えられたものではなく，部下でもリーダーとしての役割を果たす状況がある。

　優れたリーダーは組織目標を効果的に達成することができ，組織の構成員に満足を与えることができる，つねに求められる人材である。しかし，現実には，真のリーダーがいないとか，リーダーシップ不足という状況が多くみられる（佐野ら，1993，103-104頁）。

　企業においては，上級経営者が組織における将来のビジョン設定・経営戦略を明らかにして，社員に対してメッセージを伝えることが重要な役割である。さらに，革新的な企業は将来のビジョン設定・経営戦略を明らかにすることはあまり重要ではない。経営戦略は，日常的なイノベーションのなかから自然に姿を表わしてくるものである。革新的組織における上級経営者の重要な仕事は，日常の活動のバランスをとることと動機づけである。

　社員の個性をエネルギーに変えるには上級経営者のていねいな直接接触とリーダーシップの発揮が大切である。基本的なミッションや職業倫理が不明確ななかにおいて，豊かな個性が拡散しないようにするためには，上級経営者が媒介となり，組織の好ましい風土，組織の実績，組織の長所を伝えることである（唐沢，1994，295-296頁）。

　1980年代以降目まぐるしい変動をみせた経営戦略論を離れると，組織論の分野では，単線的な，だがいくつかの分岐線をもった発展傾向を読みとること

ができる。1950年代にチェスター・バーナード（Barnard, C. I.）によって花開いた「行動科学」（別名組織行動論）は，その後も多くの経営学者によって検討された。しかし，このような理論がどの程度，現実の経営革新に貢献したかは明確ではない。リーダーシップ論の目的は，社員の目的として社員のモラールを刺激していかに，企業の実績を向上させるかにあった。

行動科学の分野では，社会科学と心理学の影響が大きく，それらの最近の発展に伴って，行動科学も精緻化しつつある。行動科学は1960年代になると，その延長上に「組織開発論」を生み出した。1995年に出版された野中郁次郎・竹内弘高の『知識創造企業』によると，経営学には2つの流れがある。1つは，フレデリック・テーラー（Taylor, F. W.）からハーバード・サイモン（Simon, H. A.）さらに経営戦略論にいたる「科学主義」の流れであり，いま1つは，エルトン・メイヨー（Mayo, G. E.）からカール・ワイク（Weick, K. E.）そして組織文化論にいたる「人間主義」の流れである（矢沢サイエンスオフィス経済版，2004, 236-238頁）。

経営学に多くの心理学者が参加したことによって，企業内組織に変化が生まれている。人間を中心とした企業経営をみた場合，大手企業はそれなりのレベルには達しているが中小企業にいたってはパワーハラスメント，セクシュアルハラスメントが多く発生する状況である。企業内におけるコンフリクトは人的資源管理論の発展によって多くは解決できると考える。

第3節　リーダーシップ理論

オハイオ州立大学のリーダーシップ研究（1957年）では，リーダー行動について分析した結果，これを2種類の行動次元に類型化できることが判明した。この2種類は配慮（consideration）と組織づくり（initiating structure）であり，配慮とは人間に対する配慮であり，リーダーと集団メンバー（フォロアー）間の友情，相互信頼，尊敬，温かさを表わす行動を意味している。また，組織づくりでは集団メンバーに対する仕事の割り当て，計画達成，遂行手順を明確にするリーダーの行動を意味している。マネジリアル・グリッドは組織における目的達成と構成員に対する関心の2面からリーダーシップに着目し，その統合

をめざす管理行動を理想としている（佐野ら 1993，106-107 頁）。

　オハイオ研究では，仕事のやり方，創意工夫の奨励等の仕事遂行の意欲を部下にどれほど強くもたせるかを，リーダーシップを評価とした。仕事の能率のよい人は人に対する配慮も仕事に対する指導力の強さも，ともに大きい評価を得られている。

　これに対してリッカート（Likert, R., 1903 ～ 1981 年）によるミシガン研究は，高生産性集団のリーダーシップスタイルに共通する要素として以下の 4 点を指摘した。

　①監督者は仕事の段取りや特殊技能を要する仕事，あるいは部下の人間関係のように部下にはできない監督者特有の機能をまず遂行すること。
　②仕事の個別的なやり方よりも，仕事の目的や趣旨を部下に理解させるように努め，具体的なやり方は部下にまかせるようにする。
　③集団の凝集性を強めるように努める。したがって集団としてものごとを考え自己のみならず，部下が総じて集団の一員として自分を考え，集団の生産性の高さを誇りにするように導くべきである。
　④役に対して説得力をもち，集団の意思を上役に伝える能力をもつこと。

（眞野，1997，29-30 頁）

　リーダーを取り巻く状況をリーダーシップの有効性を決定づける重要な要素と考えるのが状況理論である。状況理論は，有効なリーダーシップは状況によって異なるものとし，あらゆる状況に有効かつ適用できるリーダーシップを研究するというもので，これまでのアプローチとはあきらかに一線を画している。このように外部環境との関係を考慮することは従来の普遍理論にかわって，1960 年代後半から経営学研究，とりわけリーダーシップ，経営組織論の領域で一般化し，コンティンジェンシー理論（contingency theory）とよばれている。

　リーダーにとって最も有利な状況とは，リーダーとメンバーの人間関係が良好で，仕事も定型化され，リーダーの権限も高い場合で，このすべてが逆であれば最も不利な状況になる（佐野ら，1993，107-108 頁）。1970 年代に入り，これまでの科学的管理論はすべてに対応できないことがわかってきた。最適の管理の在り方は与えられた諸条件によって異なるというコンティンジェンシー理論によってさらに発展した。このような考え方は行動科学の研究者のなかで

表 2-3 選択機会の3つの形式モデル（眞野, 1997 より作成）

選択	モデル
1．解決による選択	普通に行なわれる選択であり，一番多く利用される
2．見過ごし（oversight）による選択	問題をすり抜けて触れなかったなど，他の選択機会に振り分けてしまうと，新しい選択を行なう余地が生じて，そこでは問題なく選択が行なわれる場合があり，面倒な問題を専門委員会へまわすと，本会議では別の選択ができる
3．飛ばし（flight）による選択	その問題にとって魅力的な選択機会が来るまで，選択をせずに問題をかかえていると，他の機会に問題がそちらに移動して容易に選択できるようになる

は早くから存在していた。アージリス（Argyris, C.）は部下のパーソナリティの成熟度に応じて，リーダーシップスタイルを変えるべきであると指摘した。

アージリスはパーソナリティが未熟であれば，その行動は依存的で受動的，単純な行動様式で他律的で短絡的展望しかもたないとした。パーソナリティの成熟度があがり，マズロー的にみると，その人を動かす欲求段階が，社会的帰属まであがってくると，リーダーシップスタイルも指示的行動を減じ，協働的行動を増加する形になってくる。説得的リーダーシップや参加型リーダーシップといわれている。

オハイオ研究やミシガン研究が，高い生産性をあげているリーダーシップスタイルとして提示しているのは，この段階のものと考えられている。これに対して，パーソナリティが完全に成熟した精神的に大人の部下の集団に対しては，思い切って仕事を委任してしまう委任的リーダーシップスタイルがよい，と考えられている。そして，人間のパーソナリティは，同一人物であっても，ときにより成熟度に変化が生じる。成功が続くと高くなり，失敗が続くと低くなる傾向がある（眞野，1997，30-32 頁）。

ジョン・コッター（Kotter, J. P.）はその著書『リーダーシップ論（On What Leaders Really Do）』においてマネジメントの役割とリーダーシップの役割について論じた。複雑な環境にうまく対処するのがマネジメントの役割であり，われわれがマネジメント経験を積み，その手法を身につけることができたのも 20 世紀の偉大なイノベーションの1つ，大組織の出現をみたからであ

表2-4　3つの仕事（Kotter, 1999／黒田, 1999より作成）

1．課題の特定
2．課題達成を可能にする人的ネットワークの構築
3．実際に課題を達成する

る。マネジメントが貧弱では，複雑な企業はカオス（混沌状態）的な状況に陥り，自壊しかねない。逆にしっかりしていれば，製品の品質や収益性といった重要な問題について，ある程度の秩序と一貫性をもたらすことができる。

　これに対してリーダーシップとは，イノベーションを成し遂げる力量を指す。リーダーシップの重要性が高まっている背景にビジネスの世界での競争と変化が増していることがあげられる。マネジメントは複雑さの対処にあたり，リーダーシップはイノベーションを推し進めるというそれぞれの役割から，両者の違いが明確になってきた。マネジメントとリーダーシップには共通の仕事が3つある。表2-4にて提示する。

　コッターは込み入った環境をうまく泳ぎきるために，計画の立案と予算策定から着手するのが，マネジメントの流儀であり，将来の目標を定めて，その達成のためにプロセスを完成させるために経営資源を割り当てると述べた。さらに，リーダーシップを発揮して，発展的な組織イノベーションのきっかけをつくるには，まず針路を設定しなくてはならない。将来のビジョンを実現するためのイノベーション戦略を用意する必要がある。

　マネジメントの手法では，計画立案の次には，組織化と人材配置によって，その計画をぬかりなく達成することをめざす。具体的には，計画達成に照準をあわせた組織構造を構築し，ポストを創設し，適正な人材を入れることが重要である。さらに関連スタッフへの連絡および計画実行権限を委譲し，実行検証ができる体制を確立する必要がある。リーダーシップを発揮して同じ目標を達成するためには，1つの目標に向かって組織のメンバーの「心を統合」する必要がある。それはビジョンの共有化である（Kotter, 1999／黒田, 1999, 49-51頁）。

　近代組織の大きな特徴は，構成員が互いに依存しあっていることである。完全に自立している者はほとんどいない。社員のほとんどは仕事・技術・マネジ

メントシステム・階層を通してコミュニケーションをとっている。組織イノベーションは社員全員でスクラムを組みビジョンへ向かって前進することである。リーダーとしての資質がない者は社員を同じビジョンに向かわせるのは組織の編成上の問題ととらえている。本質は社員の心を1つにすることである（Kotter, 1999／黒田，1999，56-57頁）。

コッターは企業がカオス状態になる危険性を述べており，リーダーシップの欠如によって企業の存続があやうくなることを指摘した。さらにリーダーシップにはイノベーションが必要不可欠であり，連続することが求められている。イノベーションを企業のなかにおいて遂行することは大きな抵抗を受ける場合がある。ほとんどの組織体の構成メンバーは大きな変化を嫌うことが多いと考える。

ではどのようにリーダーシップをもって企業にイノベーションを起こすかはコミュニケーションにかかっている。企業にはインフォーマル組織が存在していることを加味して構成員間の深いコミュニケーション構築が求められる。組織体はその規定によって運営されているが意思決定者のなかには，それを反故にして企業の民主化が衰退することがある。そうなると企業の永続的な活動に危険信号がでる。

第4節　小集団の役割とリーダーシップ

経営組織内外の職場集団，小集団がもつ役割があらためて注目されるようになっている。それはインフォーマルな集団ではなく，作業集団を指している。リッカートなどは，リーダーシップを「参加型リーダーシップ」「権威型リーダーシップ」などに分けている。「参加型リーダーシップ」とは，集団全体の目標，行動の方向を決定する場面に，メンバーが全員何らかの形で参加する方法である。「権威型リーダーシップ」とは，リーダーがメンバーを自分のフォーマルな権限によってコントロールし，賞罰によって管理する方法である（岡本，1976，46-47頁）。

小集団組織におけるリーダーシップとは，厳選されたリーダー選出が重要と考えられた。経営組織を円滑に運営し，発展させるためには，リーダー選出の

透明性が求められた。民主的に選出されたリーダーは，組織内において信頼を獲得し，強力なリーダーシップを発揮して組織の発展に寄与できた。なぜ民主的に選出されたリーダーが必要かというと，組織内におけるモチベーションの高低に大きく影響するからである。

　企業は経営資源（ヒト，モノ，カネ，情報）によって成り立っているが，特にヒトつまり人的資源が要諦をなしている。民主的に運営されていない組織は，やがて人材流失が静かに発生し始め，企業衰退が加速することになる。コンプライアンス（法令順守）が経営学のなかにおいて，注目されているのは，1つの違反によって企業そのものが存続不可能になることがあるからである。

第5節　おわりに

　コッターはリーダーシップの要諦としてビジョン設定と社員の心の統合をあげている。これまでリーダーシップは個人がもともともっているものと考えがちであったが，コッターはリーダーシップとは醸造されるものであると指摘した。よくカリスマ性があるといわれるトップマネジメントがいるが，そもそもカリスマ性は個人がもって生まれてきた資質ではなく，その職位がカリスマ性をもたせたといえる。

　経営組織がイノベーションを起こすときにさまざまな問題が噴出する。イノベーションによってこれまでの権益や人間関係の変化・モチベーションなどに大きな違いが発生するという不安感から，イノベーションに反対する社員も出てくる。社員に理解を求めても，そもそもイノベーション自体が嫌いとか，イノベーションを知らないなど興味さえ示さないことがある。しかし組織が成長するためにはイノベーションが必要不可欠である。リーダーシップがビジョンの達成を行なうときに「連続するイノベーション」が求められる。イノベーションが連続化することによって，新しいパラダイムが生まれる。そして組織自体がイノベーションを起こして，そのメンバーは高いモチベーションを保つことができると考える。

　企業経営においては，意思決定者に対して高い倫理観を要求しなければならない。企業の不祥事は，すべて意思決定者の倫理観の欠如によって引き起こさ

れている。企業は利益追求集団ではあるが，コンプライアンスを守らずに経営されてはいけない。まして，企業内部の規定や規則を守らずに運営するなど論外である。コンプライアンスについて低い感覚しかもち得ない組織体は滅びる運命にあると考えられる。結論としてリーダーシップは，①ぶれないこと，②責任をとるとなる。

◆ 注 ……………………………………………………………………………………

☆1　ダイヤモンド社「ハーバードビジネスレビュー」2006年9月号　104頁
☆2　同上書　107頁
☆3　ダイヤモンド社「ハーバードビジネスレビュー」2011年2月号　86頁

◆ 引用・参考文献 ………………………………………………………………………

唐沢昌敬（1994）『変革の時代の組織』慶應通信
Kotter, J. P.（1999）*On What Leaders Really Do*. Harvard Business School Press. 黒田由貴子（監訳）（1999）『リーダーシップ論―いま何をすべきか―』ダイヤモンド社
眞野　脩（1997）『講義経営学総論』文眞堂
Nahavandi, A.（1996）*The Art and Science of Leadership*. 3rd ed. Prentice Hall. 藤原直哉（監訳）（2004）『実践リーダーシップ学―世界が求めるビジネスリーとは―』万来社
野中郁次郎（1980）『経営管理』日本経済新聞社
岡本康雄（1976）『現代の経営組織』日本経済新聞社
奥村悳一（1999）『現代の経営と社会』中央経済社
佐野雄一郎・松下高明・岡田匡令・宮下　清・天野恒男（1993）『経営管理総論』同文書院
矢沢サイエンスオフィス経済班（2004）『経営学のすべてがわかる本』学習研究社

第3章 産業心理からのモチベーション

　人は何のために生きていて働くのかが産業革命以降，多く研究されるようになった。それまでのギリシャ哲学からニーチェにいたるまでの生きる道から，なぜ人は働くのかというテーマによって多くの心理学者が経営学に参入することとなった。経営学のなかに早くから参入したのがマズローであった。マズローは人間の欲求5段階説を発表して経営学のなかにおいて産業心理学の基礎をつくったといってもよいと考える。

　またマグレガーはX理論，Y理論を発表して，意思決定者の考え方によって企業の成長が違うことを指摘した。そしてハーズバーグはM-H理論を展開し，モチベーション論の基礎をつくったといわれている。またリッカートは連結ピンによって組織論を展開したのである。

　経営学の分野に多くの心理学者が参加したことは，経営学発展の要諦をなしているといえる。経営学が発展することによって企業の意思決定者の倫理的なレベル向上につながり，構成メンバーである社員が，生涯を通してやりがいのある生き生きした仕事ができると推測する。そして意思決定者が利益追求だけでなく，組織体の構成メンバーに対してのこまかいサポートができるような時代が来ている。

　近年，企業のなかにおいて人員削減や規模縮小などの対策がなされることが多いが，企業は弱者である社員に対して強制的な雇い止めなどを行なっている場合がある。業績不振はすべて意思決定者の経営戦略の失敗によるものである。よって意思決定者自ら責任をとって退職したのちに，話し合いによって早期退職や割増退職金制度によって社員が不利益を被らないようにすべきと考える。

　今後は産業心理学が大きく発展することによって，弱者にやさしい企業が増えることが望まれる。失われた15年からさらに7年がたち，多くの企業が自信をなくしている今，産業心理を学ぶことによって，各産業の再構築ができることを願っている。

第1部　経営に活かす産業心理の諸理論

第1節　マズロー

1. マズローの人間主義心理学

　アブラハム・マズロー（Maslow, A. H., 1908 ～ 1970年）の父親は14歳のときに単身でロシアのキエフからアメリカに渡り，マズローは，ニューヨーク・ブルックリンで生まれた。1926年にニューヨーク市立大学に入学し，在籍しながら9月より，ブルックリン法科大学の夜間部で法律の勉強を始めた。その後，中退してコーネル大学の農学部に転学し，そのあと再び，ニューヨーク市立大学に戻った。その時期にマズローは「文明哲学」の授業でエール大学教授サムナー（Sumner, W. G.）の著書『習俗（Folkways）』に出会い，知的興奮で全身が震え，はじめての至高経験をしたという。

　1928年9月にはマズローはウィスコンシン大学マディソン校に転校し，哲学と心理学のコースをとった。1931年に心理学修士号を取得して，博士課程に進学した。マズローは，動物園にほぼ2年間通い，食事習慣，求愛儀式，統治制度に関するサルやオランウータンやヒヒの行動をこまかく観察し，創造豊かな研究を行なった。そして1943年にマズローは欲求階層説を学術雑誌で発表し，学界から大きな注目を受けた。1951年にはブランダイス大学心理学部の教授として招聘された。

　マズローは1943年の論文のなかで，人間の欲求階層（hierarchy of human needs）に関する見解を発表した。人間の欲求を生理的欲求，安全欲求，帰属と愛の欲求，尊重欲求，自己実現欲求という5つの階層に分けた。生理的欲求は，呼吸，食事，排泄，睡眠，衣食，性といった，人間の生命を維持するために欠かせない本能的な欲求である。

　1930 ～ 1940年代当時のアメリカの心理学界は行動主義とフロイト主義という2つの大きな流派に分かれていた。アメリカ本土で生まれた行動主義心理学は実証的・実験的なアプローチをとり，人間をほかの動物と区別せず，人間の本性を「機械的」に取り扱っていた。一方，ヨーロッパから伝来したフロイト主義心理学は精神分析的なアプローチをとり，人間の病的で異常な側面だけを扱い，人間の本性を「邪悪な衝動」としてとらえていた。いずれにせよ，精神

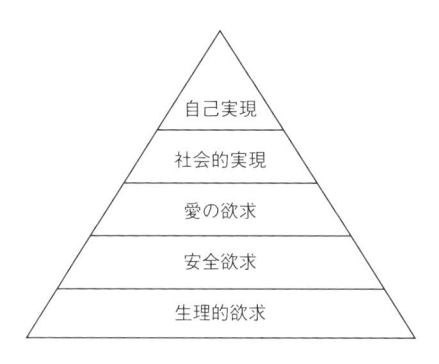

```
        自己実現
       社会的実現
      愛の欲求
     安全欲求
    生理的欲求
```

図3-1　マズローの欲求5段階説

的に健康で正常な人間は当時の心理学分析の対象になっていなかった。

　マズローは最初から行動主義心理学の系統に属する研究者であり，大学院時代に行なわれた動物観察実験はすべて行動主義的なアプローチによるものであった。しかし，ヨーロッパの戦火から逃れてきた知識人との交流を深めたことをきっかけに，行動主義心理学からの脱皮を始めた。マズローは行動主義心理学と決別したものの，フロイト心理学に合流することに強い抵抗感があった。同時代の心理学者の多くは行動主義心理学とフロイト心理学の影響を受けて個人と社会の病理的な側面だけを研究対象としていたのに，マズローは楽観主義的な人間像をもち，大多数の人間は生まれつき向上心をもっていると信じていた。

　生身の人間はだいたい，病的と健康的という2つの側面をもちあわせているので，当然，心理学はその両面をともに扱うべきである。また病的人間より，健常な人間がはるかに多いので，健常な人間を分析対象とする心理学は絶対に必要である，とマズローは述べた。注目に値する動機づけ理論であるのであれば，損なわれた心のもつ防衛的な策略ではなく，健康で強靭な人間のもつ最も高度な能力をも扱わなければならない。人間の歴史のなかで，最もすばらしい人たちが抱いた最も重要な関心事をすべて含め，説明しなければならない。結果として病人にも気を向けて，健康な人にも気を向けなくてはならない（喬，2011，97-115頁）。

2. 欲求階層説

　マズローの欲求階層説によると，個人の行動は主として，まだ満たされていない最も低い階層の欲求を満たすことによって動機づけられる。満たされた欲求は，動機づけ要因ではない。事実上，存在しない消失したものとみなされるべきである。生理的欲求が満たされていない場合，人間の行動は主として生理的欲求によって動機づけられ，生理的欲求，安全欲求，社会的欲求，尊重欲求の順に求める満足度のレベルがアップする。

　低次元欲求と高次元欲求のいずれも重要で，それを求めている人間によって大きなモチベーション効果をもつが，マズローは低次元欲求よりも高次元欲求により注目した。動機づけのレベルは経営管理原則にあてはめる必要がある。低次元欲求の人々向けの経営管理原則を確立する必要は，それほど高くない。賃金や安全などの低次元欲求によるモチベーションは一時的なものである。高次元の自己実現欲求から生まれるモチベーションこそが副作用のない健全なものである。

　企業と意思決定者にとって，従業員の自尊心を正しく理解することが重要である。尊厳，承認，自尊心といったものを満たせば企業側にとって経済的負担はほとんどないからである。意思決定者が正しい態度をとり，従業員の気持ちを十分に理解していれば，良好な経営環境をつくり出すことができ，企業の業績も上向くものである（喬，2011，115-118頁）。

　マズローが動物園での観察を通してみたものは，人が企業のなかにおいてどのようにすれば活動的になるかという問題であったと推測される。ハーズバーグの研究の前段階といえる動機づけには研究の先見性と経営学的思考が感じられる。意思決定者はマズローの欲求5段階説を駆使して人的資源管理を遂行していただきたい。

第2節　マグレガー

　ダグラス・マグレガー（McGregor, D. M., 1906～1964年）は行動科学的視点から人間行動を分析した。1960年に著わした『企業の人間的側面（The Human Side of Enterprise）』にて産学両界で圧倒的な評価を得た。そのなかで，

マグレガーは管理者が人間についてもっている日常的な理論には2種類のものがあると主張した。それがX理論とY理論である（森田，1996，212-213頁）。
　マグレガーは伝統的管理論を要約してX理論と名づけ，それは人間の性質，行動について，以下のような人間観の上に成立していると述べた。
　①人は生来仕事が嫌いで，できる限り仕事をしたくないと思っている。
　②人は仕事が嫌いであるという特性をもっているために，強制されたり統制されたり，命令されたり，処罰によって脅迫されなければ，組織目標達成のために力を発揮しない。
　③人は命令されることを好み，責任を回避したり，あまり野心をもたず，何よりもまず身の安全を望んでいる。
　Y理論は，人間性について以下のように述べた。
　①人は仕事が嫌いでなく，条件しだいで満足の源泉にも懲罰の源泉にもなる。
　②人は自分が進んで献身した目標のためには，身ら自分にムチ打って得る報酬しだいである。
　③献身的に目標達成に尽くすかどうかは，達成して得る報酬しだいである。
　④人は条件しだいで，自ら進んで責任をとろうとする。責任回避，野心のなさ，安全第一は本来の姿ではない。
　⑤現代の企業では問題解決のために比較的に高度な想像力を駆使する。
　⑥企業では従業員の能力の一部しか発揮していない。

（野中，1980，68-70頁）

　マグレガーは，成員1人ひとりのモチベーションを引き出し，組織の目的達成に向かって努力するようにさせるためには，X理論からY理論への転換が必要であるとした。そのためには，教育訓練，リーダーシップ，経営参加などへY理論を適用し，そのうえで成員による目標管理の実践を説いた（森田，1996，214頁）。
　企業経営においてマグレガーのX理論，Y理論は，企業発展するか衰退するかの分岐点の役割を担っていると考えられる。企業の意思決定者がX理論的思考をもっているとすれば経営形態がきつい締めつけ状態となり，企業の発展が望めなく，やがて衰退企業となる。反対にY理論的思考であれば，人を人的資源と考えて，人間関係論的対応をし，企業は発展すると考える。このこ

とは内的要素もあるが外的なステークホルダーに対する思考と同じことがいえる。

第3節　ハーズバーグ

1. 動機づけ

　フレデリック・ハーズバーグ（Herzberg, F., 1923～2000年）は1923年アメリカ・マサチューセッツで誕生した。ハーズバーグは小さいときから歴史に強い興味をもっていた。1940年にニューヨーク・シティ・カレッジの歴史学科に入学した。その後軍隊に入隊し、フランスに派遣された。戦後はドイツのナチス捕虜収容所を解放し、警備任務について被害者の惨状、ナチスの暴行、人間社会の狂気などに驚かされた。そして、「外見上では正常な人たちがなぜこれほどにひどいことをしたのか。正気の人々を狂気から守り、人間の正気を維持することが心理学的に最も重要な役割である」と考えるようになった。

　1949年に大学に戻り、電気ショック療法に関する学位論文を執筆し、1950年にピッツバーグ大学の公共衛生スクールから臨床心理学の博士号を取得した。ハーズバーグが大学院生のころから一貫して追求し続けていた研究テーマは、人間はなぜ働くか、すなわちなぜ仕事に満足感を覚えるか、ということであった（喬, 2011, 149-152頁）。

　ハーズバーグは、職務満足・職務不満足と労働意欲の関係について実態調査を試み、その結果に基づいて「動機づけ（M-H理論：motivation hygiene theory）・衛生理論（dual-factor theory）」と経営実践としての「職務充実」（job enrichment）を提唱した。ハーズバーグは「職務充実の父」といわれている（佐護, 1990, 112頁）。

　ハーズバーグは学部長などの多くの要職を務めながら、3つのコンサルティング会社の社長、複数のコンサティング会社の役員を務めた。M-H理論が企業の経営実践に多く応用されるにつれて、ハーズバーグの学問的関心は心理学から経営学に移った。1970年代以降は社会主義陣営を含む世界中の国々から依頼を受けて、職務充実や能力向上などの実験を指導した。1973年に南アフ

リカ共和国を訪問した際，人種隔離制度のもとで生存権利すら保障されていない現実をみて，世の中に必要とされているのは勤労意欲向上や職務充実などの社会改良活動ではなく，管理制度を大きく変化させる社会革命であると考えた（喬，2011，149-152頁）。

　経営管理は世界のさまざまな国々において，企業は社員の安定的定着性（stability），企業との一体感（identification），やる気をどのようにしたならば喚起できるか，大いに悩ませられた。世界における先進国（developed nations）と発展途上国（developing countries）を含めて大きく変化している。体制や業種，規模は違っているとしても，企業にとって最も重要な要件の1つが，どのようにしたら社員のやる気を引き出せるかである。そして，生産性をあげて，よりよい結果をもたらすことができるかに，細心の注意を払っている。やる気すなわち動機づけ（モチベーション：motivation）をどのように効果的に実行し，社員の貢献努力を引き出すかということが課題である。

　モチベーションの経営組織における重要性は，生活体を行動へ駆り立て，目標に向かわせるような内的過程である。人間を含めた有機体（企業など）は，何らかの原因があって行動あるいは活動を行なうのである。この動機を外的要因によって，目標の達成の方向へ駆り立てる内的過程をモチベーションというのである。経営管理者が社員の望んでいるものごとを遂行することが，社員のモチベーションを満足させるのである（工藤，1986，240-243頁）。

　ハーズバーグは，職務態度の「動機づけ－衛生概念」を吟味するために，アメリカ・ピッツバーグの産業界の断面を示す約200人の技師，会計士と面接した。その結果，「職務満足」の強力な決定要因として，きわだっていたのは，①達成，②承認，③仕事そのもの，④責任，⑤昇進，という5つの要因であった。これに対して，「職務不満」の要因としては，①会社の方針と経営，②監督，③給与，④対人関係，⑤作業条件，の5つの要因であった。

　「不満要因」の中心的課題は，職務遂行中に受ける経営と監督のパーソナリティ，職務を取り巻く対人関係や作業条件の性質，および給与の効果などであった。「満足要因」との明確な違いは，不満要因には人間の行動が職務中に関係してくることが判明した。この面接から得られたこととして，職務不満は不快さを回避する欲求によって発生していることである。一方，職務満足は成長

や自己実現に対する欲求が満たされることによって発生している（工藤，1986，256-257頁）。

ハーズバーグのモチベーション論において多くは組織体に属する人員のみに気をとられがちであるが，企業の意思決定者のモチベーションに対しても検証する必要がある。なぜなら企業の成長にとって必要不可欠なものは構成員のモチベーションをいかにアップさせるかだからである。

2．問題行動

目的に向けて動機づけられた行動は，意欲から目標にいたり，誘因を取得して満足を得て終結する。しかし，満足できない場合は，フラストレーションが溜まり問題行動を起こすことになる。問題行動とは欲求不満であり，満足できないと病理的とされる問題行動を起こすことになる。モチベーション管理の面から重要と思われる問題行動の分類を臨床心理学用語関係から以下に述べる。

①失敗して言いわけをしたがる（合理化）
②他人を非難して自分の気持ちを隠そうとする（投影）
③達成できなかったことの代わりを無理に探そうとする（補償）
④子どものような行動をみせるようになる（退行）
⑤その場からの避難（避難）

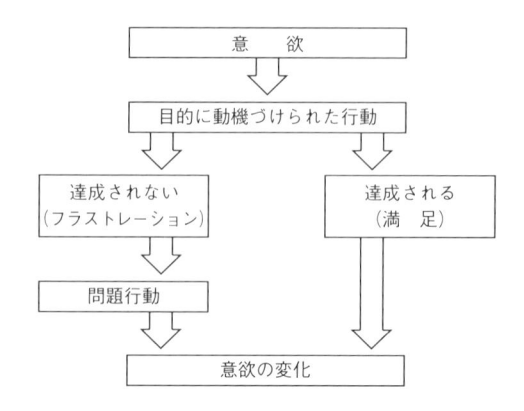

図 3-2　問題行動の発生過程　（田尾，1993）

⑥ふさぎ込んで何もできなくなる（抑圧）
⑦他人を攻撃する（攻撃） 　　　　　　　　　　　（田尾，1993，24-26頁）

　問題行動を起こす意思決定者がいた場合は，組織存続に関係する重大事態となる。チェック機能のはたらいていない組織体の場合は深刻な状況に陥る。ある意思決定者が自分自身の不満を組織体自身に向けた場合は防ぎようのない問題行動を起こす。近年は監査役制度問題やコンプライアンス問題が多く発生したため，不正抑止の対策がとられるようになった。

第4節　リッカート

　レンシス・リッカート（Likert, R., 1903〜1981年）は連結ピンモデルを工夫して，上部の決定を下部に伝えながら，下部の意見を上部につなぐ役割を果たす人を連結ピンとした。連絡がスムーズにいくためには，連結ピンの人々が重要なはたらきをしていることを指摘した。この人々はコミュニケーションの上からの流れ（トップダウン）と下からの流れ（ボトムアップ）をうまくつなぐ役割を担っている。

　組織のなかではコミュニケーションの流れはいつでも自由ということはなく，立場と役割に応じて制限されている。誰もが勝手に指示を受けてよく，誰に報告してもよいとすれば混乱していくことになる。ヒエラルキーの構造は必然的にできるものである。トップの考え方は，フローに従って流れる。これがトップダウンである。また下位からの流れは，権限委譲が進んでいる組織において

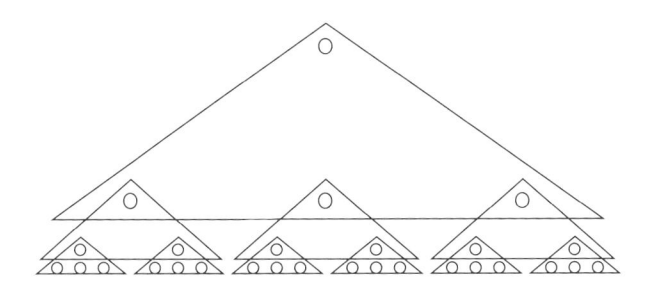

図3-3　連結ピンモデル（田尾，1993）

行なわれており，これがボトムアップである。

マトリックス組織はプロジェクトチームといい，タスクフォースとなる。トップダウンの意思決定だけでは，経営管理がむずかしくなるので，コミュニケーションフローを開放することによって，柔軟な経営管理ができるようにする。組織は，成果の創出に直接かかわるラインと側面から支えるスタッフが機能的に区別されている。ラインはヒエラルキー的な階層を形成しているが，スタッフは総務，財務，人事などがピラミッドの外にある。トップの意思決定と直接結びついているのが，ゼネラルスタッフである（田尾，1993，103-105頁）。

リッカートは，労働者を人的資源としてとらえ，単なる経済的報酬による動機づけだけでなく，非経済的欲求を満たすことが重要な要素だとした。非経済的欲求とは，親和要求，達成欲求，意味のある仕事をしたいという欲求であり，それらを満たすことが組織への帰属意識，監督者への好意的態度，協働的動機づけを高めるという結果をもたらし，労働移動率の低下，生産性の向上，収益性の増大，原価の低減に寄与するような安定した組織をつくることになると考えた。

リッカートは，組織におけるリーダーシップと生産性の関係についての広範囲にわたる実証的研究の結果に基づいて，多元的重複集団型組織モデルを提唱した。このモデルは，組織を効率的に運営するための方式でとして提唱されたものである。それは，マンツーマン方式の上司と部下の関係から成り立つ伝統的な階層組織ではなく，個々の作業集団が連結ピン（link-pin）とよばれる個人によって他の集団と連結される形態のことである。このリッカートの理論を

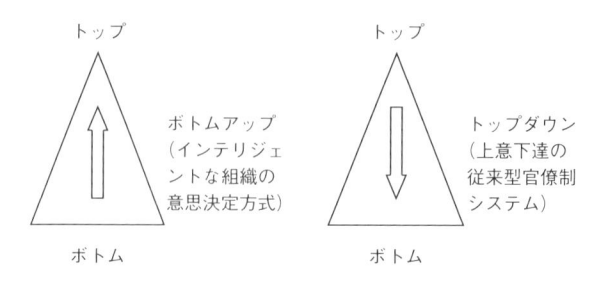

図3-4 意思決定の2つのモデル（田尾，1993）

「連結ピン理論（link-pin theory）」という（森田，1996，210-211頁）。

リッカートの連結ピンモデルはピラミッド型から一歩先をいく組織図である。近年のIT企業はリッカートのモデルの最下位がトップと直接つながっている。企業経営は報奨と厳罰によって行なわれることが多いが，できる限り報奨制度を多用することが企業の発展にはつながる。厳罰を前面に出すような経営管理組織体は成長路線には乗ることはできない。

第5節　おわりに

　企業経営を行なうにあたって意思決定者に産業心理学を駆使していただきたい。近年の企業不祥事はすべて人の問題であると認識する必要がある。ツアーバスの事故，トンネルのガス事故など悲惨な事故が後を絶たないが，人が解決できた問題があまりに多く発生しているのはなぜかを考えるときがきていると思われる。

　ハーズバーグのモチベーション論では動機づけを重要視してH-M理論を展開した。そのなかにおいて問題行動を取り上げているが，これらは企業経営にとって見過ごせない事案である。他人を攻撃する「攻撃」が発生すると企業存続にかかわる重大な問題が内在されるおそれがある。ある意思決定者が自己欲求の達成のために攻撃を始めると有能な人材から流出が発生する。そのことによって業績がよい組織体であってもやがて衰退の途に入ることもある。

　リッカートがいっているように，人を単なる事業展開の駒としてみるのではなく全員参加によって企業が成り立っていることを認識する必要がある。人は経済的な報酬のみで働くのではなく，自分自身が企業に参加することによって社会貢献できていることが重要であるといえる。

　企業や組織体はその業界内において上位に位置して発展している場合でも人を大事にしなくなっている傾向がある。またコンプライアンスも守れない状態が続くと社会から無用な企業，事業体とされいつかは衰退して社会から退場することになる。企業や事業体は意思決定者の器の大きさ以上の規模にはなれないのである。2012年におけるソニーやパナソニックの危機は複合的であるが，責任は意思決定者にあると考えられる。ベンチャー企業型の大企業であっても

意思決定者がビジョンやミッション，ドメイン，コアコンピタンスそしてイノベーションを忘れることがあれば企業衰退につながるといえる。

結論としては企業経営は組織体に参加している人を人間として尊重し，彼らが高いモチベーションがもてる組織運営をしなければならない。

◆ 引用・参考文献

工藤達男（1986）『経営基本管理』白桃書房
喬　晋建（2011）『経営学の開拓者たち―その人物と思想―』日本評論社
森田保男（1996）『経営学』同文舘
野中郁次郎（1980）『経営管理』日本経済新聞社
佐護　譽（編著）（1990）『経営学要論』泉文堂
田尾雅夫（1993）『モチベーション入門』日本経済新聞社

第4章 産業心理からの意思決定

　家庭や商店，そして企業・病院・学校など，すべての経営体において，日々意思決定（decision making）が行なわれている。意思決定者の経営行動がその組織の将来を左右している。意思決定に成功すれば組織は発展するが，失敗すると破産にいたる場合もある。意思決定論の重要さは，認知されて久しいが，組織体において導入されることは稀有である。

　すべての経営行動は，組織構成員によって遂行されるが，それ以前にいかなる行動をとるべきか決定する必要がある。決定は組織全体の階層による構成員によって行なわれる。これを意思決定という。基本的に意思決定は共通したプロセスをもっている。意思決定の定義は，ある目的を達成するために，おかれている状況を判別し，将来の状況の変化を予測し，いくつかの代替案を立案し，評価の後，行動を選択するプロセスである。

　意思決定は，権限の面からみて管理者の基本的な職能であり，日々の活動においてさまざまな問題や例外事項が発生する。経営管理者は随時，対処しなければならない。そこで，経営管理者は判断を行ない決定するのである（佐野ら，1993，87頁）。意思決定者とは経営のビジョン，ミッション，コアコンピタンス，ドメイン，イノベーションを決定する人である。意思決定者が意思決定をまちがうと，その組織体の衰退・繁栄に直結している。経営学のなかで企業経営に即日必要となる意思決定論について，学説から現状を検討する。

第1節　意思決定とは

1. 意思決定と行動

　組織活動とは組織における日々の意思決定の積み重ねの活動であり，それは瞬時の判断の結果であるといえる。企業の意思決定者は多くの案件に対して，価値判断に基づいて決済をくり返している。企業の組織活動においては，意思決定者の判断の遅れがでると業務全体が停滞することになる。意思決定を倫理的に良であるとの判断は，リーダーの能力しだいである。倫理観なき意思決定者が価値判断を下す組織体は，数年は倒れることはなくても，やがて衰退してしまう。組織体は集団の成員が常識的な判断が下せる状態を維持できなければ，経営組織体制を維持できない（水谷, 1998, 97-100 頁）。

　意思決定とは，何らかの問題に直面した場合それを解決するために，あるいはある目的を達成するために行動することである。同時に実行することのできない複数の代替案をあげ，それぞれの代替案がもたらす結果を明らかにし，その結果を一定の水準に基づいて評価し，最適な実行可能な選択をすることである。

　企業における意思決定は，目的に合致した「より正確な情報の収集」と「その処理能力」に基づき，収益と原価との差である利潤の極大化を図ることを目的としている。しかし，「環境の不確実性」や「過去からの断絶」が支配する現実の社会では，その実態を正確に把握することはできない（森田, 1996, 53 頁）。

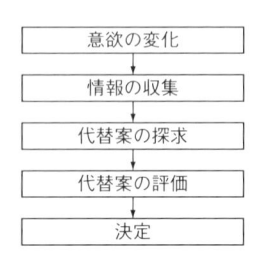

意欲の変化
↓
情報の収集
↓
代替案の探求
↓
代替案の評価
↓
決定

図 4-1　合理的な意思決定（森田, 1996 より作成）

2. 意思決定のプロセス

　意思決定のプロセス自体は、きわめて簡明であり、自己と欲求とアウトサイドの欲求との接点を目的化し、それに合った目標、案、リスク対応と思考を展開すればよい。アウトサイドのニーズのとらえ方、自己のインサイドの欲求の高め方、意思決定プロセスの創造的な活用などについて、アマとプロに大きな差がある。

　意思決定にはベースとなる基礎思考能力があり、それは「知」「情」「意」がリーダーに必要な資質といわれている。思考能力には分析的思考能力（analysis）、想像的思考能力（imagination）、統合化的思考能力（synthesis）の3分野がある。分析的思考能力は、主として、アウトサイドの欲求の情報収集と理解につながっている。想像的思考能力は、おもにインサイドの欲求と関連している。統合化的思考能力は意思決定プロセスと主として関連している。

　分析的思考能力は、①現状を正確に理解し、②現状と過去、または過去と将来の因果関係を明らかにしようと努める能力である。現状を正確に把握するのに必要な技術は、ものごとを細分化してとらえることである。因果関係については、現在を過去の要因の結果としてとらえる必要がある。分析的思考能力は、情報収集のかなめである。

　想像的思考能力は①願望・夢をもつ、②願望・夢から意思へ、③想像思考の技術である。「なりたい」ということと「なるのだ」ということの差は、願望や夢を「意思」まで転換させないと、イマジネーションの展開が弱くなることから「なるのだ」へステップアップさせる必要がある。イマジネーションは、思考の技術というよりは、むしろ思いの強さのほうが大きな影響を与えるが、

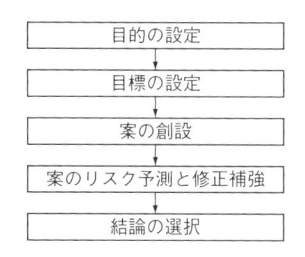

```
目的の設定
　　↓
目標の設定
　　↓
案の創設
　　↓
案のリスク予測と修正補強
　　↓
結論の選択
```

図 4-2　意思決定のプロセス（中島、1990 より作成）

技術的な訓練も可能である。得たいものや作りたいものを絵にしてみる方法（ドローイング），鳥を見て飛行機を開発するように類比物を用いて類推を行なう方法（アナロジー），抽象化された概念，コンセプトから発想を展開する方法（メタファー）などの訓練法がある（中島，1990，29-34頁）。

　意思決定者は企業経営において俊敏な対応を求められているが，単独で判断することはたいへんむずかしいのが現状である。よってわが国の経営者は，集団の討議を多く経て意思決定をしている。意思決定はプロセスに時間がかかりすぎると，その内容が陳腐化してしまうことが多い。わが国を代表する家電メーカーは韓国の新興財閥メーカーに1997年以降大きく水をあけられている。これは意思決定のスピードの違いであって，意思決定のプロセスを早めることが重要である。

第2節　意思決定と組織

1．意思がないと組織は動かない

　意思がないと組織を円滑に動かす意思決定はできない。すばらしい技術の開発は，たった1人の技術者の熱意から始まる。ある技術者が1つのアイデアを思いつく，上司に予算を申請するが却下され，あきらめる。しかし，新技術を開発する技術者は1人でも研究を始める場合が多い。そうすると，賛同者が1人現われ，2人現われ，やがて正式なプロジェクトとして上司に認可される。どのようなプロジェクトも，たった1人の強い意思から始まり，その熱意で組織が動いたという例が多いのである。

　プロジェクトの失敗は，責任転換，足の引っ張り合い，縄張り意識など，組織の病理が意思決定を阻害することで起こり，意思決定者の意思が不明確な時である。また，意思決定者は，意思を伝達するリーダーシップが必要不可欠である。では，なぜ意思決定を誤ってしまうのか，それは「情報収集が十分でない」「状況をよく分析していない」「思考の手順が合理的でない」「やりとげたいという気持ちがない」など，意思決定の重要要素を欠いた時に誤る可能性が高くなる（中島，1990，76-78頁）。

第4章　産業心理からの意思決定

表 4-1　意思決定目的の設定確認 (中島，1990 より作成)

1. 十分な情報を取得しているか
2. 強い意思が背景にあるか
3. 優先順位があるか
4. 現状分析をしているか
5. 将来分析をしているか
6. 何のために，いつまでに，何をするのか
7. 組織が共有できるか
8. 企業の目的と連動しているか

　目的から目標，そして案へと展開する意思決定のしくみについては，そのメカニズムの解明が必要である。意思決定には目的が必要であり，目的がなくて失敗した事例が多くある。よい目的をもち，十分に状況を分析しながら思考を進めれば，よい目的からよい案が登場するのである。しかし，状況分析を欠くことによって意思決定を正確にできず失敗することがある。ベンチャー企業によくみられるのが，少し業績が伸びてくると，資金調達能力や技術開発力が追いついていないのに，過大な設備投資を行ない，資金ショートを起こすことがある。

　目的を構成する1つの要素である意思は，どのような働きをするのだろうか。意思を欠き，状況分析だけから目的を設定すると，結局は状況の後追いをすることになる。大きく伸びた会社は，経営者の意思が会社を引っ張っており，さらに目的を生み出し，それが成長の契機となっている。経営者およびその構成員は一生をかけて仕事に邁進している。そこには，本当にやりたいこと，本当にやりぬきたいということがなければ，本気で挑戦することはできない。企業人の意思は，社会・コンシューマへの貢献を通して自己の能力を向上させるものである。

　意思決定の目的設定法としては，まず，やりたいことを列挙する。そして，意思を確認して，状況を分析する。何のために，いつまでに，何を達成するのかを決定する（中島，1990，88-95頁）。ビジョン設定が明確になると，社内に軋轢が生まれる場合がある。社内において大方の同意を取りつけた事案であっても，一部の反対によって頓挫することが多い。大きな意思決定を行なう場合

表 4-2 主要な意思決定（亀川・鈴木，1997）

意思決定の種類	主要な意思決定
1．戦略的な意思決定	目的と目標，多角化戦略，拡大戦略，管理戦略，財務戦略，成長の方法，成長のタイミング
2．管理的な意思決定	組織の構造づくり，資源転換の構造づくり，仕事の流れ，流通システム，施設の立地
3．業務的な意思決定	業務上の目的と目標，価格設定とアウトプットの水準，マーケティング政策と戦略

は，構成員の同意を先にもらうことで新しい事案を成功に導くことができる。

2．戦略的意思決定

　経営管理者の意思決定のうち，より大きな全社的なものは戦略的な意思決定である。アンゾフ（Ansoff, I.）の意思決定は3種類あり，経営階層を形成している。ロワーマネジメントの意思決定は，業務的な決定であり，目的と目標をビジョンとしている。上司から与えられた目標の日常業務の範囲であり，反復的な意思決定である。ミドルマネジメントの意思決定範囲は，管理的な決定であり，組織をスムーズに動かす部分である。ロワーの日常業務とトップの戦略との間にあり，コンフリクトを解決し調整する。社内的な意思決定と社外的なものの双方に関係する。ミドルは組織のなかの情報や権限などを策定する役割と社内と社外の調整をしている。トップマネジメントの意思決定は，戦略的な決定であり，フォーマルおよびインフォーマルな組織を動かす部分である。事業ポートフォリオの組み合せを決めることである（亀川・鈴木，1997，118-120頁）。

3．意思決定の考え

　バーナード（Barnard, C. I.）は，近代組織論に基づく経営活動を考えるシステム学派（system school）研究を行なってきた。バーナードによる組織経済の唯一の計算書は，成功か失敗かで表わしたものであり，その経済の唯一の分析は，組織の行動に関する意思決定の分析であると述べた。組織経済のバラン

スがとれ，組織効用の余剰が増えたか，減ったかは，直接の共通尺度がないので組織が成長したか縮小したかで判断するしかない。組織行動に関係する意思決定を分析することによって，間接的に組織経済を把握し，意思決定の正確さを高めることが重要となる。

ヘンリー・フォードが自動車の組み立て作業を7883行程に分けて，これまで1人が1台の組み立てに12時間28分かかっていたのを，工程別に作業させることによって，最終的に1時間32分ですむようになった。しかし，バーナード以後の階層組織における分業は，情報の収集・整理・分析の専門化としての機能が重視された。ピラミッド型組織は，最終目的を順次分割して，最下位の従業員に狭い範囲の問題に関心を集中させ，必要な情報を集めて，順次上位者へ伝達させる機能をもっている。たとえば，窓口のコンシューマに対応している販売担当者は，今日はどのような商品が，どのようなコンシューマに販売されたか，情報収集をしなければならない。理論的にはトップの手元には部下の数だけの情報が集まる計算になる。部下の1人ひとりが特定の情報を専門的に集めるわけなので，より正確な情報がトップに集まると考えられる。

バーナードは産業組織においては作業員・事務員・試験員・実験室助手・販売員・専門技能者・技師などが，全体としての組織に外的な環境の戦略的要因の探求にたずさわっていると述べた。ピラミッド型の管理組織は，情報収集・分類・整理の体系であり，意思決定の体系ということができるのである。組織経済のバランスを維持して，組織の存続を考える手がかりは，こうしたしくみのはたらきと，その結果としての組織の成長具合を検討することによって得られる（眞野，1997，19頁，87-89頁）。

4．意思決定の理論

サイモン（Simon, H. A.）は「組織における意思決定過程の研究」によって，1978年度のノーベル経済学賞を受賞した。サイモンは，意思決定こそが管理の核心であり，管理の理論の用語は，人間の選択の論理と心理から導きだされねばならないと考えた。サイモンは論理実証主義の立場に立って，精密で経験的に検証可能な，人間の合理的な意思決定の理論の構築を行なった。意思決定は，それ以上分析不可能な基礎的単位ではなく，人間による選択の過程は諸前

提から結論を引き出す過程であり、意思決定をするにあたっては、その構成要素である諸前提に分解することが重要である。

人間の選択の理論（theory of human choice）、すなわち意思決定の理論において、意思決定は分析上は大ざっぱな単位である。意思決定は分析単位をもたなければ、正しい人間行動の理論を打ち立てることはできない。意思決定においては、合理性（rationality）が追求される。合理性とは行動の諸資源を評価できる体系によって、望ましい代替的行動を選択することである。

サイモンは、全能の合理性をもった経済人（economic man）モデルに代えて、限られた合理性を追求する経営人（administrative man）モデルを提唱した。管理の理論の中心的な関心は、人間の社会的行動の、合理的側面と非合理的側面の境界にあり、意図され、制限されている。経営人は最大を求めるのではなく満足を求める（佐護，1990，40-44頁）。

サイモンは『経営行動（Administrative Behavior）』において、経営は「ものごとを成し遂げること」とした。ものごとを成し遂げる技法としては機敏な行為を保証するための過程や方法が重要であり、人々の集団から一致した行為を確保するために諸原則があるとした。活動には「決定すること」と「行為すること」の両方が含まれている。経営の理論は行為の過程と同様に決定の過程にかかわっていることが一般に認識されていなかった。「決定すること」と「行為すること」は組織体のなかでは完全に結びついている。

サイモンは、すべての行動には、行為者から受ける影響や権限の行使を受ける人たちにとって、物理的に可能なすべての行為から特定の行為を意識的に、また無意識的に選択することであると述べた。また組織のビジョンを遂行する実際の物理的な仕事は、管理階層の最下層の人々によって実行される（Simon, 1945／二村ら，2009, 1-3頁）とした。

第3節　おわりに

企業経営学においての重要な要素となっている意思決定論は経営組織論から発展している。意思決定論に大きな影響を与えたのは、バーナードやサイモンであった。日本において、近年の上場企業の不祥事は目に余るものがある。企

業経営において組織を構築するのは，たいへんむずかしい問題を多く含んでいるが，それに対応できるだけのナレッジマネジメントが不足しているのが現状である。

コーポレートガバナンスが導入されて，一見スムーズに運営しているような企業においてさえ，コンプライアンスを守れないことが多々発生している。いちばんの弊害は，一握りの経営学を理解できていない意思決定者の暴走があげられる。自己保身に走る意思決定者が存在する企業は，企業の体をなしていないといえる。意思決定者における組織体破壊の心理を分析して，早い段階でのリスクマネジメントを確立することが組織防衛につながると考える。

メイヨー（Mayo, G. E.）やレスリスバーガー（Roethlisberger, F. J.），そしてハーズバーグ（Herzberg, F.），マグレガー（McGregor, D. M.），リッカート（Likert, R.）などの心理学者が経営学分野に新しい理論をもち込み発展させてきたが，これからもすばらしい意思決定論を展開するためには，新たな経営学と心理学の融合が必要不可欠であると考える。

結論として組織体における意思決定を遂行するためには，構成員間のコンフリクトを排除することが重要である。そして構成員の過半数以上が賛成する事案は全体で意思決定を行なったという現実を認識して取り組む必要があると考える。

◆ 引用・参考文献

亀川雅人・鈴木秀一（1997）『入門経営学』新世社
眞野 脩（1997）『講義経営学総論』文眞堂
水谷雅一（1998）『経営倫理学のすすめ』丸善
森田保男（1996）『経営学』同文舘
中島 一（1990）『意思決定入門』日本経済新聞社
佐護 譽（1990）『経営学要論』泉文堂
佐野雄一郎・松下高明・岡田匡令・宮下 清・天野恒男（1993）『経営管理総論』同文書院
Simon, H. A.（1945）*Administrative Behavior: A Study of Decision-Making Processes in Administrative Organizations.* 4th ed. The Free Press. 二村敏子・桑田耕太郎・高尾義明・西脇暢子・高柳美香（訳）（2009）『経営行動』ダイヤモンド社

第5章 人的資源をどう活用するか

　本章の目的は，人的資源管理を学ぶ方，特に初学者の方に人的資源管理とは何かを理解していただくことにある。しかし，人的資源管理論というジャンルは，少々複雑である。なぜならば，グローバルなスタンダードといえる欧米の，とりわけアメリカの人的資源管理と，日本の人的資源管理は，同じではないからだ。一方，日本の人的資源管理は，現実と理論がもとになったアメリカのグローバルな流れにあらがうことはできず，今でも欧米の先進的な事例や新しい考え方に大きな影響を受けている。読者にお伝えするのは，まずこの世界的な流れである。まずはこの流れを理解し，そのうえで日本の，日本企業の人的資源管理の実態を学んでいただきたい。

　本章では最初に，人的資源管理の体系を示し，その8つの要素について順次説明をする形をとった。8つの要素のなかでとりわけ評価，昇進と昇格，報酬は人的資源管理の核をなす複雑なシステムであり，重要度が高い。もとより人的資源管理は膨大な内容を含み，紙幅の制限のある本章では，そのエッセンスを論じたにすぎない。

　人的資源管理を学ぶ目的は，どうしたら人は動くか，モチベーションとは何かを感得することにあると考える。唯一絶対に正しい人的資源管理システムなどは存在しないが，現代という時代に合った人を動かす考え方，そして組織がサバイバルするためにあらがえない潮流は厳然と存在する。それを理解することが人的資源管理の理解につながる。

　本章では，新しい時代の人的資源管理の概要を紹介しつつ，世界と日本の比較，経営戦略と人的資源管理の密接な関係をところどころにちりばめたつもりだ。かつてなくグローバルで急速に変化する環境のなか，「人はどうすれば動くか」を考えるヒントになれば幸いである。

第1節　人的資源管理の体系

1．人的資源管理とは何か

人的資源管理は以下の要素から構成されている（図5-1）。
①採用と配置：組織はどんな人を採用し，どんな職務につけるのか。
②教育訓練：組織は人をどう教育し，どんな能力をつけさせるのか。
③評価：組織は個人とチームの職務達成の度合いをどう評価するのか。
④昇進と昇格：組織は人をどんな基準で出世させるのか。
⑤報酬：組織はどのような基準で，どう賃金と手当を支払うのか。
⑥労働組合：組織は労働組合とどうつき合えばいいのか。
⑦安心と安全：組織はどうやって，人間らしく働くことに生きがいをもてるような，また，安心・安全に留意した環境を提供していくのか。
⑧心身の健康：組織は現代における雇用の新しいスタンダードである人の心身の健康をどう守るのか。

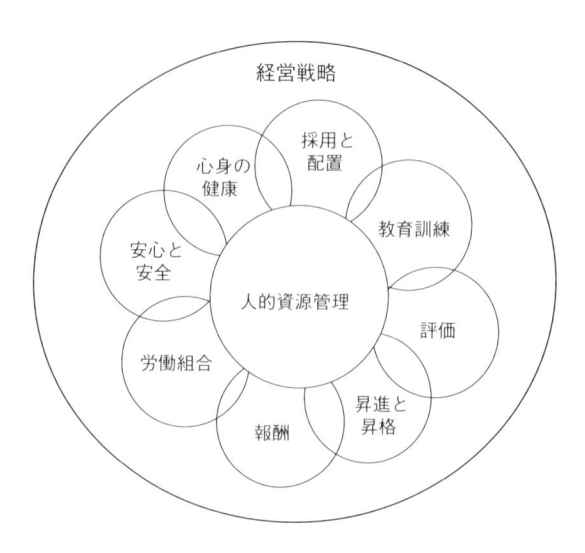

図5-1　人的資源管理の体系

2．人事管理から人的資源管理へ

　人的資源管理という学問ジャンルは，つい最近まで日本では労務管理もしくは人事管理（Personnel Management：PM）とよばれてきた。しかし，ここ10年ほどでこの呼び名はほとんど姿を消し，代わりに人的資源管理（Human Resource Management：HRM）ということばがスタンダードになった。これはアメリカで提唱されたこの大きな潮流に否が応でも従わざるを得なくなったということを意味する。人的資源管理の特長は戦略性，人間性，公平性の3つが強調されていることである。戦略性とは，人的資源管理が組織戦略と密接な関連があることを指す。人間性とは，従業員を機械でなく人間として扱う，つまり人間性を重んじるという傾向が強まったことを意味する。公平性とは，差別のない人事制度，職場環境が指向されているということである。従来の人事制度には男女差別をはじめさまざまな差別が見過ごされてきた。人的資源管理ではあらゆる差別を排除しようとする傾向が顕著である。

第2節　採用・配置

1．採用とは何か

(1) 採用に関する日米の考え方の違い

　アメリカの人的資源管理の教科書によれば，採用とは，組織の特定の職務を遂行するため，応募資格のある個人を，適時に，適切な人数募集し（これを欧米の学術文献では募集：recruitmentという），職務に要求される内容を最も適切に達成できる資質・能力をもった人物を選ぶこと，とある（Mondy, 2008）。ここにすでに日本とアメリカの採用観の違いがみられる。つまり，アメリカ（欧米）の人材の考え方は，まず仕事（職務）ありき，だ。その象徴が，仕事の定義，つまりことこまかな内容が書かれた書類である，職務記述書である。採用は，職務記述書に書かれた内容を，最もよくこなせる人材が選ばれる。しかし，日本は違う。まず，採用の定義を日本の人的資源の教科書は，「採用とは，会社の中にある職務とそれを担う能力があると考えられる外部の人とのマッチング」（上林ら，2010）と記している。この定義は職務の内容について

は踏み込んでいない。そこには，職務を重視する欧米と，人を重視する日本の違いがある。

(2) 採用のポイント

　グローバルに勝ち残っていける企業をつくるための，人的資源管理でなければならない。採用のポイントは，人的資源管理の3要素を満たすことが肝心だといえる。人的資源管理の視点から，採用・配置に関して企業が気をつけたいことは以下のように指摘できよう。

①戦略性からのポイント

　採用をしたい人物像が，適性や能力のみならず，企業の理念，ビジョン，戦略的方向に合致しているかどうかの見極めが必要である。

②人間性からのポイント

　グローバルな環境に企業が生き残るには，企業が人にやさしい企業であること。安心して働くことができ，健康に配慮した職場環境を企業が提供できるか，これが応募者からもみられている。CSR（企業の社会貢献活動）も企業の人間性といえる。

③公平性からのポイント

　採用面接では，その人のプライバシー，信条，宗教，親の職業などに触れてはならない。その人のプライバシーに関しての質問も慎むことである。差別につながる可能性のあるあらゆる事項への言及を避けることが，新しい人事のグローバルスタンダードである。

2．配置とは何か

(1) 日米の配置についての考えの違い

　欧米の場合は，職務に対して，人をあてがう。欧米企業が採用で応募者に求めるのは，即戦力であり，専門性だ。これに対して日本企業は，人を職務にあてはめる。職務はそのままで，職務につく人はつねに変わる。これを，異動とかローテーション（配置転換）とよぶ。ゼネラリスト志向の日本企業では，どんな仕事についても重要である協調性や勤勉性が重視される。個人の職務が厳格に決まっている欧米企業では，離職や退職でポストに空きができたときに，

仕事に最も適した人材を採る。即戦力重視の中途採用が中心になるのはそのためである。

(2) 配置についての問題点

日本で中心となる部門や職種を超えた配置転換には，3つの欠点がある。1つ目は，専門性が身につかないということ。数年その仕事をやったら別の仕事に変わるのでは，専門的な知識やスキルが深まるわけがない。2つ目はコストがかかるということ。ある職務に新しい人がつくたびに，教育訓練を施さなくてはならないし，その人が職務に慣れるまで生産性があがらないというコストである。3つ目は，職務と人のミスマッチである。やる気の出ない仕事，能力の発揮できない仕事を強いることは，個人にとっても企業にとっても不幸である。このような問題を解決するために企業が近年こぞって採用しているのが，職種別採用と社内公募制である。

第3節 教育訓練

1. 教育訓練とは何か

教育訓練とは，職務に関係するスキル（技術，技能）を獲得し，改善するための機会を与える一連の活動を指す。ますます競争が激化し，新たなテクノロジーがつねに開発される環境では，人間の能力もつねに時代の変化に合うようにバージョンアップし，強化していかねばならない。適切な教育訓練を実施し，企業と従業員の競争力を高めていくことが，企業の生き残りの必須条件といえる。

2. 教育訓練のプロセス

教育訓練は，組織，仕事，個人のそれぞれのニーズを把握することから始まる。教育訓練の内容は組織の事情や環境，社風や教育訓練についての哲学や考え方で決まる。人を大事にしない企業はそもそも教育訓練などやらないだろう。革新的な企業のカリキュラムは従業員をよりクリエイティブにする方向に向か

うであろう。仕事のニーズとは仕事に必要な知識,スキル(技術),能力である。個人のニーズは,現状の力と仕事に要求される力のギャップがある場合に生じる。教育訓練には職務中に行なうオンザジョブ・トレーニング(OJT)と仕事を離れた研修会場で行なうオフザジョブ・トレーニング(Off-JT)の2つがある。教育訓練はやりっぱなしではなく,その内容についての評価を行なうことが重要である。一言で言えば費用対効果のチェックが欠かせない。

第4節 評価とは何か

1. 評価とは何か

　評価の目的は,個人および組織のパフォーマンス(業務達成度と効率)を向上させることである。評価は組織の人的資源管理全般に大きな影響力をもち,組織運営の要であり,きわめて戦略性が高い。評価のプロセスはまず,個別の評価の目的を明確にすることから始まり,評価の目的を1つに絞ることである。たとえば従業員の能力開発,給与の適切な分配などである。次は,評価の基準を決め,これを評価にかかわる者全員と共有する。次に評価者が確立された評価基準に基づいてパフォーマンス(職務達成度)についてレビューし,これを評価する。大事なことは,被評価者のパフォーマンスが適切でなかった場合,その改善計画を立て,来期の評価へ向けて目標を設定することである。この評価のプロセスがくり返し行なわれることにより,個人も組織も強くなる。しかし,現実には正しい評価は困難をきわめる。評価基準の設定が非常にむずかしい。神ならぬ人間が評価するからまちがいがつきものでもある。評価者は管理能力や評価能力に優れているべきだが,現在の管理職の多くは後述する職能資格制度による年功昇進で管理職になったケースが多く,必ずしも能力があるとはいえない。評価能力もしかりである。

2. 評価は何に使われるか

(1) 人的資源計画に使われる

　評価の結果,どういう人物を昇進させるべきかわかるし,そのデータも集ま

る。評価システムがうまく構築されていれば，組織に足りない人的資源の能力も特定でき，教育訓練，能力開発の計画も立てられ，人的な観点から組織の強みも弱みもよくわかる。組織はこのデータをベースに人的資源計画を立てることができる。人的資源管理計画とは組織運営の基礎にほかならない。

(2) 人材募集と選抜に使われる

　人材を募集して，選抜することは，人的資源管理の第1ステップであり，組織全体の戦力を整えるという意味で，きわめて重要であることは言をまたない。人材を募集して，選考する際に重要なのは，人材を選ぶ基準だ。

(3) 教育訓練と能力開発に使われる

　従業員の教育訓練と能力開発が組織の強さを決定する。正しい評価システムは，教育訓練と能力開発の具体的なニーズを教えてくれる。もし，評価によって組織のパフォーマンスに負の影響を与える個人の要素が確定できれば，組織の教育訓練と能力開発のニーズが把握できたことになる。

(4) キャリアプランニング・キャリア開発に使われる

　従業員の組織内でのキャリアを計画し，それを積極的にサポートするキャリアプランニングと，キャリア開発は，従業員の根本的な仕事へのモチベーションを高め，ひいては組織を強くするためには絶対に欠かせない人的資源の制度である。適切な評価は，従業員の長所と弱点を，そして未来につながるポテンシャルを指摘し，個人のキャリアプランニングとキャリア開発に役立つ。

(5) 報酬プログラム構築に使われる

　報償は従業員のモチベーションの源泉であり，これを正しく行なうことこそが組織とその戦略にとっての生命線といえる。組織はその目的を達成するためのチームと個人の正しい行動に対して報償すべきであり，正しい評価はそのベースになる。

(6) 従業員の処遇に使われる

評価のデータは，従業員の昇進，降格，出向，移籍，解雇などの処遇に使える。ある職務で一定の評価があれば，他の同じレベルの職務でも有能と考えられる。その逆に評価が芳しくなければ，職務を変える，あるいは離職を願うということもある。正しい評価に基づく適材適所こそ，人的資源戦略ひいては組織戦略の最重要課題といえる。

3. 評価の基準

(1) 特性

従業員の特性とは，職務に関連する態度，適応性，判断力，外見，イニシアチブ（進取の気性）などを指す。たとえばホテルマンの場合，お客に好感を与え，組織のルールにもかなった，服装，外見，判断，態度などがその特性となる。

(2) 行動

結果のみで評価を下せない場合，評価の基準は職務を達成するためにとった行動になる。たとえばチームで働く個人の場合は，チームワークへの貢献，カスタマーへの献身，部下や仲間の能力開発サポート，などの行動が評価の対象と考えられよう。

(3) コンピテンシー

コンピテンシーとは，組織の価値感や意向に合致した，組織内部の有力者がもちあわせる傾向，性質，行動パターンのことである。それは通常，ナレッジ（知識），スキル，特性，行動など技術的で，属人的なスキルに関係する。職務特有のコンピテンシー，たとえば，分析的な思考，達成に向けての積極的な姿勢は，プロフェッショナルな職務に不可欠だ。リーダーシップをとる者であれば，部下の才能を開発したり，権限委譲するなど，人をマネジメントするスキルは，意味のあるコンピテンシーといえる。評価のためのコンピテンシーは，職務の成功に密接に関係したものでなくてはならない。

(4) 目標達成力

組織の価値感が，手段より目標を重んじるのであれば，目標達成は評価基準として適切である。利益やキャッシュ・フロー，マーケットシェアへの貢献度，カスタマーの品質基準に合致する製品やサービスの提供，納期の厳守などが該当する。目標達成というポジティブな結果を生む行動を奨励することが，評価の大きな役割である。

4. 評価システムの種類

日本の人的資源管理の現場での評価の主流には，発揮能力評価，相対評価，絶対評価，減点評価・加点評価というシステムがある。

(1) 発揮能力評価

保有能力とは，職務を遂行するうえで必要とされる知識，技術，技能，経験のことである。たとえば，ウエイトレスの保有能力は商品知識や接客技術である。これに対し，発揮能力とは，評価期間内に職務において成果を出すために発揮した保有能力をいう。発揮能力は成果，業績の形で現われるが，組織やグループ，プロジェクトチームに貢献したことも数えられる。また，発揮能力を評価する際には，同僚の支援の有無，一般的景気動向，任せられた担当地域や仕事領域の経済状況，地理的困難さなども考慮に入れる必要がある。

(2) 相対評価

従業員を相互に比較することにより，誰が最も優れており，その次に優れているのは誰かというように，従業員の序列を決める評価のことである。相対評価の実践手法は以下がある。

①単純順位法

何人もの部下を抱える評価者が，部下の働きぶりに順位をつける。最も単純で費用もかからない。まったく同じもしくは類似する仕事をしている従業員を比較するときには有効である。

②強制分布法

すでに，評価結果の分布（全体に対する割合）が決まっている場合の評価方

法である。たとえば評価がSABCDで、それぞれの分布率が、S=10％、A=20％、B=50％、C=15％、D=5％というものである。

(3) 絶対評価

従業員どうしを比較するのではなく、あらかじめ設定した基準に照らして従業員がどの水準にあるのかを評価する方法である。絶対評価の実践手法には以下がある。

①図式尺度法

職務知識や職務行動などの評価要素の水準を示す文章を5段階程度で用意して、それを選択させる。

②論述法

従業員の評価を期間内の業績、失敗、職務上の長所、短所などを文章の形式で記述する。欠点は時間がかかりすぎることや、評価者の記述能力に違いが出るため、実務ではあまり利用されていない。

(4) 減点評価・加点評価

減点評価とは、業務遂行に失敗すればマイナス評価をする評価手法である。職務遂行に積極的な工夫・努力をできにくくし、消極的な姿勢を助長するとの批判がある。これに対して、加点評価とは、新しいことにチャレンジしたら、たとえ失敗しようがプラスの評価をする評価手法である。評価の開始時にはゼロ点で、積極的な努力がみられるごとに加点するシステムである。長所に着目することで、業務改善や商品開発などで社員の積極的な姿勢をうながすといわれる。加点評価のねらいは、企業風土を創造的、革新的なものにすることにある。

5. 情意評価、プロジェクト評価など

評価には、この他に社員の姿勢とやる気を評価する、情意評価がある。これは、日本独特の評価基準であり、遅刻欠勤や協調性、自己向上意欲等々といった社員の内面にかかわるものを評価する。また、現代の企業は通常チームやプロジェクト単位でビジネス活動をするので、評価は通常、担当部門やプロジェクト全体としての業績が基本になる。

第5節　昇進・昇格

1．昇進・昇格とは何か

　昇進とは上位の役職に任用されることで，昇格とは上位の資格等級が付与されることである。日本の人的資源管理には，この資格ということばが出てくるが，これは，英検，TOEICなどの資格という意味ではなく，企業独自の資格を意味する。出世ということばは，英語ではpromotionであり，上位の役職につくことを意味するが，日本語の場合は昇進と昇格のどちらか，もしくは両方を意味する。日本的出世は，職能資格制度とよばれる処遇システムから生まれる。職能とは，一種の能力を評価することで，資格とは，能力に応じて順に上位のものを獲得していくものである。しかし，上位の資格を取得しても，それに相応する役職が与えられるわけではない。この項では，いまだ7割以上の企業が何らかの形で採用しているという職能資格制度にスポットを当てて，昇格，昇進の問題について考える。

2．職能資格制度とは何か

　職能資格制度とは，職務遂行能力を基準に，賃金や格付を決める人事制度のことである。こうして決められた賃金が「職能給」である。

(1) 職能資格等級とは何か

　表5-1は，職能資格制度のあらましである。項目のうちの等級というのは，職能資格等級とよばれるもので，職能資格制度は，まず職能資格等級区分を設計することから始まる。7段階から10段階程度の等級区分が一般的で，多すぎても少なすぎてもいけない。等級区分の数が多すぎると，等級間の能力要件の境界が曖昧になってしまい年功的な運用に陥る可能性が高くなる。逆に，等級区分が少なすぎると，昇格の機会が少なくなってしまい，昇格に関するインセンティブ効果が薄れる。

　項目の2つ目の職務等級基準は，職務要件定義ともよばれ，その等級に要求される能力が記述されている。表5-1にあるのは，標準的な職能要件定義だが，通常これを規定してから，職種別の職能要件定義をこまかく設定する。3つ目

表 5-1　職能資格制度の例

等級	職務等級基準	最短年齢	対応役職
6	部の目標や計画案を策定できる	35	部長
5	職務上の課題とその対応策を上司に提案できる	31	次長
4	課を監督し，課全体の課題を達成する	29	課長
3	熟練度，リーダーシップを発揮して自分の課題も達成する責任を負う	26	係長
2	上司からの指示に基づいて，自身の業務目標達成や問題解決ができる	24	グループ長
1	定型的で補助的な仕事を遂行できる	22	チーフ

の項目の最短何歳は，この等級に位置づけされるかという，年齢が記されている。表5-1の等級5には31歳にならないとつくことができず，等級6になるまでは少なくとも4年間は辛抱しなくてはならない。この間の年数のことを滞留年数という。4つ目の項目である対応役職はその等級にあがった場合，就任できる可能性のある役職を示す。しかし，前述のように資格を得たからといって，その役職につけるわけではない。

　給与に関してはこの表にはないが，別に資格等級別の号俸表を作成する。号俸とは，賃金表において号数ごとに設定された給与額のことである。1つの職能等級が10ないし数十段階の号数に区切られ，号数ごとに号俸が設定されている。毎年の評価が決まると評価ランクごとに設定された昇号数だけ号数が昇降し，その結果，号俸が毎年変わる。評価は5段階，SABCDなどで決まることがふつうだが，S評価であれば6号俸アップ，A評価であれば5号俸アップ，B評価であれば4号俸アップという具合になる。

(2)　職能資格制度のメリット

　企業としては同じ級の従業員であれば，給与は変わらず今とまったく違う職種につけさせることが可能である。

　①異動が盛んになることにより，従業員に多様なキャリア，経験を積ませることができ，長期的視点に立った若手社員の育成ができる。
　②従業員の貢献度を反映した処遇ができる。
　③降格がないので，安心して働ける環境が整う。

④昇格試験という機会を通じた知識教育，さらには等級ごとの教育研修体系を組み立てることにより人材育成が図れる。

(3) 職能資格制度のデメリット

1つ目は，年功主義的運用に流れがちとなる。年齢を強く意識する日本社会では，組織も年齢にふさわしい処遇をせざるを得ないのが実情で，能力が足りなくても上の等級にあげることが珍しくない。各等級に要求される能力の記述は曖昧で，評価そのものの困難も伴い，「なあなあ」の評価つまり年功中心の評価になりがちである。また，従業員を同一資格に長い間とどめておくと，やる気を失いかねない。このような理由である程度の年数が経つと，昇格させてしまうのが現実だ。

2つ目に，資格と職務内容のギャップが生じることがあげられる。職位資格は高まっても，仕事の内容はそれほど高まらないのが現実である。資格にふさわしい仕事がないとなげく声が聞かれる。

3つ目に，人件費がかさむことがあげられる。年功主義的運用で結果的に職能給がかさむことになる。配置転換で企業にとって価値の低い仕事でも，高給を払わなければならないことも多い。

3. ブロードバンディングという新しい波

職能資格制度の最大のねらいは，異動を活発にすることで組織を強くすることである。それは，今まで日本の企業が従業員をさまざまな職務につけ，多様な経験をさせることが，その人の視野を広げ，組織人として有能な人材を育てると信じてきたからである。いわば日本の企業はゼネラリスト志向であり，これを可能にするのが職能資格制度だということである。欧米は逆に，最初から職務を決めて，それに人をあてはめるやり方で，スペシャリスト志向といえる。職能資格制度はいまだ日本企業的な処遇制度が主流だが，経営環境の急激な変化に伴い，ITや財務，マーケティングなどの分野でスペシャリストが強く求められており，日本も欧米のような職務中心の処遇制度に移行する傾向がみられる。その1つが従来の職務給制度の進化版といえるブロードバンディングである。

表5-2　ブロードバンディングにおけるバンドの定義例
（ウィリアム・マーサー社，2000より作成）

バンド4	目標
	激変するグローバル環境に対応できる戦略を策定でき，部門を戦略にそって正しくリード，マネージメントできる能力を発揮すること
	必要とされるコンピテンシー
	・高度な英語コミュニケーション能力 ・ビジョンを構築し，それを担当部門と共有できる能力 ・担当部門のリーダーの能力を開発する能力 ・イノベーションを推進できる能力 ・世界中の支店担当者に，ビジョンを伝え，それを堅持させることができる能力 ・企業全体の社会貢献スピリットを涵養できる能力

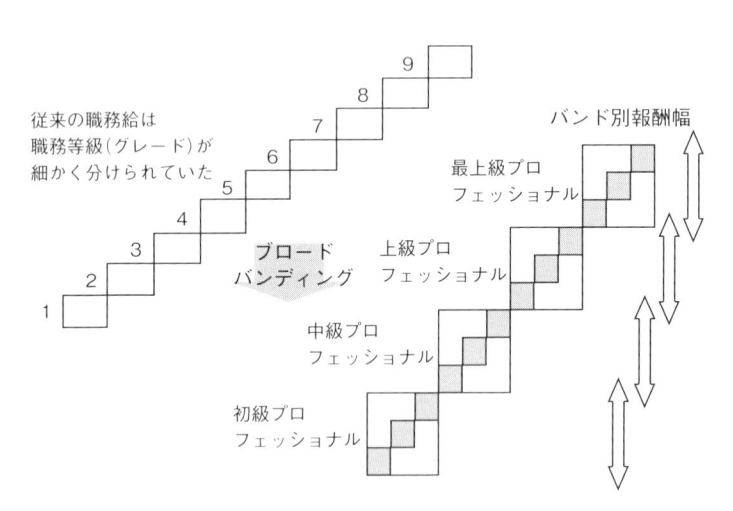

図5-2　職務給制度からブロードバンディングへ
（ウィリアム・マーサー社，2000より作成）

職務給制度は，まず職務があり，人があてがわれ，報酬は職務ごとに固定されていた。職務の等級（職務グレード）は非常にこまかく，時には20階層にも及んでいた。しかし報酬は職務の等級によって固定されているため，ある社員がすばらしい業績をあげても，報酬は変わらず，その結果ライバル企業に転出するなどの弊害があった。こうした人事の硬直性を打破するために生まれたのが，ブロードバンディング制度である。ブロードバンディングのバンドとは職務の等級を意味する。従来は職務等級がたくさんあったが，それが少なくなり，幅が広くなったので，従来の職務の等級の報酬の幅を大きく設定して，貢献度に応じた報酬を準備できるようにした制度である。そして，各バンドごとに固有の，「役割」「成果責任」「必要とされるスキル」「コンピテンシー」が決まる。表5-2のように，この職務にはどんな人材，どんな能力をもった人材が適任かが明示される。

　コンピテンシーとは，ハイパフォーマー（企業で特定の職務においてとびぬけたパフォーマンスを達成する社員）が共通にもつ能力要素のことをいう。ブロードバンディングとのイメージは図5-2である。従来の非常に多い職務給の等級が，少なくなった分，大きくくりにされて，その広がったくくり（ブロードバンド）の中で，報酬が分けられているのがわかる。

　企業の環境がますますグローバル化する中，日本企業もグローバルが主流になりつつある職務や，コンピテンシーを重視した処遇制度の導入を考えざるを得ない状況であろう。

第6節　報酬

1．報酬とは何か

　報酬とは，従業員の労働サービスの対価として与えられる（金銭および非金銭的な）見返りのことである。報酬とは賃金だけではなく，勤務条件や配置，売り上げがナンバーワンになって社内で表彰されることなども，立派な報酬といえる。人は，組織の目的に沿って働き，その目的達成のためによい仕事をすれば報酬を期待し，組織はその期待を最大のモチベーションとして利用する。

報酬が組織およびその戦略に大きな影響を与えるきわめて重要な制度である理由は，このモチベーションを与える力にある。

2．外的報酬と内的報酬

報酬には外的報酬と内的報酬がある。外的報酬とは，文字通り外部から与えられるもので，給与，手当などの賃金が代表的である。しかし，物質的なものだけではなく，昇進や社内で表彰されること，社内報で大きく取り上げられるなども外的報酬とよばれる。これに対し，内的報酬とは仕事そのものから得られる満足のことで，仕事にプライド，達成感や充実感をもったり，チームの一員であることに満足感をもつなどがそれにあたる。現代社会は，多様化が進み働く人たちの価値観も多様になり，組織は働く個人や組織の状況にあわせて多様な報酬を用意する必要性がますます大きくなっている。しかし，賃金が多くの労働者にとって報酬の最大関心事であることは変わりなく，この項では外的報酬の最重要事項である賃金に絞って説明する。

図5-3は一般的な賃金体系を表わしたものである。賃金は現金給与と付加給与に大別される。現金給与は所定内給与と，所定外給与，そして賞与に分かれる。所定内給与とは，組織ごとの就業規則に定められた，始業から終業の時間

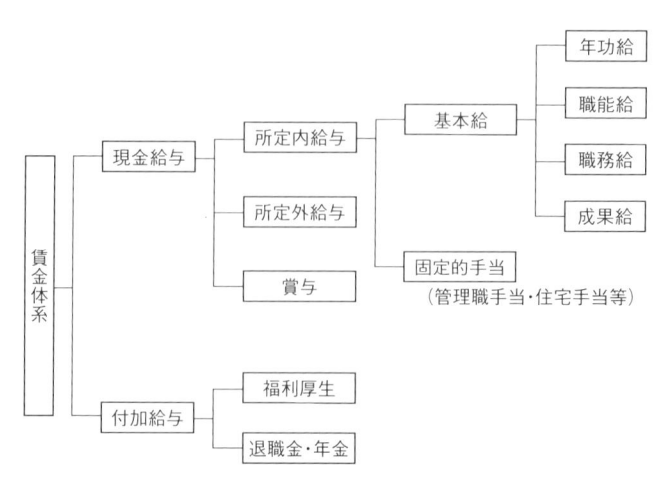

図 5-3　賃金体系（上林ら，2010）

から休憩時間を除いた時間の労働に対する報酬で，所定労働時間を超えた労働の対価が所定外給与である。賞与は一時金とも，期末手当ともよばれるが，いわゆるボーナスのことを指す。賞与は基本給の何か月分という形で，組織の業績に応じて支給される。所定内給与は基本給と固定的手当からなり，基本給は給与全体の約6割を占めており，報酬管理では最も重要な要素である。固定的手当とは特別な資格をもっている人や，役職についている人に支給される職務関連手当，通勤手当などの従業員の管理に関する人事管理手当，家族手当や住宅手当などの生活関連手当が含まれる。付加給与は福利厚生と，退職金・年金に大別され，従業員の生活の質を高めたり，老後の生活を保障するための報酬である。

3．基本給の種類

報酬管理の中心は基本給管理である。基本給の支払い方は大別して，年功給，職能給，職務給と成果給がある。年功給のみを採用している組織はほとんどなく，ここではそれ以外の3つの支払い方式について説明する。

(1) 職能給

処遇の項で説明した職能資格制度に基づく基本給の支払い方式である。職能給はその名の通り，能力主義を標榜し，従業員の能力（職務遂行能力）に対して支払われる賃金である。職能給は，日本企業の強みである異動をうながすことがメインの目的であるため，年をとれば能力が上がったことにしなければ機能しないのが現実である。能力の定義（職能基準）が曖昧で，どうしても評価は甘くなり，結果年功的な運用になってしまいがちである。年齢や勤続年数に比例して，職務能力が上がるとなると，人件費も上昇することになる。資格等級で給料が決まるので，同じ仕事をしていても給料が違うのも欠点といえる。

(2) 職務給

従業員が実際に担当している職務の難易度・責任度を基準として決める賃金のことである。

職務給の特徴は以下である。

①業務内容がむずかしいほど，賃金は高くなる。
②責任の度合いが高いほど，賃金は高くなる。
③誰がその職務につこうが，原則同じ賃金。
④基本的に定期昇給はない。同じ仕事をしている間は賃金の上昇はない。
⑤ほとんどの国の賃金は職務給。
⑥職務ごとに決定する賃金で社員を処遇する職務給のほうが，人件費の高騰を招く可能性は低い。

(3) 成果給

　成果給とは，年功給と対極にあり，個別設定目標（ノルマ）とその達成度が客観的に評価され，個別的に支払われる賃金のことである。成果給が支払われるためには，まず管理者が個別の業績管理制度を確立して個人の目標を具体的に設定する必要がある。そのうえで，目標対比で達成度を個別に客観性をもって評価することによって，あらかじめ確保された報酬原資（総額）から個別的に支払額が決定されるしくみが，成果給である。成果給は，職能資格制度に陰りが出始めた1990年代後半から，大手企業を中心に導入されてきたが，近年はメリットよりもデメリットを指摘する声が大きくなっている。

第7節　労働組合

1．労働組合とは何か

　労働組合の定義は，労働組合法第2条にあるように，「労働者が主体となって自主的に労働条件の維持改善その他経済的地位の向上を図ることを主たる目的として組織する団体又はその連合団体」である。憲法は第28条で「勤労者の団結する権利及び団体交渉その他の団体行動をする権利は，これを保証する」として，労働三権とよばれる団結権，団体交渉権，団体行動権を保障しており，労働組合への参加，組合活動は法が認める労働者の固有の権利といえる。しかしながら，労働組合の組織率は1975年以来低下傾向で，1983年には30％を，2003年には20％を割り，2008年には18.1％となっており，労働組合の意

義が問われている。

2. 労働組合と戦略性

　労働組合は，労働条件の維持改善，経済的地位の向上を図ることを目的としているので，ややもすると，経営者にとって労働組合は煙たい存在といえる。しかし，現代の人的資源管理の立場からすると，まず企業は人的資源管理が戦略と密接につながっていることを忘れるわけにはいかない。欧米の人的資源管理の教科書には，労働組合は「labor relations（労使関係）」の章に必ず入れられている。要するに，労働組合は労使関係を良好にするために欠かせない要素であるとの意味合いである。しかしながら，日本では労働組合が労使対立の象徴のようにとられがちであり，良好な労使関係の確立というテーマは副次的になりがちだ。しかし現代の人的資源管理は，これまでよりさらに一層の良好な労使関係を求めている。なぜならば，何度もみてきた通り現代の人的資源管理は，経営戦略と一体であり，戦略を実行するための主役である人を動かす原動力であるためである。経営陣と従業員の関係が良好でなければ，企業が立ち行くはずもない。労働組合は洋の東西を問わず，労使の協議の場を提供する。立場の弱い従業員の声を聞く経営者でなければ，企業はこれからますます激しさを増すグローバル競争に勝ち残れないだろう。

第8節　安心と安全

1. 安心と安全と立法

　安心と安全は職場における事故災害を防ぎ，危険のない職場環境を整え，衛生は従業員の健康を保ち疾病を防ぎ，病気にかからないようにする企業の取り組みを総合的に指している概念である。職場における災害，事故は，かつてに比べ激減している。それは，労働災害を教訓に，さまざまな法律が整備されるようになったことが大きい。古くは1947年に制定された労働基準法である。第8章「災害補償」では，労働災害について使用者に無過失賠償責任を負わせ，療養補償を義務づけている。同じく1947年に制定された，労働者災害補償保

険法は，負傷，疾病，障害，死亡等に対して労働者やその家族に保険制度をもって補償を行なうことを定めた。

2. 安心と安全とCSR

　現代における安心・安全の問題は，戦略性の文脈で語られることが多くなってきた。それは，積極的に安全，衛生の問題に取り組むことが，企業の価値を上げ，株主価値（株主から見た企業の価値）も市場価値（消費者に選好される度合い）も高まることが，認識されているからである。CSR（企業の社会貢献活動）ということばが近年頻繁に聞かれるが，労働に関する災害をなくし，積極的に従業員の健康を守ることがCSRの一環であるという認識が企業に広がっている。職場と従業員の安全を守ることは，当然人的資源管理の新しい方向性であり，人間性にもかなうことは言うまでもない。

3. ワークライフバランスと人的資源管理

　労働災害を防いだり，疾病を予防したり，従業員の健康を積極的に守る取り組みだけでは，安心と安全の問題をクリアできたとはいえないのが現実である。目下いちばん企業に問われているのは，人間らしい働き方を企業が提供してくれるか，という点である。これは，ワークライフバランスということばで急速に従業員の大きな関心事になってきている。ワークライフバランスとは，文字通り仕事と生活のバランスをとること，という意味だが，今までのように一律に企業の都合で労働を押しつけられることなく，主体的に，多様な生き方，働き方を認めるべきであるというニュアンスが最近強くなってきている。ここ20年，日本企業は世界的にも過労死，すなわち過重労働による死亡の問題で世界中から非難されてきた。女性に対しての労働施策の貧弱さ，たとえば育児休暇や出産休暇が十分でなかったり，男女同一賃金が実現していないことなども問題とされてきた。先進国で，役職者に女性が昇進する割合が最も低い国が日本であることは残念ながら事実である。

第5章　人的資源をどう活用するか

第9節　心身の健康

1．心の問題の重要性

　現代の企業の最大の課題は「心の健康＝メンタルヘルス」だといっても過言ではない。心と体は一体であるため，心と体の問題は1つと考えてよい。心の健康管理の重要性は，人的資源管理のグローバルな方向性であり，戦略性，人間性，公平性からも説明できる。後述するが，日本も他の先進国と同じく職場における心の健康が脅かされている。心の健康を守ることはまさに，企業の根本である人的資源を守ることであり，企業戦略の中心に位置づけられることはごく自然といえるのではないだろうか。人間性とは従業員にやさしいことであり，それはまず，労働組合と同じく，心の健康管理を抜きにしては語れないはずである。

2．ハラスメント問題と関連しているメンタルヘルス

　公平性に関連する人的資源管理の項目は，セクシュアルハラスメントやパワーハラスメントといった近年とみに多くなっている職場の嫌がらせである。心の健康が害されるのは，他の人的資源管理施策にも増して，こうした不適切に従業員を傷つける環境が放置されていたり，防止対策が欠けているためといえる。メンタルヘルスと，セクシュアルハラスメント，パワーハラスメントは相互関係にあり，それらの頻発は看過できないレベルにきている。あらゆる企業は真剣にこの問題に取り組まなくてはならない。

3．グローバルな人的資源管理システムが求められている

　かつて，心の病は，職場ばかりか社会全体でタブーに近い扱いをされていた時代があった。しかし，時代は変わり，うつ病やメンタルヘルスということばが，ふつうに使われるようになっているし，多くの企業がこの問題に真剣に取り組んでいる。しかし，それでもまだ，心のトラブルは偏見をもって見られている現実もある。この問題への，企業に対する法的な義務を課すという動きがないのも，社会全体がまだメンタルヘルスについて真剣に考えていないからではな

83

いだろうか。人的資源管理の先進国であるアメリカでは，体の病と，心の病を分けて考えていない。「障害を持つアメリカ人法（Americans with Disabilities Act of 1990）」ではそのことをはっきりうたっている。雇用者は肉体的もしくは精神的な障害をもった個人もしくは慢性病者を差別できない。そしてその障害者に合理的な便宜を与えなければならない。これは精神的な障害をもった従業員への差別の禁止のみならず，一歩踏み込んで企業のサポートの責任も義務化している。日本もこうした法律ができるようになったとき，初めて心の障害も，身体の障害も同等に考える企業風土ができたといえるのではないだろうか。

◆ 引用・参考文献

Gupta, A. K.（2003）*Global Strategy and the Organization.* Wiley.
岩坪友義・野呂一郎・加納良一・飯野峻尾（1998）『食品の経営学』学文社
上林憲雄・厨子直之・森田雅也（2010）『経験から学ぶ人的資源管理』有斐閣
Mondy, R. W.（2008）*Human Resource Management.* 10th ed. Pearson Prentice Hall.
野呂一郎（1998）『HRMとは何か』多賀出版
野呂一郎（2006）『ナウエコノミー――新・グローバル経済とは何か――』学文社
Porter, M. E.（1998）*Competitive Advantage.* Free Press.
Robbins, S. P.（1997）*Managing Today!* Prentice-Hall.
笹島芳雄（2001）『人事・労務管理の新潮流』労務法令協会
ウイリアム・マーサー社（2000）『戦略人材マネジメント』東洋経済新報社

第6章 組織は戦略に従うのか

　少しでも経営戦略を勉強された方であれば，経営戦略といえば，何かしらのフレームワーク（理論的枠組み）をイメージするのではないか。その代表はおそらくポーターの5フォースとよばれる業界分析であろう。ボストンコンサルティンググループ（BCG）のマトリックス分析も有名だし，ゼネラル・エレクトリック社（GE）の7フォースも戦略の代名詞といわれている。最近では，バランスト・スコアカード分析がよく知られている。これらは，経営戦略を全体的にもしくは部分的に構築し，実行するのに役立つ，いわば方程式なフレームワークである。

　本書はあえて，経営戦略論につきものの，こうしたフレームワークの紹介をしない。なぜならば，本章で述べるように，経営戦略の本質は考えとコンテキストにあるからだ。考えとはビジョンやゴールをもつことであり，コンテキストとは，組織の固有の条件，環境，そしてそれをどうみるかの判断である。考えとコンテキストは，組織それぞれで違う。ここを徹底的に考えることが，経営戦略を理解し，ひいてはその組織に最もフィットした経営戦略を構築し，成功裡にそれを実行することにつながる。フレームワークは，経営戦略においてあくまで副次的なものにすぎず，また考えとコンテキストを徹底的に追求せずにフレームワークが戦略の中心になれば，組織はまちがった方向に行くだろう。

　どの組織にもあてはまる唯一絶対のフレームワークや方程式などは存在せず，正しい経営戦略は組織の数だけあるはずである。これが本章を貫く考え方である。また本章は戦略策定プロセスを中心に論じたもので，経営戦略の実行についてはほとんどふれていない。経営戦略は実行こそ重要であるが，その実行はやってみないとわからない試行錯誤の連続であり，本などでこれはこうなると予測的に論じることができない。戦略実行はその組織しか体験できない試行錯誤の道であり，その試行錯誤がなければ，戦略は完成しない。本章は，考えやインスピレーションのその多くをマクミランとタンポエ（Macmillan & Tampoe, 2000）から得ていることをつけ加えておきたい。

第1部　経営に活かす産業心理の諸理論

第1節　戦略概念の系譜

1．戦略概念の起源
(1) 古代ギリシャ起源説
　戦略の起源は古代ギリシャの，当時の戦争における勝利の研究に求められる。戦略は英語で strategy だが，このことばは，ギリシャ語の軍隊を表わす stratos とリード（リーダーシップを発揮する，先導する）を表わす agein に由来する。その2つの単語が合成されて，strategy の原語である strategos になったのだが，ギリシャではその単語は選ばれた軍司令官を意味した。当時の軍司令官は，アテネが紀元前506年にペルシャと戦ったときに，つくられたポストであった。このことから，古代ギリシャ人は戦略をリーダーその人，またはリーダーの責任と考えていたことがうかがえる。戦略をリーダーシップと考える思想は，現代の戦略思想にも脈々と受け継がれている。

(2) 孫子とクラウゼヴィッツ
　ちょうど同じころ中国の春秋時代の武将であった孫子は，『孫子』とよばれる兵法書を著わした（Sun Tzu, 2012）。孫子もリーダーについて同様のことを言っている。軍隊の一挙手一投足を支配するリーダーは聡明で，優秀でなければならず，賢さと卓越した知性をもったリーダーのみが偉大な成果をあげられると主張した。さらに，戦略の目的を敵に勝つこととし，戦いは少ないほどよいと説いた。孫子によれば，戦いにおいて優位を得るためには，優先順位をつけることが重要で，それは敵の裏をかくこと，敵の同盟を破壊すること，敵の軍隊を攻撃すること，敵の城を包囲することの順だと説いた。孫子の戦略論は，敵と戦うこと以上に，敵との戦いを避けるという主張にその特徴が読みとれる。この兵法書は現代のビジネス，経営戦略への洞察に満ちているとされ，世界中でマネジメントテキストとして使われている。孫子と並ぶ軍事関連の戦略家として知られているのが，プロイセン王国の軍人であり，軍事学者であった，カール・フォン・クラウゼヴィッツ（von Clausewitz, C.）である。1832年に発表された『戦争論（On War）』（von Clausewitz, 1989）で彼は「よい戦略とは

本質的にシンプルだが，これを着想するのはむずかしい。しかし，戦略を実行するのはこれよりさらにむずかしい。だから，戦略家として成功するものはごくわずかである」と述べている。

(3) 現代の戦略論

現代組織の戦略と，これら戦争起源説としての戦略論はどう違うか。現代組織は軍隊とは違い，階層的な構造の色合いは弱く，戦争モデルが当然とする命令への服従もない。戦争起源論の主張，特にクラウゼヴィッツは戦争をゼロサムゲームとみていた。つまり，敗者には何も残らない，ということである。しかし，現代でのビジネスでの戦いは，負けるが勝ちということが多々ある。たとえば，それが即売り上げにはつながらなくても，印象的な広告をつくって世間の話題をさらったり，マーケットシェアよりも，ブランドの名前を浸透させる手法などがそれだ。現代の経営戦略は，多様性を創造することによって，むしろゼロサムゲームの破滅的な結果を避けようとする傾向が強い。

2．学問的な戦略の系譜

(1) ドラッカーとチャンドラー

学問の分野での経営戦略論は，ドラッカー（Drucker, P. F.）とチャンドラー（Chandler, Jr. A. D.）という2人の学者が先鞭をつけたといわれている。現在経営戦略に関しての理論は非常に多く発表されているが，その原形は1955年にドラッカーが初めて提唱した目標管理（Management by Objectives：MBO）にあるとされている。目標管理の概念はドラッカーが彼の古典的名著とされる『経営の実践（The Practice of Management）』の中で説いたもので，使命と目的を設定すること，目標を設定すること，目標に対しての行動計画を決定すること，の3つのステップからなる理論である。この考えに外部環境の認識を加えたのが，現代の戦略アプローチであり，それをさらに洗練させたのがポーター（Porter, M.）の2冊の著書『競争の戦略（The Competitive Strategy）』『競争優位の戦略（Competitive Advantage）』における戦略理論である。また1962年に『戦略と構造（Strategy and Structure）』を著わしたチャンドラーも戦略論の草分け的存在として知られる。

(2) 現代の経営戦略論の特徴

 彼らに伍して，現代の経営戦略理論の形成に貢献した学者として，アンゾフ（Ansoff, I.）やアンドリュー（Andrews, K.）がいる。現代の経営戦略論ともいうべき，彼らの理論の特徴は戦略の方向性の重要性を主張したことだ。方向性とはつまり戦略策定であり，それがトップマネジメントの責任であることを強調したが，戦略の実行はまた別モノと考えていた。彼らの論は，戦略とは本社のブレーンが考え，事業部のマネジメントチームがそれを実行するという考えだ。戦争をモデルとし，戦争起源説をルーツとしていることも，彼らの理論に共通している。現代の経営戦略論には，3つの批判がある。まず，理論で紹介される戦略をベースとした組織の業績は，経営戦略を採用していない組織のそれと比較して成功しているわけではないこと。2つ目は，戦略計画において，スタッフの役割と位置づけ，ラインマネジメントの関与がないがしろにされていること。3つ目が，結果として理論そのものが一部で否定されたことである。

第2節 経営戦略とは何か

1. 経営戦略の定義

 ここでは，さまざまな経営戦略家の定義を紹介する。

(1) 古代ギリシャの作家，ゼノフォン

 最も古い経営戦略の定義とされる。それは，「戦略とは実行するビジネスを知ることである」というものだ。戦略には自社が行なう事業の知識が最も重要だという意味であるが，この知識の範囲はとらえ方にもよるであろう。これは後述するコンテキストにも関係し，シンプルだが奥が深いともいえる。ゼノフォン（Xenophon）は，戦略の未来志向性，戦略策定とリーダーシップとの関連性も強調した。

(2) 大前研一

マッキンゼーの日本支社長を務め、世界的に著名な経営コンサルタント、著述家である大前研一の論である。戦略とは、「ゴールを達成するための本質的に重要な政策もしくは計画であり、参入すべき業界、事業、組織のあり方を明記したもの」とする（大前，1999）。この定義は、ゴールを達成するための目的と手段を重要視し、ゼノフォンと同じく戦略は未来を志向すべきとするものである。戦略には差別化を実現する競争力と能力、そしてカスタマーニーズの充足が不可欠であることも強調した。

(3) アンゾフとミンツバーグ

「戦略とは意思決定をする為のルールである」。アンゾフ（Ansoff, I.）のこの定義は、明らかに戦略を意思決定ととらえており、それをトップマネジメントの仕事であるとした（Ansoff, 1965）。アンゾフは、戦略と政策との違いにこだわった。同じ環境であれば、いついかなるときでも同じ意思決定をするのが政策であり、環境が変われば、異なる意思決定をするというのが戦略だと主張した。そのほか、ミンツバーグ（Mintzberg, H.）は、「戦略経営の目的は未来の成功に組織を備えさせることである」と述べている（Mintzberg, 2007）。

2. 戦略のさまざまなとらえ方

(1) 戦略とは目的、ねらい（意図）である

目的やねらいこそが、不確かな未来を確かなものにする最大のものである、という考え方である。根本に目的がないと、戦略の活動はあり得ないとする。明快な目的こそが組織を刺激し、より大きな努力をさせ、視野を広げさせる。

(2) 戦略とは、競争相手を打ち負かす手段である

戦略についての多くの考え方が、戦争やゲームに類似している。ゲームや戦いは勝つか負けるかだからだ。戦略は勝つということが本質的に求められる。そのためには競争相手に先んじること、タイムリーに特定のライバルの裏をかくことが求められる。

(3) 戦略とはリーダーシップである

　文字通り，戦略策定はリーダーの責任という考えである。リーダーなき組織，もしくは不適切なリーダーシップしかない組織は，戦略をはっきり打ち出すことはできない。リーダーが変われば，戦略も変わる。戦略を変えたかったら，新しいリーダーを指名すればよい。

(4) 戦略とは現代をどうみるか

　戦略とは未来の成功のための設計図であるが，そのためには目の前にある現象を正しく理解する必要があると説く。具体的には，眼前に起こっている現象がアネクドゥト（anecdote：単なる逸話＝偶然）なのか，それともトレンド（trend：潮流）なのかを見分けることである。たとえば，組織はツイッター，フェイスブック，ミクシィなど今のSNS（ソーシャル・ネットワーキング・サービス）の流行をどうとらえるべきだろうか。これを単なる一時的な流行＝アネクドゥトとみるのか，それとも大きな潮流＝トレンドとみるのか。近未来にSNSが組織の広報として唯一絶対の存在になるとみるのであれば，広報活動をすべてSNSにシフトするように今から準備させるべきであろう。

(5) 戦略とは能力を構築することである

　能力こそが組織の未来のチャンスを広げるので，戦略とはこれらの能力を構築することが要だとする考え。能力は，むしろ非常識で例外的でユニークなものであったほうが，差別化という戦略の本質にかなう。組織の強さとはつまるところ，ほかにはない従業員の，チームのスキルであり，ナレッジ（knowledge：知識）である（野中，1995）。

(6) 戦略とは能力と機会の適合である

　戦略の目的の1つは，組織のサバイバルであり，未来の成功である。それは組織の能力とカスタマーのニーズを満たす機会がうまく合致して初めて得られるものだ。戦略の1つの側面は，この能力と機会のフィットを改善して，成功の確率を高めることにある。

(7) 戦略とは,「案ずるより産むがやすし」である

　これは戦略思想家ミンツバーグが, ろくろの例を出して説明している(Mintzberg, 1994)。ろくろとは, 陶芸家が用いる陶器づくりの際使用する土台である。陶芸家は, 始めは何かをつくろうと思って, 粘土をろくろに置いて創作を始めるが, ろくろを回しているうちに最初のプランと違うものができてしまうことがままある。これは陶芸家の創作が, 頭だけでなく, 体, なかんずく手の動きや室温や湿度に影響を受けてしまうからだ。作品は, 手と粘土, ろくろそして環境の相互作用が生み出す。戦略にも同じことがいえる。戦略を頭で策定しても, 実行の段になるといろいろな予期せぬ要素が出てきて, 当初の案を変えざるを得なくなる。戦略は案ずるより産むがやすしで, 懸命にビジネスに深く入れ込むことによって, 結果的に適切に策定され, 実行される。これは, 戦略策定を重視しすぎることへのアンチテーゼともいえ, 日本の組織が得意な戦略アプローチとされている。

(8) 戦略とは組織文化の産物である

　組織行動は多分にその文化の影響を受けている。文化とはその組織特有の価値観のことである。組織行動すべてが, こうした独自の文化に影響を受けており, 気づかないうちにこれが自然に戦略に反映されている。戦略の絶対的な要素は差別化である。その意味で文化は真似ができないので, 競争優位の源泉ともいえる。

(9) 戦略とは偶然の産物である

　策定した通りに, うまくいく戦略などない。ダメもとで行なった戦略が成功することもある, これが戦略の現実だ。計画通りに行なった戦略こそが戦略だと考える必要はない。想定外の展開, 戦略シナリオや計画にない要素でうまくいった, 偶然うまくいった, それも戦略として尊ぶべきなのだ。われわれは, うまくいったパターンだけを見つめて, それを研究, 分析して勝利のパターンを見つけそれを戦略と定義すればよいのだ。この考えは, ある意味戦略において実行の重要さを物語っており, 戦略とは試行錯誤のプロセスこそが本質だと訴えている。

第3節　コンテキストの重要性

1．コンテキストとは何か

　コンテキスト（context）とは，直訳すれば文脈，である。文脈とは歴史や事の推移を踏まえた現状のことだ。たとえば，今の日本経済の文脈は，未曾有の円高で，グローバリゼーションのただなかにおり，関税撤廃も含めた新たな経済開国政策を余儀なくされている，ということであろう。コンテキストとは，この例のように，組織が活動を行なう現在の環境である。コンテキストのもう1つの意味は，その環境をどうみるかという視点だ。経営戦略で最も大事なポイントは，このコンテキストであり，コンテキスト抜きに経営戦略の理解はあり得ない。多くの経営戦略テキストは，このコンテキストへの言及がなく一般的な戦略アプローチを中心に取り上げているが，コンテキストしだいで戦略アプローチは変わるのが自然といえる。

(1) コンテキストには事実と視座の2つがある

　コンテキストは組織を取り囲む環境である。それはその組織が活動する外部環境と，内部環境つまり，組織内部の特徴の2つがある。現在の日本で零細組織にとっての外部環境としてのコンテキストは，グローバリゼーション，内部環境としてのコンテキストは，資金を含めたリソース（経営資源）に恵まれないということになろう。コンテキストのもう1つの側面は，視座である。つまり，こうした組織の現実をどうみるのか，ということだ。たとえば，グローバリゼーションをどうみるかにはさまざまな視点がある。一般的な見方では，海外に販路を求めなければ組織はつぶれる，となろうが，国内も未開拓のシルバー市場，幼年市場があり，そこを狙っていけばまだまだやっていける，という見方も存在する。グローバリゼーションで国内顧客へのサービスが薄くなるから，ウチはその分サービスを強化し，大組織の油断を逆手にとるのだ，という考え方もできる。内部環境の貧弱なリソースだって，さらなるコスト削減，他社との提携，ビジネスプランをしっかりさせて金融機関の信頼を得，大型融資を実現させる，役所とタイアップしてグローバル進出を現実化する，などの選

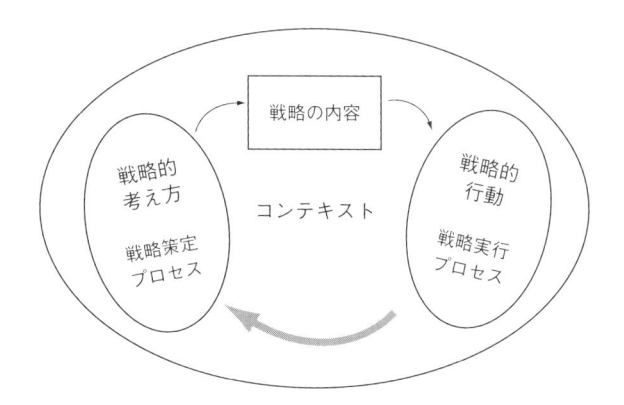

図 6-1　経営戦略のバックグラウンドとしてのコンテキスト
（Macmillan & Tampoe, 2000 より）

択肢があれば，リソースの欠乏という現実を逆手にとることもできる。レビット（Levitt, T.）というマーケティング学者は，1960年にマーケティング的近視眼症候群（Marketing Myopia）という理論を発表し，コンテキストをどうみるかは事実と同じくらい重要で，経営戦略に少なくない影響を与えると説いている（Levitt, 2008）。たとえば，鉄道業は，単なる人や貨物の輸送であろうか，それとも列車ビジネスもしくはエンタテイメントであろうか。プロ野球もスポーツビジネス，エンタテイメント，グッズ産業，著作権産業などさまざまな見方が存在し，その見方をベースに当然戦略も違うはずだ。

図 6-1 は，経営戦略のバックグラウンドとしてのコンテキストを示したもので，戦略的考え方をもとに，経営戦略が策定されそれが戦略の内容になり，それをもとに戦略的な行動が生まれ，すべてのプロセスにコンテキストが関係していることを示す。この考え方でいくとコンテキストは，経営戦略のバックグラウンドつまり根本だといえる。

(2) コンテキストのさまざまな側面

鉄道会社を例にとり，コンテキストのさまざまな側面を考えてみよう。
① 業界コンテキスト：たとえば，この列車会社，鉄道会社は人間を輸送する業界なのか，レジャー業界なのか。

②国内および国際というコンテキスト：この鉄道会社はある特定の国の組織なのか，それとも多国籍組織なのか。
③組織のコンテキスト：組織およびその従業員の特質や能力は何か。
④自己認識コンテキスト：特定のグループにのみサービスするのか，もしくはオリエントエクスプレスや豪華客船クルーズのように富裕層に限定して運行するのか。
⑤意図のコンテキスト：道路を使っての乗客輸送の市場におけるバスやタクシーにとって代わりたいのか，それとも特定の市場でなく，あらゆる鉄道が関係する市場を狙うのか。

2．コンテキストの使い方

(1) 優先順位をつける

　コンテキストにプライオリティ（優先順位）をつけることで，戦略経営がよりよいものになる。たとえば鉄道会社を例にとると，株主，乗客，政治家，立法者か，政府のうち誰を最も喜ばせたいのかを決める必要がある。サービスもターゲットの優先順位を決めるべきだ。既存の顧客ベースを守るのか，もしくは車ユーザーにシフトして，列車に乗り換えさせるのか。それとも都市部の飛行機利用者を新たなターゲットにするのか。ヘビーユーザーが多い東京－大阪のフライト客を奪い，新型の東京－大阪の高級シャトル列車に乗り換えさせるなども考えられよう。

(2) コンテキストはユニークさが重要

　現在，そして未来のコンテキストがうまく読めなければ，そして，コンテキストから起きる問題を理解しなければ組織はサバイバルできない。倒産寸前の組織のコンテキストは通常，再建に向かうべしと読めるはずだ。しかしこのコンテキストを，黒字に戻すべきと読んだら，読みまちがいといわざるを得ない。ゴールには到達するには正しいステップを踏む必要がある。コンテキストとは組織の環境とその読み方であり，1つとして同じコンテキストはない。その組織独自のコンテキストから，その組織しかもち得ない，悩みや問題が出てくる。経営戦略とは，そのコンテキストに合致する，そのコンテキストから生起する

その組織にしかない問題や悩みを解決するものなのだ。よく戦略研究セミナーなどで，他社の戦略をそのまま使うことが奨励されるが，それは意味がない。模倣戦略が成功したためしがないのは，組織によってコンテキストが違うからにほかならない。組織の体力や，能力，社風はそれぞれに違うのに，同じ方向をめざすことはばかげている。経営戦略は，コンテキストを読み，そのコンテキストから起こる悩みや問題を特定することから始めるべきだ。こうした問題の性質を議論することが，戦略をつくる大事なステップでもある。戦略的コンテキストの理解と，そこから生じる問題に向き合うことがスタートポイントである。フレームワークとか，分析モデルは副次的なことにすぎない。成功した戦略の多くはコンテキストが提示する問題に上手に答えを出している。コンテキストを正しく理解することこそが，経営戦略の絶対の条件である。

第4節　戦略を構築する

　戦略構築のためには，まず戦略的な考え方，つまり戦略思考が必要である。戦略思考をベースに，ここでは戦略構築のアウトラインについて述べる。

1．戦略思考とは何か

　効果的な戦略思考とは，組織を全体として考えること，そして短期でなく長期で考えることである。そしてつねに組織と外部環境との関連性を頭に入れ，組織の能力とリソース（資源）もあわせて考えられる能力である。戦略思考は，事実と現実をベースにし，しっかりとした分析に裏打ちされている必要がある。他方，戦略思考は分析だけでは十分でなく，イマジネーションも必要である。戦略とはそもそも未来志向である。未来を創造するためには，現在をよく理解していなければならない。そして，そのためには現在の枠を超えた思考つまり想像力が必要とされる。よい戦略思考をするには，現実感覚と，分析力とイマジネーションのバランスがとれていることが求められるゆえんだ。

2．これまでの戦略策定の誤り

　これまでの組織の戦略策定プロセスは，分析に傾きすぎていたきらいがある。

1960年代，1970年代，戦略策定を行なう組織に共通していたのは，経営戦略は計画部門が独占していたことだ．計画部門が戦略策定にあたって包括的な分析をするのだが，正しい戦略的思考が欠けていた．それはイマジネーションの欠落であった．計画部門のエリートたちは頭でっかちで，現場をよく知っているラインマネジャーたちの意見を聞かないで分析ばかりしていた．そして出てくるのは戦略とは名ばかりの机上の空論，という具合だった．ミンツバーグも，こうした高度に形式知化された戦略的計画は戦略的思考を防げる，といっている（Mintzberg, 1994）．しかしイマジネーションを重視するあまり，健全な分析を怠り，インフォーマルに向かいすぎても戦略策定はうまくいかない．非現実的で夢のようなシナリオを描いたり，結果を実現するためのリソースが入手できなかったり，ゴールを達成する能力を構築することができなかったりでは，戦略的思考とは言いがたいし，戦略策定もうまくいくはずがない．

3．戦略構築のプロセス

経営戦略構築のプロセスには戦略的意図，戦略的評価，戦略的選択の3つの要素があり，互いに深く強くリンクしている．経営戦略とは，この3つが重なり合った部分のことだ．戦略的意図は，戦略プロセスを動かすエンジンである．これがなければ，戦略は全体的な方向性を失う．戦略的評価とは組織の外部環

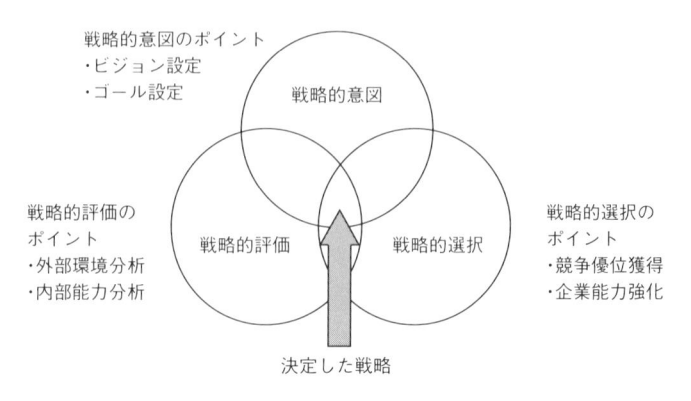

図 6-2　戦略構築のプロセス図解（Macmillan & Tampoe, 2000 より）

境と内部能力を分析することで，組織が今何ができるかを知るための重要なプロセスである。戦略的選択とは，経営戦略に関連する選択を正しく選ぶことで，これも戦略策定の必須条件といえる。この3つからなるのが，戦略構築のプロセスである。

図6-2は戦略構築のプロセスを示したもので，上述の3つの要素とそのポイントを示したものだ。3要素はしっかりとロックし合って，お互いにフィットしている。

第5節　戦略的意図

1．戦略的意図とは何か

戦略的意図の定義は，組織の目的とビジョンを合体させて，ビジョンを現実にすることである。ビジョンとは，経営者が組織としてどうありたいのか，価値観はどうあるべきかを熱く語るものだ。ビジョンはその思いも，伝え方もエキサイティングでなければならない。ビジョンはイマジネーションでよいのであり，現実性がかけていてもよいのだ。戦略的意図というのは，こうしたワイルドな夢想に現実的な目的をもたせることで，ビジョンを現実にする過程である。ほとんどの戦略論者は，組織の根本的な目的を明らかにして，それを拡大することが戦略の重要な部分と主張する。アンドリューは，明快な目的の創造こそが戦略の中心であり，経営トップ層の明確な責任であるとした（Andrews, 1994）。目的設定こそが，組織の方向性，新たな発見の方向であり，これで全事業の運命が決まるというわけだ。確かにこのように戦略的意図をしっかりさせ，これを絶対的に確実なものとして，強制力のあるものにしていくのが，トップの主要な責任といえる。ハメルとプラハラード（Hamel & Prahalad, 2010）は戦略的意図は大いに野心的であるべきで，そのためには現在のリソースの制約から脱却せよと主張する。これは，組織は現在のヒト，モノ，カネでは実現できないような，大きな目的をもつべきであり，そのためには組織のリソースの調達能力，ヒトに関する能力を向上させるしかない，との主張だ。大きな目的には，大きなビジョンが必然であり，こうした野心をもつことは，戦

略が本来めざすべき成長戦略推進につながる。

2. 戦略的意図は組織の飛躍をめざせ

　戦略的意図が野心的な絵を描く必要があるのは，他社と同じような戦略的意図では勝てないからだ。しかし，組織はつねにその文化や伝統に縛られ，戦略的意図もこれまでの枠を出ないものになりがちである。組織トップの責任は，凡庸になりがちな戦略的意図を，「拡大」することである。そのためには戦略の基本的な性質である未来志向をよく考えることだ。未来志向のためには，まず現在を理解するというクールで現実的な視点，頭をもたねばならない。次に，未来はどうなるかを論理的，かつ分析的に描く能力が必要だ。さらに先取りの気性をもって，こうありたいというや夢を語れないとだめであろう。堅実な努力も必要だ。こうした精神的枠組みから野心的な戦略的意図が生まれるはずだ。

3. 戦略的意図にはスローガンが必要

　戦略的意図が完成するためには，ビジョンのほかにゴールが必要だ。ゴールとは，目に見え，定量化することができるものでなくてはならない。経済環境が厳しく，競争も激しいとき，組織のゴールはサバイバルとなるはずだ。サバイバルが達成できたとき，ゴールは増収，増益，もしくは両方となる。一般に有名組織では，主要なゴールは株主価値を上げることである。しかし，ゴールの重要性は組織によってさまざまで，コンテキストしだいだ。ゴールは戦略的意図に必要だが，それだけでは十分ではない。人々をインスパイアする何かが必要なのである。人々をやる気にし，1つにするインスピレーション的な何かが必要だ。偉大な組織はいつも，単に利益を生み出すなどということを超えた，その組織だけの渇望をもっている。たとえばソニーの組織スローガンである「like no other」。他の組織とは違う，というポリシーをこれほど強烈に表わしたことばはないだろう。ゴール達成はカスタマーをはじめ，あらゆるステークスホルダーの理解と協力が必要である。その人々すべてをインスパイアするには，こうしたスローガンの形にするのがベストだ。共有できるスローガンは，簡潔なものが適切といえる。

4. 戦略的意図の主体は誰か

　戦略的意図の主体は誰か。多くの戦略教科書には，ビジョンやゴール設定は経営者，トップリーダーの仕事であると書いてある。たしかに戦略的意図は，1人のインスピレーション的な強いメッセージを発することができるカリスマ的リーダーの見解を反映しても構わない。ゼネラル・エレクトリック社（GE）のジャック・ウェルチ（Jack Welch），マイクロソフト社のビル・ゲイツ（Bill Gates：本名 William Henry Gates Ⅲ）などはその例で，彼らの戦略的意図は，ステークスホルダー全員にシェアされ，理解されていると思われる。しかし，組織が分水嶺，転換期に来たときに，自分の判断力がなくなったことに気づくリーダーは少ない。戦略的意図をリーダーに委ねることには長所も弱点もあると知るべきだ。また，同族組織の場合は，戦略的意図に創業者個人の目的，趣向が反映される傾向にあることにも注意をしたい。

第6節　戦略的評価

1. 戦略的評価とは何か

　戦略的評価は，基本的には組織の外部環境と内部環境を評価することだが，戦略構築プロセスに関連する，戦略的な選択はすべて評価の対象となる。戦略的選択については，このあとでふれるが，戦略的評価は，まず第1に次のような戦略的質問に答えられるものでなければならない。
- もしわが社が変革しなければ，サバイバルの可能性はどのくらいあるのか
- もしわが社の能力が改善されなければ，成長のための最良の機会はどこにあるのか
- わが社の競争優位と不利はどこにあるのか
- わが社の能力を最も効率的に改善するためにどこに投資をしたらいいのか
- 現実的にどんな変化を実行したらいいのか

2. 外部環境を分析する

　組織の外部環境はマクロ環境と業界環境に分けられる。マクロ環境の内容は，

表 6-1 マクロ環境分析の内容

マクロ環境力	重要情報
政治－法律	選挙の結果，立法，裁判の判例，さまざまな国，都道府県レベルでの法律的決定
経済	GDP（国内総生産），短期，長期の利子率，インフレ，円高，円安，為替変動
技術	科学的改善，発明，業界における技術的変化の速度
社会	伝統，価値，社会のトレンド，消費者心理，大衆の組織に対する期待

政治（立法環境含む），経済，技術，社会のファクターであり，業界環境の内容は，新たなライバル参入の脅威，現在のライバルの力，代替製品やサービスの脅威，買い手の交渉力，供給業者の交渉力，の5つである。マクロ環境のファクターは，表6-1に示した通りである。

マクロ環境の分析はこれといった決定的な分析ツールはない。マクロ環境分析の技術論や具体例をお目にかける紙幅が足りないので，ここでは筆者が発表したマクロ環境の結論を示すことにする。このマクロ環境はグローバルな経済・経営環境分析の結論とでもいうべきもので，前提として国境がないグローバル経済のなかに日本も組み込まれているとする。

図6-3は現在のマクロ環境つまり国境なきグローバル経済の特徴を示したもので，筆者はこれをナウエコノミーと名づけた（野呂，2006）。その定義と方向性は以下である。

・ナウエコノミーの定義：ナウエコノミーとは「ニューエコノミーの7つの要素を包含しつつ，新たな方向性に動きつつある，人と環境にやさしい経済」
・ナウエコノミーの方向性1：グローバリゼーションからグローカリゼーションへ
・ナウエコノミーの方向性2：カスタマー主権から組織とカスタマーの連立主権へ
・ナウエコノミーの方向性3：サービスから経験価値へ
・ナウエコノミーの方向性4：ナレッジからウィズダム（知恵）へ
・ナウエコノミーの方向性5：関係性から信頼へ

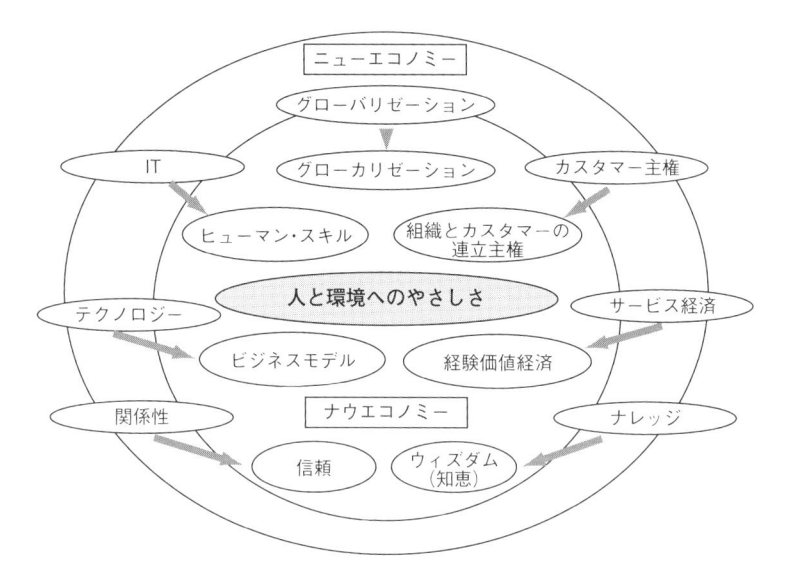

図6-3　グローバルなマクロ環境図（野呂，2006）

・ナウエコノミーの方向性6：テクノロジーからビジネスモデルへ
・ナウエコノミーの方向性7：ITからヒューマン・スキルへ

　方向性の詳細については出所を参照いただければと思うが，マクロ環境分析の1つの例として記した。

3．業界環境を分析する

　業界環境の分析の代表的なものとして，ポーターの5フォース分析があるが，典型的なフレームワークなので，あえて割愛する。業界環境分析は他にもツールがあるが，重要なことはあらゆることが日々動いているという現実だ。昨日の事実は今日は事実ではないのである。業界環境の典型的な項目である，競争者，代替商品，買い手の交渉力，消費者の交渉力などの諸点はけっして不変ではない。基本的に現代の消費者はグローバルな大競争で王様に祭り上げられており，その交渉力は史上最大だ。またインターネットという武器で情報武装をしており，組織は太刀打ちできない。この傾向はこれから長い間続くトレンドであることはまちがいない。しかし，その他の要素は業界により日々変わって

表 6-2　組織のリソースの種類と分析のファクター（岩坪ら，2002 より）

リソース（資源）の種類	分析のファクター
人的資源	従業員の経験，能力，知識，スキル，判断力
組織的資源	組織のシステムとプロセス，組織構造，組織文化，ビジョン，購買／原材料管理，生産／生産管理，財務のベース，R&D（研究開発），マーケティング，情報システム，コントロールシステム
物理的資源	工場と装備，地理的ロケーション，原材料へのアクセス，物流ネットワーク，技術

いる。業界環境に関する分析は，ホームページ等で最新情報を仕入れることが基本といえる。

4. 組織内部環境を分析する

　組織の内部環境分析とは，組織の強み弱みの分析である。組織の強み弱みは，組織のもつリソース（資源）にある。その資源とは人的資源，組織的資源，物理的資源の3つだ。このうち最も価値があるのが人的資源だ。人的資源とは，従業員そのもの，従業員の経験，能力，知識，スキル，判断力を意味し，組織の競争優位を生み出す最大のものといえる。表6-2に，内部環境分析における資源とその分析のファクターを示した。

5. 競争優位の類型

(1) コストベース優位

　コスト面での優位，すなわち，原材料を安く手に入れることができて，それを製品やサービスの価格に反映できる優位である。競争優位を達成する最も確実なやり方である。

(2) 差別化された製品もしくはサービス

　差別化は戦略の基本である。提供する製品やサービスが，他と違った価値をもてばそれらは差別化されている。しかし，それはあくまで顧客の目から見た価値ということである。

(3) ファーストムーバー優位

ファーストムーバー（first mover）とは，文字通り，最初に動く組織である。ある新製品，もしくは新しいアプローチを取り入れた最初のプレイヤーは必ず競争優位を得るだろう。しかし，ファーストムーバーはその新しい何かがユニークである間に，ライバルや模倣者が出ないうちに，マーケットの大きなシェアをつかまなくてはならない。模倣者が出ても，カスタマーにとってスイッチングコスト（模倣者に乗り換えるコスト）が高ければ，ファーストムーバーの利益はまだ安泰といえる。

(4) タイムベース優位

時間が競争優位の源泉である場合がある。現代ビジネスにおいては，時間は価格と同じくらい重要だ。製品寿命が短いハイテクやファッション市場では，新製品を市場に送り込む早さが勝負だ。ライバルに抜きん出て早く出せば出すほど，市場における開発コストを稼げる。現在は，価格よりもすばやく製品を出す能力が大事だ。消費者は安い価格よりも，より早く，確実に届けてくれるほうに多くお金を払う。時間が競争優位のファクターであるのは明らかだ。

(5) テクノロジーベース優位

テクノロジーの急速な進展が，競争のベースに与える影響は無視できない。インターネットのプロバイダー業務，Eコマース，インターネット関連サービスを提供している多くの組織の株価は高くなった。しかし，テクノロジーとサービスが結びつき，消費者の日々のニーズを満たすようにならなければ，テクノロジーは差別化できない。

第7節　戦略的選択

1．戦略的選択とは何か

戦略的選択とは，戦略策定に関係する選択である。それは製品，市場，リソースなどに関連する選択である。たとえば新しいマーケットに参入するか否か

という選択，既存のリソースを使うか，新しいリソースを調達するのかという選択である。戦略的選択を正しく行なうためには，その事案についていつ，何を，誰が，どうやって行なうかが明確でなければならない。戦略的選択は，戦略形成プロセスのかなめである。何も選択しなければ，なんの行動も起きず，戦略は意味をなさない。

2. 戦略的選択を制限するもの

　戦略的選択のプロセスは，まずどんな選択があるのかを明確にし，しかるべき選択基準に照らし合わせてその選択を評価し，ベストのオプションを選び，そして最後に行動をとる，という手順になる。戦略的選択には3つの縛りがある。まず基本的に戦略的意図に沿わなくてはならない。2つ目は成功に結びつかねばならない。3つ目は現実的に受け入れられるのか，ということである。いくら論理的で合理的な選択であっても，トップや主要なステークホルダー（利害関係者）が首を縦に振ってくれないことには，選択はできない。しかし，現実は，そう明快な戦略的選択が目の前に出されることはむしろ少ない。また，戦略的選択はそれぞれの組織の固有の立場で制約がある。大組織だったら，非常識な選択はできないだろうし，非営利組織には，どうしても政府の意向を無視できないだろう。

3. 組織能力拡充のための方策

　戦略的選択は，チャレンジングでなければならない。ライバル組織も同じ選択ができるような凡庸なものでは，差別化につながらないからだ。また，同時に達成可能な選択であることも要求される。問題は，その戦略的選択をしたいのだが，組織の能力が足りないという場合だ。その選択をするためには，組織はその能力を強化，補充しなくてはならなければどうするか。これには以下の4つの方法がある。それは内部スタッフの能力開発，M&A，契約による協働，戦略的提携である。

(1) 内部スタッフの能力開発

　成長戦略には最も有効な手立てだ。必要なスキル，能力を適切な教育訓練で

補い，強化された新たな目標，ゴールにふさわしい生産能力，IT，語学スキル等を身につけさせるのだ。この方法の欠点は，時間がかかることで，その間にライバルはより速く動き，チャンスが失われる可能性もある。しかし，リスクは他の方法よりは小さい。

(2) M&A（組織の吸収・合併）

組織のサイズを拡大することによって能力を拡大し，不足している力を別組織からもらって，差別的な戦略的選択を可能にするのがM&Aだ。買収した組織とされた組織が文化を含め戦略的な事項でフィットすれば，シナジー（相乗効果）が起こり，M&Aは成功する。しかし少なからず不協和音，特に組織文化の衝突が起こり，M&Aはうまくいかないことも多い。

(3) 契約による協働

組織どうしが契約によって，契約期間のみ協働することによって，互いの能力を補填し合う形である。コンソーシアム（共同事業体），フランチャイズ，ライセンス契約，代理店契約などがある。コンソーシアムとは，組織どうしがジョイント組織をつくって，ある目的をもって事業を行なうことだ。たとえば，ある海峡のトンネルを掘るなどのプロジェクト。プロジェクトが終われば，コンソーシアムも解散する。フランチャイズは，セブンイレブンやマクドナルドにみられるように，フランチャイザー（フランチャイズ権利者）とフランチャイジー（フランチャイズ加盟側）との間の契約で，フランチャイジーが，ブランド，ビジネスモデル，宣伝広告などの本社が所有する権利を付与され，ロイヤルティ（使用料）を払うしくみだ。ライセンス契約は，小さな発明型組織によくみられ，契約した組織に製品をつくる特許，販売する権利やライセンスを認める方式である。ライセンス供与を受けた組織は，生産，流通能力を構築する必要がなく，組織の能力開発をせずにすばやい成長が期待できる。代理店契約は，海外での限定的販売店契約が典型的である。ビジネスの量が小さくて，独占販売がむずかしい場合に，現地の市場を熟知している相手との間で，通常期間限定で交わされる契約だ。

(4) 戦略的提携

国際ジョイントベンチャーなどによくみられる形態で，複数の組織が協力して共通の利益を求めるための協力関係を結ぶことである。最近増えてきたのがアウトソーシング提携だ。これは他の組織から重要なサービスを購入する契約をすることで，多くの組織がIT（情報技術）関連のアウトソーシング化を進めている。供給業者間の提携もある。気に入った供給業者との関係を結べば，スムース，タイムリーかつ高品質なサービスや品物の流れが約束される。

第8節　戦略構築プロセスの意義

1．よい戦略を構築するためには何が必要か

あらゆる環境でどの組織にも有効に働く戦略構築プロセスを定義することは，不可能だが，よい戦略構築に結びつくヒントのようなものはある。

①カスタマーニーズを意識せよ

策定プロセスはカスタマーのニーズを考えに入れなくてはならない。現在のニーズがどう変わるのか，どんな新しいニーズが生まれてくるのか。これはマーケットドリブン（市場主義）といわれる見方で，ポイントはカスタマーニーズへの単なるリアクションではなく，未来のニーズを予測することが重要だということである。

②供給業者との関係を重視せよ

戦略策定は，組織内部のヒトやモノだけ考えればよいというわけにはいかない。現代の組織には多様なステークホルダーが存在し，彼らの協力，理解がなければ組織の活動はできない。とりわけ物品，サービスを供給してくれる供給業者は重要なステークホルダーであり，最も直接的なビジネスパートナーである。戦略構築プロセスは，供給業者と共有すべきで，そのことによって組織一社の限界を超えることができるものになるだろう。戦略策定プロセスは，供給業者に不利益を与えるものであってはならず，互いの利益になるものでなくてはならない。

③ステークホルダーの期待と影響を考えに入れろ

　彼らはさまざまな文脈で，それぞれの役割を担って組織に協力をしてくれる。株主は組織価値を守るという観点から，政治家は票や自分の評判に結びつくという観点から，ロビイスト（業界，政府等への陳情・調整役）は独自の利益を守るという観点から，戦略プロセスを注視，期待し，協力する。

④組織のコンピテンス（独自の強み）も考えに入れろ

　コンピテンスを客観的にしっかりと把握しなくては，よい戦略にならない。冷静に正直に同業者のそれと相対比較しなければならない。このコンピテンスをここでこう使ったら，ライバルはどう対応するかも考えに入れる必要がある。

⑤プロセスは変化に照準を合わせろ

　テクノロジーがどうビジネスに新しい価値を加えているのかを理解できれば，変化の特質を理解できる。現在，業界を変えようとしている，リーディングテクノロジーをキャッチし，理解しなければならない。

⑥多様な人をプロセス構築に巻き込め

　マーケティングの人間は，開発担当エンジニアとはまったく違うものの見方をするし，ベテランと新人も感覚が違う。また，ボードメンバーはミドルマネジャーと違う視点がある。幹部は現場監督とは意思決定の立場が違う。特定の階層のみが有用な視点をもっているわけではないので，それぞれの見解を適切にミックスすることが重要となる。さまざまな意見，見解を聞いて，戦略構築プロセスにフィードバックする仲介役，システムも構築する必要がある。

⑦トップの関与と理解が重要

　行動を起こすには，シニアマネジャーとりわけトップのコミットメント（真剣な取り組み）が必要となる。トップが表でも裏でも介在しない，コミットメントしないプロセスは失敗する。

⑧批判を歓迎せよ

　戦略構築プロセスは，多くの人々の活発なやりとり，コミュケーション，フィードバックのアクション，リアクションがあってよいものとなる。よいアイデアは，サポートがあって初めて活かされる。双方向のコミュニケーションが重要だ。批判でアイデアはよくなる。叩かれることも必要だ。多くの人のかかわりがあって，初めて戦略は実行できる。

⑨健全な論理とバランスが必要

　戦略構築プロセスは，バランスが必要である。バランスがとれず，1つの要素が他より重要となれば，うまくいかない。

⑩外部のサポートを使え

　戦略デザイン，分析的な能力，外部との比較，戦略的思考，アピールに関する知識やスキルをもつ点で，コンサルタント等を使ってもよい。しかし外部の人間は，内部の人間ほどは業界をわかってはいないことに注意する必要がある。

2．戦略構築プロセスで得られるもの

　重要なのは戦略構築プロセスが，組織と組織のニーズに合うようにすることである。大組織や有名組織の戦略構築プロセスをコピーするのが危険なのは，コンテキストが違うからだ。戦略構築プロセスは，どうやってその組織独自の価値をつくり上げるのかという点をはっきりさせないと意味がない。グラントは，戦略構築プロセスの4つのポイントを指摘している（Grant, 2010）。

　①シンプルで一貫性かつ長期的なゴールが必要

　②競争環境の深い理解が必要

　③リソースの客観的な理解が必要

　④効果的な実行が必要

　これらは，戦略構築プロセスを実行するうちに，得られる気づきだともいえる。戦略構築プロセス自体が，組織の大きな学びになる。戦略をもとうとする行為自体が組織を強くするのである。このことは，経営戦略の大きな意義といえるであろう。

◆ 引用・参考文献

Andrews, K.（1994）*Concepts of Corporate Strategy*. McGraw-Hill/Irwin.
Ansoff, H. I.（1965）*Corporate Strategy*. New York: McGraw-Hill.
Chandler, A. D.（1996）*Strategy and Structure*. Beard Books.
Drucker, P. F.（2006）*The Practice of Management* (reissue). Harper Business.
Grant, R. M.（2010）*Contemporary Strategy Analysis and Cases*. Wiley.
Hamel, G., & Prahalad, C. K.（2010）*Strategic Intent*. Harvard Business Review Press.
岩坪友義・野呂一郎・加納良一・飯野峻尾（1998）『食品の経営学』学文社

岩坪友義・野呂一郎・加納良一・飯野峻尾（2002）『実践経営学』学文社
Levitt, T.（2008）*Marketing Myopia*. Harvard Business Review.
Macmillan, H., & Tampoe, M.（2000）*Strategic Management*. Oxford Press.
Mintzberg, H.（1994）*Rise and Fall of Strategic Planning*. Free Press.
Mintzberg, H.（2007）*Mintzberg on Management*. Free Press.
Nonaka, I.（1995）*Knowledge-Creating Company: How Japanese Companies Create the Dynamics of Innovation*. New York : Oxford University Press.
野呂一郎（2006）『ナウエコノミー―新・グローバル経済とは何か―』学文社
大前研一（1999）『企業参謀―戦略的思考とはなにか―』プレジデント社
Porter, M.（2003）*Competitive Advantage*. Free Press.
Porter, M.（2003）*The Competitive Strategy*. Free Press.
Sun Tzu（2012）*The Art of War*. Simon & Brown.
von Clausewitz, C.（1989）*On War*. Princeton University Press.

第2部

経営戦略・企業と経営

第7章 経営における会計

　企業経営の目的は，短期的には企業存続のための利益の獲得であるが，長期的・究極的には企業価値の創造である。また，企業の多くは株式会社の形態をとるが，だからといって株主利益の増大のみが目的ではなく，企業を取り巻く利害関係者，すなわちステークホルダーに利益を公正に配分する社会的責任もある。そこで，企業経営の状態は，企業外部のステークホルダーに対しては法律等の制度的な会計報告が義務づけられている。他方，企業内部のステークホルダーに対しては独自の任意的な会計情報が作成され，企業経営のツールとして利用されている。本章では，後者の「経営における会計」として，まず経営会計の仕組みのアウトラインを学ぶ。続いて原価と費用の違いや原価の概念を学ぶ。さらに，企業の経営戦略に必要な利益計画の方法を学ぶ。最後に利益計画が確実に実施されるための予算管理を学ぶ。これによって，経営における会計の基礎を概観することができる。

第2部 経営戦略・企業と経営

第1節 経営会計のフレームワーク

1. 経営会計とは？

　企業は，適正利益の確保をめざすが，究極的には企業価値の創造を目的としている。経営者は，そのために経営戦略を策定し（plan），意思決定を行ない，計画を実行し（do），その効果を業績として評価し（check），是正のための行動をとる（action）。このような経営者の経営活動（PDCA）を支援するには，会計情報が必要となる。従来，日本では management accounting を「管理会計」と称しているが，英語では「経営会計」を意味しているので，本書では「経営会計」とよぶことにする。内容的には，「企業会計」と同じ意味であるが，企業に限らないため，概念的にはより広いものである。

2. 経営会計の歴史

　19世紀中期には，すでにアメリカの鉄道会社で利用されていた（投資利益率を軸として，意思決定会計として鉄道ルートの選定が見積コスト情報を利用して実施され，業績評価会計として予算の作成が行なわれた）。19世紀末に，カーネギー・スティール社が投資利益率を軸とした予算を作成した（一定の製造量を設定したうえで，総投資額および収益と費用が見積もられた）。20世紀初頭には，経営会計実務（意思決定会計と業績評価会計）の成立をみた（火薬を扱うデュポン社やGM（General Motors）における会計情報の作成・利用の状況のなかでとらえられた）。すなわち，トップマネジメントによる予算管理から，ロワーマネジメントによる原価管理までが，投資利益率の指標によって体系的に展開された（意思決定会計として割当予算が作成・利用され，業績評価会計として予算管理や原価管理のために会計情報が利用された）。つまり，鉄道業では時間管理による輸送原価を，製造業では標準原価計算による製造原価を，会計実務に導入したのである。

3. 経営会計と財務会計

(1) 株式会社の経営意思決定

　企業の多くは，出資者すなわち株主の拠出資本をもとにする株式会社の形態をとるが，株主利益（株主配当，株価上昇等）の増大のみが目的ではなく，企業を取り巻く利害関係者（ステークホルダー：stakeholders）に利益を公正に分配する必要がある。しかし，あくまで企業の所有者は株主であり，経営者は株主から経営を委託されているにすぎない。すなわち，株主総会では，取締役と監査役の選出をし取締役会に経営を委任する。企業の経営意思決定機関である取締役会では，経営の結果を財務諸表（貸借対照表，損益計算書等）で表わし，監査役の監査を受け，企業の所有者機関である株主総会へ提出する。

(2) 経営管理組織の構築

　企業は，組織によって日々動いている（経営＝マネジメント）。組織は，ちょうどピラミッドのような形を有している。その三角形の上部がトップマネジメントである。トップ（全般管理者）とは，会社全体の経営管理活動を取り仕切る社長や取締役などを意味する。次に三角形の中間部がミドル・マネジメントである。ミドル（部門管理者）とは，各部門の管理のみを担当する部長や課長などを意味する。最後に三角形の底辺部がロワーマネジメントである。ロワー（現場管理者）とは，現場の管理のみを行なう現場監督（職長）や小グループの係長・主任などを意味する。

(3) ラインとスタッフ

　経営組織は，ライン（line）とスタッフ（staff）に分けられる。ラインとは，経営活動の執行を直接担当する部門である（製造部・販売部・購買部など）。スタッフとは，ライン部門を間接的に側面からサポートする部門である（総務部・人事部・経理部など）。

(4) 企業会計の構造

　財務会計とは，企業の財政状態や経営成績を企業外部の利害関係者である株主や債権者などに説明するために，財務諸表などを作成し，これを用いて株主

や債権者などに報告する機能（外部報告会計）のことである。たとえば，会社法・金融商品取引法・税法などの法律（制度）によって，定期的で強制的な会計報告義務が企業に課されていて，一般的には「制度会計」ともよばれている。

経営会計とは，企業内部の経営者や管理者が経営管理活動を効率的・効果的に行なえるように，また現場の作業者などが作業を能率的に実施できるように，経理部などが予算や各種の原価などの会計情報を作成したうえで，これらを経営者や管理者あるいは作業者に提示することによって，意思決定や業績評価に対する支援を行なう機能（内部報告会計）のことである。たとえば，非定期的で任意的な事業部門別会計報告などである。

4．経営会計と原価計算

企業の多くは製造会社であるが，そこでは原価計算，たとえば製品1個あたりの原価を算出することが経営上必要となる。旧大蔵省（現財務省）企業会計審議会作成『原価計算基準』（1962（昭和37）年11月8日）には，次のような「1.原価計算の目的」が謳われていた。

①企業の出資者，債権者，経営者等のために，過去の一定期間における損益ならびに期末における財政状態を財務諸表に表示するために必要な真実の原価を集計すること。
②価格計算に必要な原価資料を提供すること。
③経営管理者の各階層に対して，原価管理に必要な原価資料を提供すること。
④予算の編成ならびに予算統制のために必要な原価資料を提供すること。
⑤経営の基本計画を設定するに当たりこれに必要な原価情報を提供すること。

つまり，原価計算とは，財務諸表の作成，価格計算，原価管理，予算の編成と統制，そして経営の基本計画のために，原価情報を集計し，これらの諸活動を行なう各部局に原価情報を提供することを目的とする。

価格計算としては，製品が見込生産（量産品）によって製造されている場合は，市場における需要と供給の関係で製品価格（販売価格）が決定されるが，原価計算を行なうことによって，売上原価が製品価格（販売価格）を超えていないかを確認できる。製品が注文生産（特注品）によって製造されている場合は，製造原価が請負価格を超えていないかを確認できる。

原価管理とは，品質を維持したままで原価を引き下げる生産活動であるが，この目的のために標準原価計算が用いられてきた。標準原価とは，製品を製造する場合に，時間研究や動作研究などの科学的方法で算出される，基準・目標となる原価のことである。その際，材料費・労務費・経費等の原価要素（費目）ごとに，目標値となる標準原価を設定し，これと実際に発生した実際原価を比較して，実際原価が標準原価を超える場合は何か問題があるので，その差異の発生原因を分析し，原価を管理する。

　予算の編成とは，経営計画や利益計画に従って，予算を作成（編成）することである。予算を編成するには，①目標とされる利益（目標値）が決定され，②利益を獲得するために必要とされる原価が算出（見積り）され，③これらの利益と原価を前提として，達成しなければならない売上高が算定（見積り）される。つまり，目標利益は予定売上高から許容原価（予算）を差し引いて算出される。

　予算の統制とは，予算に基づいて企業活動が行なわれるように，部門ごとの活動費用を割り当てた予算内で納めるように管理（統制）し，部門ごとに業績（成績）を評価することである。

　企業の経営構造にかかわる基本計画は，生産の設備・製品の種類・従業員の人数・販売の方法等の人的・物的な計画である。したがっていったん決定されると，全社的に目標値の達成のための活動が始まるので，基本計画は慎重に行なわなければならない。このため，複数の基本計画を立案し，そのなかから最良の計画を採用するように，機会原価・差額原価・埋没原価などの手法が利用される。

　以上から，財務会計と経営会計を比較すると，次のように要約できる。

　　財務会計の機能＝財務諸表の作成

　　経営会計の機能＝価格計算・原価管理・予算の編成と統制・経営の基本計画

5. 経営会計の機能と体系

　経営会計は，経営管理のための会計機能であるので，経営管理が計画機能と統制機能から構成されるのと同様に，計画会計と統制会計から構成される。計画機能とは，ある目的を達成するためにいくつかの代替案を設定し，そのなか

から企業にとって最適であると考えられるものを選定し，その案を経営管理の指標とするプロセスである。統制機能とは，選定された計画と実績を比較して，計画通りに業務を遂行させようとする活動である。

6．計画の種類

　企業の計画には，個別計画と期間計画がある。

　まず個別計画は，特定のプロジェクト（事業・企画）を対象とする計画（設備投資計画や新製品計画など）である。

　次に期間計画は，特定期間を対象とする1年以内の短期計画または1年超の長期計画（利益計画など）である。

　経営会計もこれらの計画の種類にあわせて分類される。

　まず個別計画会計は，意思決定会計である。

　次に期間計画会計は，業績評価会計である。この点，統制会計も業績評価会計である。経営管理活動を別の視点でみると，定型的活動と非定型的活動の2つに分けられる。まず定型的活動は，一定のパターン化が可能で，反復的・日常的に実施される活動である。たとえば，製品別・市場別個別利益計画および予算の編成と統制は，マネジメント・コントロール（トップからロワーまでのマネジメントによって展開される計画活動と統制活動）およびオペレーショナル・コントロール（ロワーマネジメントによって行なわれる測定可能な業務のための定式化された統制活動）を含む。

　次に非定型的活動は，一定のパターン化が不可能で，臨時的に行なわれる活動である。たとえば，資本投資を伴う個別計画は，戦略計画（トップマネジメントによって展開される意思決定活動）である。

第2節　原価の概念

1．原価の一般概念

　前述の『原価計算基準』の「3．原価の本質」では，「原価計算制度において，原価とは，経営における一定の給付にかかわらせて，は握された財貨または用

益の消費を，貨幣価値的に表わしたもの」(支出原価概念)とある。言い換えれば，以下の通りである。

　①原価は，経済価値の消費である。
　②原価は，経営において作り出された一定の給付に転嫁される価値であり，その給付に係わらせて，把握されたものである。
　③原価は，経営目的に関連したものである。
　④原価は，正常的なものである。

2．原価と費用

　原価も費用も，貨幣価額で評価されたものだが，以下のような違いがある。
　まず原価は，生産や販売目的のために消費される経済価値である。
　次に費用は，損益計算上で計算される財貨の消費である。それらを区分すると次のようになる。

　①原価である費用（目的費用）
　②費用である原価（基本原価）
　③費用であるが原価でないもの（中性費用），たとえば投資不動産の管理費
　④原価であるが費用でないもの（付加原価），たとえば贈与機械の減価償却費
　また費用と原価の関係を比較してみると，次のように区別できる。

　　損益計算＝③中性費用＋①目的費用

　　原価計算＝②基本原価＋④付加原価

　なお，非原価項目とは，原価計算制度上は原価に算入しない項目である。たとえば次のようなものをいう。

　①経営目的に関連しない価値の減少
　②異常な状態を原因とする価値の減少
　③税法上，特に認められる損金算入項目
　④その他の利益剰余金に課する項目

3．製造原価と総原価

　製造原価の構成要素とは，財貨の生産のために犠牲となった個々の資本部分である。たとえば次のように区分される。

①材料費：物品の消費によって生ずる原価
②労務費：労働用役の消費によって生ずる原価
③経費（製造）：材料費・労務費以外の原価要素

なお，これらの製造原価①②③は，おのおの特定製品に直課（賦課）できるか否かで，直接費と間接費に区分される。

また，総原価と販売価格の関係は，次のようになる。

　　製造原価＋販売費および一般管理費（営業費）＝総原価

　　総原価＋利益（販売）＝販売価格

4. 経営会計における原価概念

(1) 固定費と変動費

原価は，大きく固定費と変動費に区分されるが，混合的な原価を含めて以下の4つに区分できる。

①固定費：原価は操業度の増減に伴って変化するが，原価のうち変化しない部分（減価償却費・賃借料・固定資産税など）

②変動費：原価が操業度の増減に伴って比例して変化する部分（直接材料費・直接労務費など）

③準固定費：一定の範囲の操業度の下では固定しているが，その範囲を超えた場合には増加し，その後再び固定する原価（工場監督者＝職長等の給料など）

④準変動費：生産量（稼働率・操業度）ゼロの場合にも基本料金を支払い，操業度の増加に伴って増加する原価（水道料など）

なお，製品単位あたりの原価では，次のような特徴がみられる。固定費は，生産量の影響を受けないので，好況時に製品に負担させても回収可能であるが，不況時には製品原価を高めて競争に不利となるため，その回収が困難になる（これが，限界利益概念へ発展した）。変動費は，生産量に比例して発生するので，他の生産条件が一定ならば，経済の変動に影響を受けない。

現代企業は，総原価に占める固定費の割合が増加しているため，利益計画や操業度計画を立てるうえでも，固定費と変動費の分解が必要である。

(2) キャパシティ・コスト，マネジド・コスト，コミッテッド・コスト

これらの違いは，次の通りである．

キャパシティ・コスト（capacity cost）は，生産活動や販売活動に必要な物的設備と人的組織を維持していくうえで，継続的に発生する原価（固定費的な性格）を意味する．

マネジド・コスト（managed cost）は，操業度ではなく，経営者の裁量によって発生額が決定される，管理された原価（研究開発費・広告宣伝費・生産管理費など）を意味する．

コミッテッド・コスト（committed cost）は，過去の意思決定により発生する設備関連の原価で，経営者の意思決定では変更することが不可能な，拘束された原価（減価償却費・固定資産税・支払地代など）を意味する．

(3) 差額原価，埋没原価，機会原価

差額原価（differential cost）とは，特定の代替的な行動をとったときに発生する，総原価や原価構成要素の増減分である（経済学における限界原価の概念を会計学に応用したもの）．この差額原価は，将来の状況変化を予見して意思決定を行なう場合に利用されるので，代替案の選択によって予測される未来原価との差額分である．たとえば，製品を自製するか購入するか？ 特定製品を継続して生産するか？ 遊休設備を再使用するか？ 外注加工に依存するか？ などの意思決定情報に利用される．

埋没原価（sunk cost）は，代替案の選択に際して変化しない原価で，回収不能な過去の原価や現在の意思決定プロセスにおいて，関連性のない原価（減価償却費・電力料など）を意味する．この埋没原価は，意思決定プロセスから除外される．すなわち，回収不能となって埋没してしまう資本の前貸しであり，回収不能な過去原価や意思決定に関係のない原価（油田枯渇によって生じた開発費の損失や設備更新における旧機械の償却損など）である．この反対概念が，差額原価である．

機会原価（opportunity or chance cost）は，企業が所有する経済的資源を有効に利用する方法を選択する際に，複数の代替案のうち1つを選択した場合，この選択によって失われた（放棄した）利益を原価と見なすことを意味す

る。たとえば，生産工程で得られる中間生産物を，引き続き加工して最終製品として販売するか，そのまま中間（半）製品として販売するかを意思決定する場合に，前者を選択すると後者の利益を放棄したことになるが，この後者の利益を機会原価とよぶ。すなわち，企業の所有する経済資源の利用に際して複数の目的が競合した場合に，最も効率的な利用を選択する。その際に，放棄した機会（チャンス）の価値を分析することで，その放棄した機会の価値の減少を測り，選択した意思決定の有効性・優先性を測定し管理することである。

なお，機会原価のうち，意思決定にあたって制度的（会社法・金融商品取引法に準拠した）原価に制度的に認められていない予測した原価を付加して，収益から控除して利益を算出する場合，この控除する合計原価を「付加原価（imputed cost）」とよぶ。つまり，現金支出を伴わず，会計帳簿には記録されないが，原価計算上の価値犠牲額とされる原価（自己資本利子など）である。しかし，機会原価概念とも部分的に重複する明快でない原価概念なので，使用を避けたほうがよいともいわれている。

第3節　利益計画

1．利益計画の意義

企業はおのおの，経営理念に従ってビジョンが立てられ，ビジョンに従って経営戦略が策定される。さらに，経営戦略に基づいて中長期経営計画が樹立される。そして中長期経営計画に基づいて短期の利益計画が樹立される。最終的には，利益計画に基づいて金銭面から予算管理が実施される。

経営者は，利益の獲得をめざして経営管理活動を行なう。そして，利益を将来の諸活動によって獲得すべきものと考え，売上高を予測し，原価を計画する。利益計画は，その一手段であり，ある期間に獲得すべき目標利益を設定し，実現するための諸方法を計画する経営管理の道具（tool）である。すなわち，企業の経営方針として，目標とすべき利益率（額）が明示され，その実現を計画したものである。具体的には，目標利益を獲得するために必要な原価および営業量の総枠を計画する。なお，目標利益の指数としては，経営効率や投資効率

を示す「総資本利益率（return on asset）」を重要視する。また，利益計画を立案する過程では，原価・営業量・利益の相互関係を検討すべきで，その際に損益分岐点図表およびその前提である原価の固変分解が有効なツールとなる。

2．原価の固変分解

　原価の変動態様，つまり原価と営業量（＝操業度：生産量・売上高・稼働時間など）の動的な関係を把握する。原価を，企業の活動または工程の操業度が変化しても総額では変化しない固定費（fixed cost）と，操業度が変化するに従って総額も変化する変動費（variable cost）とに分解する必要が生じる。

(1) 費目別精査法

　費目別精査法（account analysis method）とは，過去の経験や判断に基づき，勘定科目を個々に精査し，原価を固定費の要素をもつ費目と変動費の要素をもつ費目に分類・整理して，要素別に金額を集計し，固定費と変動費の総額を算出する方法である。費目とは，実務で勘定科目のことをいい，原価要素とは，材料・労務費・経費等をいう。

　費目別精査法は，既存の勘定科目を利用する簡便な方法であるため，原価の固変分解の一般的な方法として，実務上は多く利用されてきた。しかし，過去の経験や判断に基づいて原価を分類するため，情報の信頼性に問題が生じる場合がある。特に，準変動費や準固定費を扱う場合は，その利用が困難となる。

(2) 高低点法

　高低点法（high-low point method）は，過去の営業量および原価に関する実績データのなかから，最高の営業量のときの原価データと，最低の営業量の時の原価データを用いて，原価の固変分解を行ない，原価の変動態様を推定する方法である。

　多くのデータを必要としないので，費目別精査法における準変動費と準固定費の分解の煩雑さを回避できるため，簡便な方法である。ただし，変動費率と固定費が一定と仮定することと，最高点と最低点の2点のデータしか使用しないため，信頼性に問題が生じる場合がある。実務では利用されるケースが少な

くなってきた。

(3) 最小自乗法（最小二乗回帰法）

最小自乗法（least-squares regression method）は，過去の営業量および原価に関する実績データのうち，利用できるすべてのデータを用いて，原価の固変分解を行ない，原価の変動態様を以下の方程式で推定する方法である。

　　x：営業量，y：原価，a：固定費，b：変動費率，n：サンプル数

　　$\Sigma y = a\Sigma x + nb$：全原価＝（固定費×全営業量）＋（サンプル数×変動費率）

　　$\Sigma xy = a\Sigma x^2 + b\Sigma x$：全営業量×全原価＝（固定費×全営業量×全営業量）＋（変動費率×全営業量）

なお，高低点法や最小自乗法は，過去の実績データから変動費率や固定費を推計する方法であり，あくまで過去の限定された範囲のデータが将来に投影されるにすぎないので，限界がある。

3. 原価・営業量・利益関係の分析

(1) 損益分岐点図表

利益計画とは，原価・営業量（操業度・生産高・売上高等）・利益の相互関係を検討して，目標利益を獲得するために必要な原価や営業量の総枠を計画することである。これには，原価・営業量・利益の相互関係を簡潔かつ明瞭に把握することができる方法が必要であり，「損益分岐点図表（break-even point chart）」では売上高線と総原価線との交点が損益分岐点（売上高＝総原価：損益ゼロ）となる（図7-1）。

(2) 損益分岐点分析

損益分岐点図表を用いて，損益分岐点における売上高や目標利益を達成するために必要な売上高を知る（分析する）ことができる。これを損益分岐点分析（break-even point analysis）という。狭義では費用と収益が分岐する点を算定するための分析を意味するが，広義では，原価（cost）・操業度（volume）・利益（profit）の関係を分析すること（CVP分析）をいう。CVP分析を以下に示す。

第7章　経営における会計

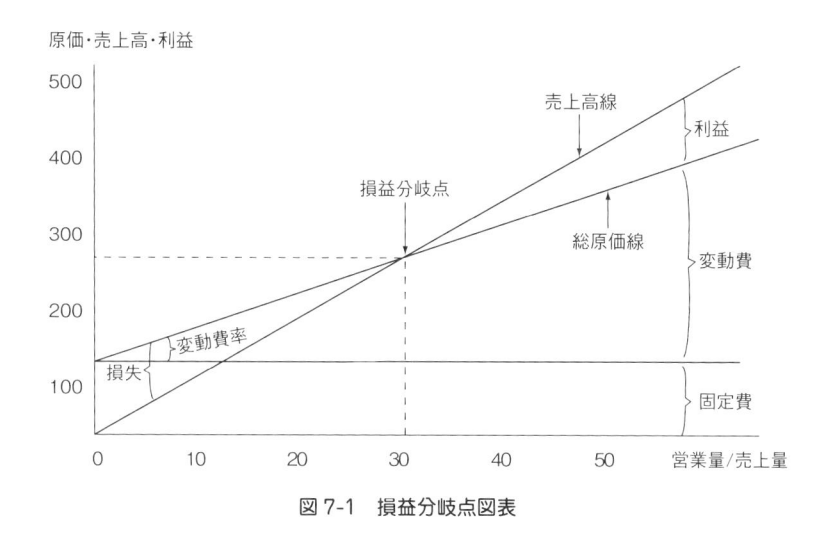

図7-1　損益分岐点図表

損益分岐点売上高＝固定費÷（1－変動費率）
　　　　　　　　　　　↑※固定費率
損益分岐点営業量＝固定費÷（販売単価－単位あたりの変動費）
　　　　　　　　　　　　↑≒単位あたりの固定費
目標利益達成点売上高＝（固定費＋目標利益）÷（1－変動費率）
　　　　　　　　　　　　　　　↑≒固定費率
損益分岐点営業量＝（固定費＋目標利益）÷（販売単価－単位あたりの変動費）
　　　　　　　　　　　　　　　　　　↑単位あたりの固定費

(3) 貢献利益≒限界利益

　経営者にとって最適な販売価格は，原価を超えて最大限の利益を得る価格である。貢献利益（contribution margin）とは，変動費を除く固定費を回収して利益を生み出すための貢献額である。つまり貢献利益は，売上高から変動費を控除したものとなる。損益分岐点で利益がゼロであるならば，固定費と貢献利益がイコールとなる（図7-2）。

　損益分岐点売上高＝固定費÷貢献利益率（営業量1単位あたりの貢献利益）
　損益分岐点営業量＝固定費÷単位あたりの貢献利益

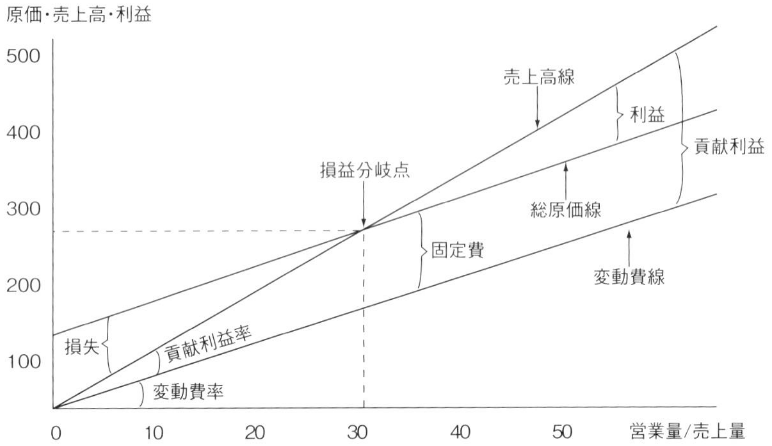
原価・売上高・利益
500
400
300
200
100
0
10
20
30
40
50
営業量/売上量
売上高線
利益
貢献利益
損益分岐点
総原価線
固定費
変動費線
損失
貢献利益率
変動費率

図 7-2　貢献利益図表

目標利益達成点売上高＝（固定費＋目標利益）÷貢献利益率

目標利益達成点営業量＝（固定費＋目標利益）÷単位あたりの貢献利益

(4) 感度分析

経営者は，複数の代替案から１つを選択する場合に，自分の意思決定の感度（経営センス）を分析することがある。感度分析（sensitivity analysis）とは，当初の予測データが達成されない場合に，その結果がどのように変化するのかを検討する手段である。具体的には，製品の販売価格や販売数量，固定費，変動費などを変化させた場合に，営業利益がどのように変化するのか，その影響を分析する方法である。

(5) 損益分岐点図表と分析における仮定

損益分岐点図表・分析を利用して，製品の販売価格や販売数量，固定費や変動費などを変化させた場合に，営業利益などの関係諸要素がどのように変化するかを予測することができる。それは，あくまでいくつかの仮定が前提となっている。その仮定を以下に示す。

①原価は，固定費・変動費・準固定費・準変動費という区分（カテゴリー）

に分類することができる。
②準固定費と準変動費は，固定費の要素と変動費の要素に分類することができる。
③固定費は，期中における経営能力に変更がないため，つねに一定である。
④変動費は，営業量の増減に比例する。
⑤販売価格は，営業量の増減に影響を受けない。
⑥製品構成は，一定である。
⑦物価は，一定である。
⑧期首および期末における在庫数量は，一定である。

　前述のように利益計画は，ある期間において獲得すべき目標利益を設定して，それを実現するための諸方法を計画する経営管理のツールである。経営者は，利益計画を通じて，原価・営業量・利益の相互関係の検討を行ない，原価および利益の管理を強化して，労働生産性を高め，資本蓄積の促進（経営基盤の強化）を図るのである。

(6) キャッシュ・フロー経営の必要性

　一般に会計は，発生主義（accrual basis）に立脚している。発生主義とは，費用と収益を「発生」という事実に基づいて認識する基準であり，通常の業績評価のベースとなる。それは，現金収支に基づいて算定される現金主義とは異なる。しかし，発生主義は期間損益計算にすぎないので，「勘定合って銭足らず」のため「黒字倒産」の危険が生じる。その点，現金収支を掴んでいれば，そのような危険を察知できる。これがキャッシュ・フロー経営である。

(7) 経営戦略と経営会計の関係

　経営戦略を，チャンドラー（Chandler, A. D.）は「企業の基本的長期目標と目的の決定，採るべきコースの選択，および目標遂行に必要な資源の配分」と定義した。戦略は，短期的で具体的な戦術に比べると長期的で大局的である。そこで経営戦略的な経営会計が必要とされるが，それは「経営者が必要とする戦略の策定と実行にかかわる情報を提供することを目的とする経営会計の一形態」と定義できる。これはまさに，経営会計の使命が企業経営に寄与するもの

であることを示す。

第4節　予算管理

1．予算管理の意義と概要

　財務会計と経営会計を比較すると，次の違いがある。

　財務会計とは，企業の財政状態や経営成績を示すもので，貸借対照表と損益計算書がその代表である。これは，過去の企業の経営状態を表示するものであり，企業に作成義務がある。

　経営会計とは，企業の経営活動に不可欠なもので，その代表が予算管理である。これは，未来の情報を提供するもので，企業に作成義務はない。ただし，企業経営にとっては，レーダーや羅針盤に相当する大事なものである。

　前述の『原価計算基準』には，「予算の編成ならびに予算統制のために必要な原価資料を提供すること」と書かれている（1　原価計算の目的（4））。

　続けて，「ここに予算とは，予算期間における企業の各業務分野の具体的な計画を貨幣的に表示し，これを総合編成したものをいい，予算期間における企業の利益目標を指示し，各業務分野の諸活動を調整し，企業全般にわたる総合的管理の要具となるものである」と説明されている。

　さらに，「予算は，業務執行に関する総合的な期間計画であるが，予算編成の過程は，たとえば製品組合せの決定，部品を自製するか外注するかの決定等個々の選択的事項に関する意思決定を含むことは，いうまでもない」とある。

　すなわち予算とは，利益計画によって示される利益目標を達成するために，設定された計画を貨幣で表示したものをいう。そして予算管理とは，予算を編成し，その予算に基づいて企業活動全体を統制するために，これらを貨幣数値に基づいて行なう活動のことである。

2．予算管理の機能と組織

　予算管理は，予算編成と予算統制の2つの手続きで構成される。予算管理の基本的な機能は，計画機能，調整機能，統制機能の3つに区分される。

(1) 計画機能

　経営計画や利益計画は，全体的な観点から設定され，大雑把で大綱的なものなので，それ自体では現場の実際の活動には具体性がない。実際の活動部門ごとに，会計数値を用いて，予算として詳細に表示することが必要である。総合的・全社的な利益計画によって設定された利益目標を達成するために，経営計画を会計数値によって部門ごとに具体化する，予算編成プロセスとして，これを認識する。

(2) 調整機能

　企業規模が拡大し企業活動が複雑化してくると，トップからミドルへ，ミドルからロワーへ，各部門管理（責任）者に対して管理責任や管理権限が委譲される。企業全体および各部門において，予算編成や予算統制を行なう際に，経営管理組織内での調整が必要になる。その調整には水平的と垂直的の2つの種類がある。
　①総合予算を編成するために，各部門予算間における水平的な調整
　②トップの経営計画や利益計画と，ミドルの各部門予算との垂直的な調整

(3) 統制機能

　その統制活動内容によって，事前統制・期中統制・事後統制の3つに区分される。
　事前統制とは，経営管理（責任）者に対する予算のもつ動機づけ（心理的）効果のこと。これは，達成目標や達成義務として，業績評価や業務査定（＝昇進）の基準となる。
　期中統制とは，予算の執行期間中において，実際の企業活動を予算通りに実行させようとすること。これは，各経営管理（責任）者によって，日常的に行なわれるライン（指示命令系統の縦組織）によるコントロールのことである。対概念はスタッフ（専門独立的な横組織）である。
　事後統制とは，予算の執行期間終了後に，実際の企業活動が予算通りに実行されたかを調査して，予算数値と実際数値との差異を算出・分析し，その原因を明らかにするとともに，将来の企業活動を改善すること。これは，企業活動

の修正を図るため，定期的に行なわれるスタッフによるコントロールのことである。その結果を，次年度の予算編成に反映フィードバック[1]させる。

(4) 予算管理のための組織

予算管理における計画機能・調整機能・統制機能が，その役割を果たすには，予算統制のための組織を構築する必要がある。たとえば，予算チーム，予算課，予算委員会，常務会，取締役会などである。

また，企業によっては，次のような組織をもつ。
①職能部門別組織：各部門の予算課
②事業部制組織：各事業部の予算課
これら予算課の業務としては，次の内容を行なう。
①とりまとめた予算案を予算委員会へ提出する。
②決済を受けた各予算の運用を管理する。
③実績を集計し分析し，関係者へ報告する。

3．予算の種類と体系

予算の種類には，次のような区分がある。

(1) 長期予算と短期予算

これは，予算期間の長さを基準にした分類である。

長期予算は予算期間が1年を超えるもの。通常は3～5年で長期利益計画やプロジェクト予算など。

短期予算は予算期間が1年以内のもの。年次・半年・四半期（3か月）・月次などで，責任部門別の業績評価の基準となる。

(2) 部門予算と総合予算

これは，予算を適用する範囲を基準にした分類である。

部門予算は職能部門別に編成される予算（部分予算）で，ミドルとロワーのマネジメントに利用される。部門管理（責任）者が自部門の予算管理を行なうための目標数値であり，その結果が査定（業績評価）に響く。

総合予算は，企業活動全体の観点から部門予算を調整・統合し，総合（全社）的に集計した予算（全体予算）で，トップのマネジメントに利用される。最終的には，見積損益計算書と見積貸借対照表に表示される。

(3) 経常予算と資本予算

これは，予算を適用する対象である企業活動の内容を基準にした分類である。

経常予算は，経常的（日常的）にくり返して行なわれる営業活動に対して適用され，定期的に毎期編成される。営業予算ともよばれ，損益予算と資金予算から構成される。

資本予算は，経常的営業活動を支える設備投資や研究開発投資などの活動に適用され，長期的・臨時的に編成される。設備予算と投資予算から構成される。

(4) 損益予算と資金予算

これは，予算の対象を損益（発生主義）にするか，収支（現金主義）にするかによる分類である。

損益予算は損益を発生させる項目を対象とするので，発生主義に基づいて編成される。会社内部の各部門の企業活動に基づいて構成されるので，業務予算ともよばれ，利益管理のための有効な手段として利用される。

資金予算は資金収支を生じさせる項目のみを対象とするため，現金主義に基づいて編成される。現金収支予算のほかに，信用予算や正味運転資本予算等から構成されるが，損益と収支との不一致により，資金の過不足を生じさせる可能性がある場合は，資金繰りの手段として利用される。

(5) 固定予算と変動予算

これは，予算を編成する際に，単一の操業度を前提とするか，複数の操業度を前提とするかの分類である。

固定予算は，全社的な計画に基づく実現可能性が最も高い操業度を前提にして，各部門予算を調整して編成される通常の予算である。実際操業度が予定操業度と異なる場合は，予算統制を有効に実施できなくなる。

変動予算は，固定予算の欠点を補うために用いられる予算である。予測し得

る複数の操業度に対応する予算許容額を事前に設定するので、実際操業度と一致する予定操業度における予算額を実際額と比較して、その差異を分析することにより有効な予算統制を実施できる。

なお、固定予算は計画に基づく操業度を前提とする計画予算であり、予算のもつ計画機能に重点を置いたものであるが、変動予算は予算のもつ統制機能に重点を置いたものである。したがって、両方の予算を併用することで、予算管理を有効に実施できる。

(6) 基本予算と実行予算

これは、予算編成を行なう場合に、予算内容のレベルを基準にした分類である。

基本予算は、年度予算のように、比較的長い期間にわたって大綱的に編成される予算で、大綱予算ともよばれる。総合的な利益計画を達成するために、会計数値を用いて計画を具体化するので、計画や調整の機能はもつが、内容が大綱的なので統制機能が十分ではない。

実行予算は、月次予算や四半期予算のように、基本予算よりも予算期間が短く、基本予算の大綱的な予算を詳細に編成し直すことで、統制機能に重点を置いたものである。細目予算ともよばれ、基本予算の統制機能の弱点を補うものである。

予算の体系は、個々の部門が全体的観点から有機的に関連づけられるように構築する必要がある。そのために、次の体系に分類される。

1つ目は、予定財務諸表（見積貸借対照表と見積損益計算書）から構成される総合予算を軸とした、日常的に反復して行なわれる営業活動を対象として毎期短期的に編成される経常予算的なもの。経常予算体系は、販売予算・製造予算から構成される損益予算と、資金予算に含まれる現金収支予算に分類される。

2つ目は、その営業活動を支える設備投資や研究開発投資などの活動を対象として長期的・臨時的に編成される資本予算体系のもの。資本予算は、資金予算に関連する設備予算と投資予算に分類される。

なお、職能部門別組織に基づいた予算体系としては、職能部門別の販売予算、製造予算、購買予算、研究開発予算、本部予算等に分類される。

4. 予算編成の手続き

　予算編成には，天下り法，積上げ法，折衷法の3つの方法がある。

　天下り法はトップダウン法ともよばれ，予算担当部門で査定された予算案がトップマネジメントの承認を受けたうえで，予算を強制的に各部門に対して押しつける方法。現場部門の意見が無視されるので，各部門において不信感や不満が生じやすい。

　積上げ法はボトムアップ法ともよばれ，まず各部門において主体的に予算原案が作成され，次に予算担当部門が積み上げて総合的な予算案を編成し，最後にトップマネジメントの承認を受ける方法。トップマネジメントの意見が無視されるので，全体的・全社的観点から整合性をもった体系的な予算を編成しがたくなる。

　折衷法は天下り法と積上げ法の欠点を補う現実に合った方法で，まずトップマネジメントによって示された経営計画や利益計画に基づいて予算編成方針が各部門に提示され，次にその方針に沿って各部門で予算案が自主的に作成され，最後に予算担当部門がとりまとめて総合的・全社的な予算案を編成してトップマネジメントの承認を受ける方法。まとめの段階で，予算担当部門がトップマネジメントと各部門の調整を行なうことになる。

5. 予算管理における留意点

　予算管理は，企業が必ず行なわなければならないものではないが，企業の発展には欠かせない活動である。

　予算管理の様式や方法は，企業ごとに異なっているが，予算管理に共通する留意点（ポイント）は存在する。

　留意点1：利益計画は，見積をベースにすること。つまり，見積は現実的で弾力的であるべきである。

　留意点2：予算管理は，企業環境の変化に対応すること。つまり，たえず修正を続けるべきである。

　留意点3：利益計画や予算管理は，自動的には行なわれないこと。つまり，自主的に責任をもつべきである。

　留意点4：利益計画や予算管理は，経営管理そのものではないこと。つまり，

あくまで経営管理を支援する役割を担うツール(道具・手段)であるべきである。

◆注

☆1　フィードバック(feedback):情報源から与えられた指令と,実際の仕事の結果との食い違いを分析し,それを情報源に送り返すしくみのこと。

◆ 引用・参考文献

伊藤和憲(2007)『ケーススタディ戦略の管理会計』中央経済社
Jiambalvo, J. (2007) *Managerial Accounting.* 3rd ed. Wiley. 淺田孝幸(監訳)(2009)『管理会計のエッセンス』同文館出版
小林啓孝・伊藤嘉博・清水　孝・長谷川惠一(2009)『スタンダード管理会計』東洋経済新報社
高梠真一(編著)(2005)『管理会計入門ゼミナール』創成社
岡本　清・廣本敏郎・尾畑　裕・挽　文子(2006)『管理会計』中央経済社
櫻井通晴(2009)『管理会計　第四版』同文館出版

第8章 意思決定における会計

　第7章で学んだ経営における会計の基礎をふまえて，本章では，企業経営で直面する意思決定における会計を学ぶ。まず多くの企業が採用している事業部制の会計について学ぶ。ここでは，事業部間における内部振替価格や本社部門と各事業部間の費用配賦について学ぶ。続いて企業の生命線ともいえる製造設備の投資意思決定の仕組みを学ぶ。さらに経済環境の変化に伴い従来の原価計算方法が不都合となったため，原価の新たな集計と配賦方法であるABCとABMを学ぶ。続いて企業の国際化による競争激化に対処するため，製品原価の大幅な削減を図るには製品企画の段階で手を打たなければならなくなった。これが原価企画と呼ばれる考え方である。最後に企業経営の総合的な観点から提唱されたバランスト・スコアカードのアウトラインを学ぶ。これは戦略のための業績評価や経営品質のための戦略的マネジメントシステムである。あわせて，インタンジブルズとコーポレート・レピュテーションにもふれる。

第1節　事業部制会計

1. 事業部制組織の歴史と意義

　事業部制組織の登場は，20世紀初頭における企業の大規模化・多角化などによって，職能部門別組織では対応できない状況が生じたためである（アメリカの化学薬品会社デュポン社や自動車製造会社ゼネラルモーターズ社等が最初に採用した）。事業部制組織は，職能別組織と比較するとその特徴がわかる。職能部門別組織は，購買・製造・販売・財務等の仕事（職能）の種類ごとに，組織が構築されるので，各職能部門の管理責任者は，トップマネジメントから権限を委譲される。職能部門別組織の特徴としては，各部門が職能に特化して機能するので，部門間の統制・調整の必要から，中央集権的な管理がなされることで，トップの負担が増える。これに対して事業部制組織は，利益責任をもつ独立した事業部による分権化と，事業部で集中的に管理する集権化が図れる（図8-1）。

　事業部制組織と職能部門別組織の違いをまとめると以下の通りである。
　①事業部制組織は，各事業部が利益の責任を負い，利益（採算）の管理を実施する。内部振替価格の設定や共通費の処理が問題となる。
　②職能部門別組織は，各部門が原価や収益の責任のみを負い，原価や収益の管理を実施する。独立採算の意識がないので，「木を見て（予算遵守），森

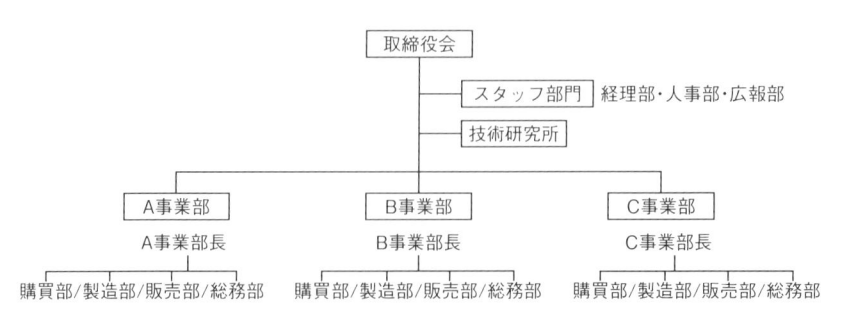

図 8-1　事業部制組織図（高梠，2005 より作成）

表8-1 事業部制組織のメリットとデメリット（門田, 2003より作成）

メリット（長所）	デメリット（短所）
トップは戦略に専念できる 責任と業績評価が明確になる 資源配分と管理が容易になる 部門間の調整が容易になる 意思決定が迅速になる 統合的視野が育成される 内部競争による活性化	事業部独走の可能性がある 人事硬直化の可能性がある 複合製品が生まれ難い セクショナリズム発生の恐れ 短期的指向（目先）が強まる 重複の無駄が生じ易い

※ sectionalism：派閥主義

を見ず（採算不問）」となりやすい。

事業部制組織にもメリットとデメリットがあるので比較すると表8-1の通りである。

事業部制組織の欠点を克服するには、次のことが必要である。

①総合（全体）管理の確立
②本部権限と事業部権限の明確化
③全社的観点に立った事業部間の調整
④事業部スタッフ（人材）の充実
⑤事業部間の人事交流（配属転換）
⑥共同プロジェクトチームの発足

2．事業部制組織における業績評価

事業部制組織では、最終的には利益（採算）管理を目的として、原価管理や収益管理も行なわれるが、これらの諸活動の結果は本部（本部スタッフ部門→取締役会）へ報告される。そのため本部（実務的な用語は「本社」）では、各事業部に対して業績評価の基準が必要となる。代表的な基準は、以下の3つである。

①期間利益額を業績評価基準とする。
②投資利益率を業績評価基準とする。
③残余利益額を業績評価基準とする。

3. 内部振替価格の設定

　事業部制などの独立採算制を採用する企業においては，事業部ごとの業績評価を行なうために，各事業部の獲得した利益（採算）を正確に把握することが重要である。事業部制組織を採用している企業の場合は，物品（部品や半製品等の振替品）などの製造や販売が，事業部間で取引される（＝内部振替取引）ことがある。内部振替の行なわれる事業部は，次のように分かれる。
　①供給事業部：振替品を販売（搬出）する事業部
　②購入事業部：振替品を購入（搬入）する事業部
　※供給事業部の販売価格＝購入事業部の購入価格（仕入原価）…内部振替価格（利益込み）

　この内部振替価格には市価基準（market price），原価基準（transfer pricing based on cost），交渉価格（negotiated or bargained market price）といった設定基準がある。

①市価基準

　事業部間の内部振替取引で用いられる内部振替価格は，基本的には市価か修正市価である。事業部も利益責任を負った組織体なので，内部振替価格より市場価格が安ければ，市場から購入する。つまり，競争原理が働くことで，事業部の評価（成績）が決定する。

②原価基準

　供給事業部で製造された振替品の製造原価か，またはその製造原価を修正した原価である。これは，市価基準が利用不可能な場合に用いられる。原価基準には，製造原価をそのまま内部振替価格とする方法と，製造原価に利益を乗せて内部振替価格とする方法がある。

　内部振替価格に原価基準を用いるメリットとしては，次の点があげられる。
・基準が客観的であること。
・基準の内容が理解しやすいこと。
・内部振替原価に一定の利益を乗せれば，製品の価格決定にも利用できること。

③交渉価格（協定価格基準）

　市価基準や原価基準で内部振替価格を設定できない場合に利用される基準である。供給事業部と購入事業部の話し合いで設定される価格であるが，話し合

いで決まらない場合は、トップの仲裁で価格を決定する。

市価基準は、事業部間で取引される製品等に市場価格が存在する場合には、最も妥当な方法である。しかし、市場価格の存在しない場合は、内部振替価格を、原価基準や交渉価格などの方法で設定する。

4. 本社費・共通費の配賦

事業部制組織を採用している企業でも、本社のスタッフ部門のように、企業全体の共通業務を扱う部門（経理部・人事部・広報部等）が必要である。これら本社部門で発生する費用（人件費等）を「本社費」とよぶ。これ以外の本社部門から独立の研究所・研修所・電算センター等の部門で発生する費用を「共通費」とよぶ。なお、貢献利益で業績を評価する場合は、本社費と共通費を各事業部に配賦する必要はないが、投資利益率や残余利益額で業績を評価する場合は、本社費と共通費を各事業部に配賦する必要が生じる。

本社費・共通費の配賦を行なう場合の検討事項は、次の通りである。

(1) 配賦方法

①一括配賦法：伝統的な方法であり、最も簡単で実用向きである。ただし、配賦基準が費目別に異なる場合は対応できない。欠点としては、配賦が恣意的になりすぎることがあげられる。配賦基準としては、売上高・投下資本・人数を基準とするか、公式法（それらの加重平均値）が使われる。

②費目別配賦法：費目すなわち勘定科目を基準にするが、手間がかかりすぎて実用向きではない。

③群別配賦法：同じ配賦基準を用いる費目（勘定科目）をグループごとに分類する。

なお、上記②と③は、個別的に配賦するので個別配賦法とよばれるが、欧米に多い両方法を併用する併用法もある。また、後述の ABC を活用する企業もある。

(2) 原価種類

①実際原価：各事業部での能率の程度によって配賦額が影響を受けるので、

不公平になる。
②標準原価：各事業部の過去の実績等を考慮した標準原価や予定原価で配賦する。

(3) 配賦基準
①サービス利用基準：利用頻度など
②活動基準：活動意欲など
③規模基準：従業員数など
④負担能力基準：売上高など

ただし，本社費と共通費は，事業部長にとって管理不能費であるので，事業部長の成績評価（人事考課）を行なう場合には，事業部への配賦は不適切である。

従来の本社費・共通費の配賦についての認識の仕方は，次の通りである。
・本社費や共通費は，すべて各事業部に配賦する。
・原則として，配賦しない。
・適切な配賦基準が存在するものだけを配賦し，それ以外のものは配賦しない。

しかし，配賦計算の目的・妥当性・関係者への心理的影響から，以下のように検討される。
・各事業部の業績を評価する目的であれば，配賦した方がよい。
・事業部長の成績を評価する目的であれば，配賦しない方がよい。
・各事業部が独立採算制を求められれば，配賦しなければならない。
・会計責任の観点からは，配賦の恣意性を排除するため配賦しない方がよい。

5. 社内金利制度

事業部制を採用している企業のなかには，本社費・共通費の配賦によってコストが可視化されることによるコスト低減を図るだけでなく，事業部から本社への金利（支払金利・配当金・機会原価としての資本コスト）の支払いを行なわせて，資金の有効活用や投下資本の効率化を図る場合がある。各事業部に社内金利を負担させることで，独立した組織（会社）であるという意識を自覚させることを目的（独立採算制の事業部制）とする。しかし，資金の調達と運用

は従来，本社部門が両方を担当してきたが，運用については利用部門である事業部が責任をもつべきである。日本では，1954年に松下電器産業(現パナソニック)が社内金利制度を初めて採用した。これは，事業部に使用資本を効率的に運用させようとしたもので，事業部純利益から社内金利を控除して業績を評価する方法である。ただし，資金調達に要した実質金利を計算すべき投資ベースを何にするかによって，資産タイプ(残余利益方式とよばれ，総資産から無利子負債を引いた正味使用資本を用いるもの)，借入金タイプ(事業部必要資金をすべて本社からの借入金として扱うもの)，資本金タイプ(借入金や資本金ごとに別々の資本コストを課すもの)の3種類がある。

6．社内資本金制度（資本配賦）

日本では，戦前の三菱合資が最初に導入したといわれている。これは，社内金利制度をさらに進化させたものである。すなわち，事業部ごとに貸借対照表を作成させて，借方に事業部資産，貸方に事業部負債・社内借入金・社内資本金・累積利益等を計上する，いわば連結決算に近いものである。

第2節　設備投資の経済計算

1．設備投資の意思決定

設備投資は，企業の経営方針にかかわるので，特に重要である。企業における設備投資の意思決定には，次のような種類がある。
- 業務執行的意思決定：既存の生産設備を所与として行なわれる戦術的行為のこと。たとえば，設備の取り替え，受注の可否，自製・購入の選択など，比較的少額の投資であり，経済的効果も短期的である。
- 構造的意思決定：経営構造の変革を伴う戦略的行為のこと。たとえば，工場や機械への設備投資など，多額の投資を必要とし，資金が長期的に固定化される特徴があるため，慎重な検討が必要である。

まず，設備投資案の検討は，次の①〜⑤の意思決定プロセスの手順によって行なわれる。

①問題の認識：将来の方向性を明確にし，投資の範囲・規模を決定する。
②代替案の作成：複数の設備投資案を作成する。
③代替案の評価・選択：数量的要因だけでなく，非数量的要因も勘案される。
④選択案の実行：選択された設備投資案を実行する。
⑤業績評価：次回の意思決定に有用なフィードバック情報となる。

2．設備投資案の評価方法

　投資案が提示されると，おのおのの代替案を評価しなければならない。ただし，重点の置き方によって，複数の評価方法が必要となる。設備投資の効果は長時間に及ぶため，将来的に企業に流入するキャッシュ・フローは時間的にズレる。時間的なズレを調整するのが貨幣の時間価値であり，特に投資時点に評価を合わせる方法を「割引キャッシュ・フロー（discounted cash flow method）」とよぶ。それには，正味現在価値法，内部利益率法，収益性指数法，累積的回収期間法などがある。

　正味現在価値法（Net Present Value method：NPV）とは，投資によって年々生じるキャッシュ・インフロー（Cash In Flow：CIF）を，資本コスト率で割引計算した現在価値合計から，投資に必要なキャッシュ・アウトフロー（Cash Out Flow：COF）の現在価値合計を控除して，正味現在価値を算定し，それが多額になるほど有利と評価する方法である。

　内部利益率法（Internal Rate of Return method：IRR）とは，投資によって生じるCIFを割引計算した現在価値合計と投資に必要なCOFの現在価値合計を等しくする割引率（内部利益率）を算出しその割引率が高いほど有利と評価する方法である。

　収益性指数法（Profitability Index method：PI）とは，現在価値指数法（index of present value method）ともよばれ，設備投資による収益性指数が高いほど有利と評価する方法である。

　累積的回収期間法とは，毎年のCIFが一定額でない場合に投資額を毎年のCIFで回収していくと，何年で回収できるかを計算する方法である。

　他方，伝統的な投資評価方法としては，単純回収期間法，投下資本利益率法などがある。

単純回収期間法（payback method）とは，設備投資額の回収期間を計算して，それが短期間になるほど有利と評価する方法である。

投下資本利益率法（return on investment method）とは，投資に対する利益率が高いほど有利と評価する方法である。

しかし，どちらも貨幣の時間価値を考慮しないため正確性に欠けるが，計算が簡便であり，汎用性もある。

3．設備投資の要件

設備投資の経済計算（capital budgeting：資本予算）には，通常の期間損益計算とは異なる特徴がある。また，検討される代替案は，資金の投下から回収までを一会計期間とみなし，完結したプロジェクト（project：計画）として扱われる。すなわち，期間損益計算を行なう必要はなく，プロジェクトごとに全体（全期間）損益計算を行なうのである。したがって，全体損益計算を行なうために，設備投資案の評価は，おのおのの代替案の採用により企業に流入するキャッシュ・フローの観点から行なわれる。投資期間に流入するCIFから，投資に要するCOFを控除した正味キャッシュ・フロー（net cash flow）を比較・検討し，最も有利な投資案を採用することになる。しかし，投資は多額の資金を必要とするので，資金を外部（銀行等）に依存すると資金調達に伴うコスト（cost of capital：資本コスト）を生じる。たとえば，社債に対する社債利息・長期借入金に対する支払利息・株式に対する配当金などである。また，資本コストを比率で表わしたものを資本コスト率とよぶ。そこで企業は，たとえば社債を発行して資金を調達した場合は，社債利率以上の営業利益率を獲得する必要がある。

第3節　ABCとABM

1．ABCの意義

ABC（Activity-Based-Costing：活動基準原価計算）とは，製造間接費をアクティビティ（activity：活動）ごとにコスト・ドライバー（cost driver：原

価作用因）を用いて原価を製品に跡づける原価計算方法である．この ABC が登場した理由は，操業度配賦基準を中心とした現行の原価計算が，企業の原価構造を正確に表わすことができなくなったためである．すなわち，伝統的な原価計算においては，製造原価の大部分を占める直接材料費や直接労務費を主たる計算対象として，それらを基準に製造間接費を製品に配賦していたので，製造間接費の配賦計算は重要ではなかった．しかし，現代的な原価計算，すなわち多品種少量生産の製造環境においては，製造原価の構成要素の割合に変化が生じてきた．つまり，直接材料費や直接労務費よりも製造間接費の割合のほうが大きいケースが登場してきたのである．

多額の製造間接費が発生するようになった理由は，以下の原因によると考えられる．

① 工場の自動化（製造現場の機械化）：コンピュータによる工場の一元管理化は，製品原価に占める製造間接費の比率が高くなる（機械化・省力化・合理化）。

② 顧客嗜好の多様化：少品種多量生産から多品種少量生産への対応は，FA 化により実現可能となるが，多額の設計費や段取り費等の製造間接費が発生する．

③ 情報化コストの増大：工場の CIM（Computer Integrated Manufacturing）化や多品種少量生産は，コンピュータ（オフィスコンピュータやスーパーコンピュータなど）に依存するが，導入・更新・保守・運用・ソフトウェア等のコストが増大する．

伝統的な原価計算の陳腐化や限界を指摘して，ABC を提唱したのがジョンソン（Johnson, H. T.）とカプラン（Kaplan, R. S.）である．また，この ABC に類似の理想的配賦システム（ideal system：間接費を構成しているコストの特徴により，床面積・設備の価値・作業員の人数等を用いて間接費を製造部門へ配賦した）も，提唱者チャーチ（Church, A. H.）によって主張された．

ABC の登場の理由は，多額の製造間接費（生産支援コスト）が，どのような理由で発生しているのか，を把握するためである．

そもそも製造間接費は，操業度とよばれる直接労務費や直接作業時間等を用いても適切には製品に配賦できない．なぜなら，製造間接費は操業度との対応

関係が非常に少ないからである。つまり，操業度無関連コストの存在がある。したがって製造間接費を，ABC を用いて適切に配賦する必要が生じる。そのためには，より直接的な因果関係をもつものが，製造間接費の配賦基準（決定要素）となり得るのである。

2．ABC の基礎概念

(1) アクティビティ（activity：活動）

　企業内における，あらゆる行為が活動である。すなわち企業において，ある機能を遂行するのに必要となる行為のことである。機能とは，企業内で共通の目的をもつ一連の活動である（例：製造の遂行）。アクティビティとは，総括的な考え方を示す機能を具体化したものである（例：部品の製作・加工）。したがって，機能とアクティビティは，階層的な関係にある。すなわち，機能を遂行するためにアクティビティが行なわれるのである。

(2) クロス・ファンクショナル・チーム（cross functional team：部門横断組織）

　企業活動は，いくつかの部門で共通の作業が発生する。そして，個々の部門で品質管理活動や段取り活動が発生する。そこで，従来型の部門ごとに計算単位を設定するよりも，段取りアクティビティや品質管理アクティビティを計算単位に設定した方が適切なコスト計算（集計）やコスト管理ができるようになる。

(3) コスト・プール（cost pool：コスト集計）

　ABC において，原価が集計される単位（場所）のことである。たとえば，品質管理アクティビティ，段取りアクティビティ，購買アクティビティ等の各アクティビティのことである。従来の原価計算では，製造間接費を第一次集計として，製造部門と補助部門へ配賦していた。しかし ABC では，部門ごとにコストが集計されるのでなく，同質性のあるアクティビティごとに間接費が集計（pool）されるのである。

(4) コスト・ドライバー（cost driver：原価作用因）

　原価を発生させる以下の原因をいう。

- 資源作用因（資源ドライバー）：経済的資源の消費によって発生する原価を，対応関係にある各アクティビティに跡づけるために利用される基準。
- 活動作用因（活動ドライバー）：各アクティビティへ集計された製造間接費を，製品やサービスである原価計算の対象へ跡づけるために利用される基準。

これらが活動ドライバーとなり，これらを基準として製造間接費が各製品へ跡づけられる。したがって，ABC においては，より関連のある基準が用いられることになる。これらの例としては，次のようなものがある。

- 段取り活動：段取り回数，段取り時間など
- 設計活動：設計時間など
- 材料運搬（material handling：マテハン）活動：運搬回数，運搬時間など
- 品質管理活動：検査回数，検査時間など
- 材料発注活動：発注回数，発注時間など
- 機械による製造活動：製造リードタイム（lead time：企画から製品化までの時間）など

ABC でコスト・ドライバーとよばれる理由は，たとえば，段取り時間によって各製品へ跡づけられる段取り費が決定されるからである。すなわち，段取りのアクティビティが行なわれるので，段取り費が発生する。

3. 伝統的製造間接費配賦と ABC の相違点

まず，伝統的な製造間接費の配賦は，間接費→補助部門費→製造勘定→製品勘定への配賦と考えるのである。

例をあげると，伝統的な方法では，直接作業時間を基準として製造間接費を配賦しているため，少量生産である製品 a よりも多量生産である製品 b のほうが多額の間接費を負担することになる。つまり，製品 b のほうが，直接作業時間が長い分だけ製造間接費の配賦額が多くなる。このように，伝統的な方法によると，生産量の大小が間接費大小の基準になるため，より正確な配賦額の算定が困難になる可能性がある。特に，多品種少量生産を中心とした生産形態において，支援コストを含め，操業度である直接作業時間と無関係な製造間接費が多額に発生すると考えられるからである。

これに対して，ABCは，間接費→活動→製品と考えるのである。
①まず製造間接費をアクティビティへ。
②次にアクティビティから製品へ跡づける，2段階システムである。すなわち，ABCによる具体的な計算は，次の順序で行なう。
1) アクティビティごとの製造間接費を計算する（機械加工コスト，マテハンコスト，段取りコスト，品質管理コスト，梱包コスト）。
2) 製造原価を計算する（製品：直接材料費＋直接労務費＋製造間接費）。
3) 利益を計算する（製品：売上高−製造原価）。

上の例では，ABCを用いた場合は，伝統的な製造間接費の配賦方法と比較すると逆の結果が生じる。つまり，少品種多量生産である製品aのほうが，より多くの製造間接費を負担する。すなわち，段取りコストやマテハンコストなどの支援コストが多く発生する状況においては，ABCによる製造間接費のほうが，より正確な製造原価と利益高の計算を行なうことが可能となる。正確なコストデータが算定されることによって，プロダクトミックス（product mix）の決定において，正しい選択ができる。プロダクトミックスとは，企業の販売している製品構成ないし製品群の総体（集合・組合せ）を指す。企業の存続・成長のためには，需要の変化に応じた製品構成が必要となり，最適製品ミックスが要請されることになる。

伝統的な方法によると，製造原価が少なく利益も大きい製品aが，製品bよりも力を入れて販売される。しかし，ABCによると，製品bのほうが，製品aよりも多くの利益をあげているので，製品bに力を入れて販売すればよいことになる。したがって，もしもABCによる間接費の計算を行なわないと，競合企業との競争力がなくなることになりかねない。

両者の相違は，製造間接費をアクティビティへ跡づけるか，部門へ跡づけるかの点である。すなわち，ABCは間接費を製品へ直課できる（配賦ではない）のである。

4．ABMの意義

ABM（Activity-Based-Management：活動基準原価管理）とは，継続的改善を指向する現在の製造環境において，原価の大幅な削減を達成するために，

付加価値コストと非付加価値コストを区別することによって，ABC情報を利用する原価管理手法である。つまりABMは，ABCを業績評価や原価管理に利用するものである。特に，ABMにおける付加価値コストと，非付加価値コストの区分は重要である。付加価値コストとは，企業のあらゆる活動（バリュー・チェーン）において，企業内外の顧客に対して価値をもたらすコストであり，付加価値活動を通してもたらされるコストである。非付加価値コストとは，顧客に対して価値をもたらさないコスト（少ないほど余分なコストが発生しない＝できるだけ排除すべきコスト。例：段取り・運搬・検査等の活動など）である。

ABMを実践するためには，ABCによって得られるデータが必要である。つまり，アクティビティごとに，どの位のコストがかかっているかを把握することである。そこから，付加価値コストと非付加価値コストを区分することで，むだなコストを削減できる。

また，ABMは，顧客満足度（いかに顧客に付加価値を与えることができるかの程度）をあげるための経営管理手法でもある。

5．ABMの基礎概念

ABMを具体的に実行に移すには，プロセス価値分析が必要である。ABMは，プロセス視点を重視する。プロセスとは，企業内外のすべての活動（すべての活動は1つにつなげられている＝価値連鎖）のことであり，すなわち，プロセス視点とは，プロセス内の活動が，きちんと行なわれているかを詳細に調査・分析することによって，業績の改善をめざすことである。

この点，ABCは原価割当（経済的資源である製造間接費をアクティビティに，アクティビティから原価計算の対象である製品やサービスへ割り当てること）の視点を重視する。

具体的なプロセス価値分析は，以下の順序の3つに区分される。
①なぜアクティビティが行なわれたのか？（ドライバー分析）
②どのようなアクティビティが行なわれたのか？（アクティビティ分析）
③いかに正しくアクティビティが行なわれたのか？（業績測定）

しかし，プロセス価値分析を実行するためには，付加価値標準（value-added standard）の設定が必要である。付加価値標準とは，非付加価値活動の消去，

非効率的アクティビティの消去，つまり，付加価値活動が最適レベルのアウトプットをもつことである。最適なアクティビティ・アウトプットを識別することは，アクティビティ・アウトプット測定値を要求することになる。

したがって，付加価値標準を使用して，付加価値コストと非付加価値コストを計算する。これにより，経営管理者は，実際のアクティビティ・コストを付加価値アクティビティ・コストと比較することで，非付加価値アクティビティを把握し，改善策を練ることができる。また，アクティビティごとのアウトプット測定値の識別は，付加価値コストと非付加価値コストを識別することになる。

第4節　原価企画

1．原価企画の意義

高度経済成長期は，少品種・大量生産によって，「つくれば売れる」時代であった。そこで，生産量をあげるために生産の効率を図るには，標準原価計算の手法が注目された。これは，科学的・統計的データに基づき，精緻で厳格な事前原価，つまり標準原価（主目的は労務費の管理）を設定して，生産現場で目標とする原価を達成することであった。それは，ノルマでもあった。しかし，バブル経済終焉・構造的不況期になると，多品種・少量生産によって，「売れるものをつくる」すなわち「量から質へ」の発想の転換が必要となった。つまり，顧客嗜好（製品志向）の多様化・製品ライフサイクルの短縮化が多品種で少量の生産へと，生産形態そのものが変わっていった。そのためには，工場の自動化が必要となった。自動化された工場は，人間に代わってロボット機械が生産するので，相対的に製造原価に占める直接労務費は低くなり，原価計算は標準原価志向から，工場自動化に伴って増大する間接費の管理へと，その重点が移っていった。

さらに，「売れるものをつくる」とは，顧客満足（嗜好）を追求することである。つまり，企業の競争優位の獲得（同じ業界内における競争企業に対して優位（上位，トップ，No.1）の地位を獲得すること。すなわち，コスト，売上高，利益

において，他の同業企業に勝つこと）に重要性が増した。

そして，競争優位のタイプ（要因）は，以下の3つである。

①コスト・リーダーシップ：自社の属する業界において，低コストメーカーの評判をとること。これは，業界の構造によってコスト優位の要因はさまざまである。例：規模の経済性（大きいほど有利），独自の技術（革新性），有利（低価）な原材料の確保など。

②差別化：自社を業界内で特異性をもつ会社にすること。業界内の大半の買い手が重要だと認める特性（ブランド要因）や顧客ニーズ（例：女性用特殊靴下の「山忠」など）を1つ以上所有するなど，特異性（斬新性：オリジナル）の報奨（見返り）として，他社よりも高い価格でも買ってもらえる。しかし，業界によってブランド要因はさまざまである。差別化の手段には，性能，高級（ブランド），流通，マーケティングなどがある。

③集中戦略：業界内の狭いターゲットを競争場面に選ぶ。業界内の1つないしは少数のセグメントを選んで，それに適合する集中戦略を立てて，他社の排除を狙う。ターゲットに選んだセグメントだけは競争優位を勝ちとろうとするもの。

このように，3つの競争戦略（業界において有利な競争的地位を探すこと。すなわち，業界の競争（差別化等）要因を探り工夫することによって，多くの収益をもたらす確固たる地位を確立すること）を実行すれば，顧客の要求（ニーズ）する製品が見つかり，企業利益へつながる。そのためのビジネスプロセスが，企画・設計・開発などの初期段階，すなわち新製品の開発である（例：ソニー3mm有機ELテレビなど）。

原価企画において原価をつくり込むには，上流（源流，初期）段階での原価管理の必要性がある。標準原価計算を用いて製造段階における原価管理を行なう考え方から，製品の企画・設計・開発段階に重点を置く原価管理の考え方（原価企画）へ思想の転換が必要となった。それらは，製品のライフサイクル（企画・開発・設計・製造・販売）全般にわたるトータルなコストマネジメントの考え方である。原価企画を実施している企業は，全業種で約60％にも上るといわれている。原価企画実施の中心部門は，設計・開発・経理・生産技術・商品企画等の生産開始前段階である。

2. 原価企画の基礎概念

　原価企画とは，製品の企画・設計・開発段階に重点を置く原価管理手法である。目標利益を達成するために，どれほどの原価が必要であるかという目標原価を設定する作業も含み，それが「原価をつくり込む」ことにつながる。原価企画の目的は，初期（源流）段階における大幅なコスト低減＋目標利益の達成であり，それゆえ総合的な利益管理の手法であるともいえる。

3. 原価企画の推移

　たとえば価値工学は，従来は一部の部品に関する目標原価の達成に使用されてきたが，現在は製品開発の全般にわたって使用されている。

　価値工学（Value Engineering：VE）とは，目標原価と見積原価の間の乖離を埋めるために活用される手法である。製品の性能や品質を落とすことなしに，現状に代わりうるさまざまな代替案を考えて，目標とするコスト削減を達成する場合に用いられる工学的手法（1940年代にゼネラル・エレクトリック社（GE）が開発した）である。物より機能を重視して，使用価値の向上を追求する技法で，つまり，

　　価値（value）＝機能（function）÷原価（cost）

のことである。

　したがって，原価企画はトータルコストマネジメント（total cost management）のシステムであるといえる。

4. 職能横断的な組織（プロジェクトチーム）

　原価企画を実践するためには，企画・設計・開発などの初期的段階において，購買・製造・経理・販売などさまざまなセクション（部門）から組織横断的に選ばれた従業員（社員）から構成される職能横断的（cross functional）チーム，プロジェクトチームとよばれる組織形態が必要となる。たとえば，新製品開発のために各部署から選抜されたチームで，プロジェクトマネージャー（project manager，プロマネ）とよばれるチームリーダーによって統括される。

　従来の製品づくりは，プロダクト・アウト（product out）（＝つくればそこに市場が生まれる）であった。しかし，現在の製品づくりは，プロダクト・

イン（product in）（＝市場があるから初めてつくる）に変わった。すなわち，顧客の望む製品（＝販売部門の仕事）を，いかに安くつくるか（＝設計・製造・経理部門の仕事）がポイントである。

5．戦略的な利益管理

　原価企画は，源流段階を中心としたトータルコストマネジメントを行なうための手段であるとともに，いかに目標利益を達成するか，が目標である。従来から，利益計画において目標利益の算定（売上高－目標利益＝原価なので，原価は，目標利益を獲得するために，どれだけ消費できるか）が行なわれてきた。しかし，現在では原価企画において，予定売上高－目標利益＝許容原価と考えられている。したがって目標利益は，予定売上高と許容原価の関係から実現されるのである。このように，企業の現状分析と外部の経営環境の把握は，より戦略的な利益管理の思考で，中長期的な利益計画の作成により全社的な原価企画が実現することになる。

6．原価企画のプロセス

　原価企画の実施は，5つのプロセス，すなわち5つのフェーズ（phase：段階）に区分される。
　①総合経営計画
　②個別新製品の企画構想
　③個別新製品の基本計画
　④製品設計
　⑤生産移行計画

　利益計画を含めた中長期経営計画を実行する段階において，新製品開発の問題を原価企画として取り扱う場合は，上記の5つのフェーズのうち，③④⑤が関係する。とりわけ「目標原価をどのようにつくり込んでいくか？」は，目標利益の達成との関係で重要な問題である。しかし，原価概念には次の種類がある。

・許容原価：予定販売価格－目標利益＝許容原価
・成行原価：改善目標を含まない，現状原価としての見積原価。技術者による原価見積の出発点として活用される，一種の見積原価。

・目標原価:成行原価にVE改善目標を加え，その結果を利益計画から導かれる許容原価と摺りあわせて，達成可能であるがレベルの高い挑戦目標として設定する。

これら3種類の原価の関係は，次のようになる。

まず，許容原価はトップマネジメントから指示された希望原価(実現が困難)であるが，成行原価は現状をベースに技術者(設計部門)によって積み上げられた見積原価(VEによる原価低減実施前の現状是認的原価)である。また，許容原価は製品単位あたりで設定されるが，成行原価は費目別に設定される。他方，目標原価は費目別にブレークダウン(break down:分類)される。

許容原価から成行原価を導くには，ライフサイクルコストを算定して，トータルコストが品質との関係で最適となる点を探求する努力が必要である。

他方，目標原価は，許容原価と成行原価のギャップ(gap:乖離)をVEなどの手法で埋めることによって設定される。

第5節　バランスト・スコアカード等

1．バランスト・スコアカード

バランスト・スコアカード(Balanced Score-Card:BSC)とは，財務業績だけでなく，顧客関係や内部ビジネスプロセスの改善・成長といった総合的な観点から，戦略マップを用いてビジョンと戦略の効果的な策定と実行を確保し，報酬に連動させた業績評価システムである。また，経営の品質向上に資するなどの経営目的に役立てられる戦略的マネジメントシステムでもある。

EVA(Economic Value Added:経済的付加価値)が，おもに株主価値の増大に役立つ評価指標であるのに対して，バランスト・スコアカードは，多様なステークホルダー(stakeholders:利害関係者)を対象としてカプランとノートン(Norton, D. P.)によって2001年に提唱された業績評価システムである。バランスト・スコアカードには，おもに3つの経営上の主要な役割がある。それは，戦略の策定と実行のシステム，成果連動型の業績評価システム，経営品質向上のツールである。バランスト・スコアカードとは「均整のとれた成績表」

であるが，バランスには次の4つの意味がある。
①投資利益率（Return On Investment：ROI）等の財務指標は，直近の財務成果を強調しすぎる。EVAは，株主の視点に立った事業の再編には有効であるが，将来を見越した投資を回避する結果，過少投資に陥る危険性がある。バランスト・スコアカードは，財務指標だけでなく，将来の業績を高める非財務指標も重視される。
②外部尺度としては，財務と顧客の視点が設けられる。内部尺度としては，内部ビジネスプロセスおよび学習と成長の視点が設けられる。その両尺度から，企業価値創造を目的とした検討が加えられる。
③成果（結果）だけでなく，パフォーマンス・ドライバー（performance driver）（＝過程）を活用する。前者は遅れて現われる遅行指標であり，後者は成果に先立つ先行指標であり，成果を生み出す推進要因となる戦略実行の具体的行動指針である。
④定量的で客観的な成果の測定にとどまらず，主観的あるいは無形であるため，定性的な測定を必要とする評価も可能となる。

バランスト・スコアカードは，ビジョンと戦略が中心となって，「財務」「顧客」「内部ビジネスプロセス」「学習と成長」の4つの視点から，定量的な業績評価尺度で企業の業績を評価する（図8-2）。

(1) 財務の視点

財務尺度は，過去の活動の金額的な成果を客観的に要約できる。これは，株主や債権者（銀行等）のために，どのように行動すべきかの視点である。この業績評価尺度としては，経常利益，ROI，残余利益，EVA，売上利益率，キャッ

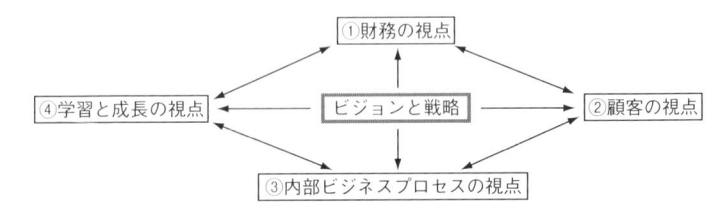

図8-2 バランスト・スコアカードにおける4つの視点（櫻井，2009より作成）

シュ・フロー，売上高，売上成長率等がある。

(2) 顧客の視点

　顧客（外部と内部）と市場のセグメントを識別し，目標としているセグメントの業績を測定する。この業績評価尺度としては，顧客満足度調査の結果，新規顧客の開拓，既存顧客のロイヤルティ（リピート率），顧客収益性，マーケットシェア，価格指標，新製品からの売上比率，顧客シェア等がある。

(3) 内部ビジネス・プロセスの視点

　顧客満足に最大のインパクトを与え，企業の財務目標を達成するために，経営者がいかにビジネスと業務の改善を行なったかが定量的に示される。この業績評価尺度としては，特許権取得件数，開発効率，サイクルタイム，仕損じ発生率，納期，落札率，事故率，やり直し作業，生産性向上率，単位原価，新製品導入率等がある。

(4) 学習と成長の視点

　企業の長期的な成長は，従業員，システム，手続きの改善によって可能となる。この業績評価尺度としては，社員教育の数，離職率，資格の取得，社内提案件数，改善率指標，ITリテラシーのレベル，ITの活用率，特許取得件数，従業員の平均年齢等がある。

2．インタンジブルズ

　企業価値創造の機会は，有形資産（原材料・機械・設備等）のマネジメントから，ブランド，ソフトウェア，卓越した業務プロセス，ITとデータベース，従業員のスキルやモチベーション等のインタンジブルズ（intangible assets：無形資産）を使った知識主導型の戦略的マネジメントに移行しつつある。具体的には，以下の3つの要因によって，経営会計におけるインタンジブルズ管理が必要となった。

　①製品自体が無形物の複合体となった。すなわち，消費者個人の価値観と嗜好が多様化した結果，現代の企業は企業価値を創造する製品自体がインタ

ンジブルズの複合体となったので，有形資産に比べてインタンジブルズによって生み出される企業価値が大幅に増加した。
② 企業価値創造が経営戦略によって決定づけられるようになった。すなわち，インタンジブルズの価値は，もはや原価低減による経営の効率化ではなく，ビジョンや経営戦略・企業組織のあり方によって決定づけられる。
③ 戦略マップ等のマネジメント・ツールが必要となった。すなわち，企業価値は測定可能な経済価値だけでなく，従来の測定方法では測定困難な社会的価値や組織価値を高めて，持続可能な企業価値の増大が求められるようになった。

3. コーポレート・レピュテーション

コーポレート・レピュテーション（corporate reputation：企業の評判）には，次の3つの要素が含まれる。
① 企業の評判を形成するのは，ステークホルダーである。
② 経営者および従業員の行為が，企業の評判を形成する。
③ 過去の行為だけでなく，現在と将来の予測情報も，企業の評判を形成する。

最近では，オリンパスの資金運用失敗の偽装決算や大王製紙の元会長によるギャンブル失敗の穴埋め資金引き出し等がコーポレート・レピュテーションを下げた例である。他方，パナソニック（旧ナショナル）の欠陥FF式石油暖房機の回収継続広告等はコーポレート・レピュテーションを上げた例である。

◆ 引用・参考文献

伊藤和憲（2007）『ケーススタディ戦略の管理会計』中央経済社
Jiambalvo, J. (2007) *Managerial Accounting.* 3rd ed. Wiley. 淺田孝幸（監訳）（2009）『管理会計のエッセンス』同文館出版
小林啓孝・伊藤嘉博・清水 孝・長谷川惠一（2009）『スタンダード管理会計』東洋経済新報社
髙梠真一（編著）（2005）『管理会計入門ゼミナール』創成社
岡本 清・廣本敏郎・尾畑 裕・挽 文子（2006）『管理会計』中央経済社
門田安弘（2003）『管理会計学テキスト 第三版』税務経理協会
櫻井通晴（2009）『管理会計 第四版』同文館出版

第9章 企業内ハラスメント

　ハラスメント（harassment）とは，近年急速にさまざまな環境下で社会問題化し，社会に浸透した語句である。一般にハラスメントとは「なやみ」「いやがらせ」と訳されるが，企業内においても，「パワーハラスメント」「セクシュアルハラスメント」「モラルハラスメント（いじめ）」など，さまざまなハラスメントの存在が知られるようになった。

　企業内ハラスメントが急増している背景には，現在の経済事情とともに急速に進む「経営の効率化」により，職場の人間関係が希薄化していることが指摘される。IT化はもはや常識となり，従来であればチームワークを必要とした仕事が個人単位の仕事へと変化した。また，成果主義が浸透し，個人間の競争が以前にも増して激化している。個人が過大な職責を担うことによるストレスの「はけ口」として，部下，派遣社員等，社内における弱者への圧力が強まることは想像に難くない。

　企業内ハラスメントへの対策が急がれるなか，対象となる行為の曖昧さと広範さから，企業内においてはただ単に「やっかいな問題」としか認識されないケースも多くみられる。しかし，企業において発生したハラスメントに対する防止策，対処策を誤ると，企業内モチベーションの低下へと直結し，経営に対してさまざまな悪影響を及ぼすこととなる（中央労働災害防止協会，2005）。本章においては，企業内ハラスメントの代表的なものとして，「パワーハラスメント」「セクシュアルハラスメント」の具体例をあげ，その法的責任について論ずることとする。

　なお，「事例」を多数紹介しているが，紙面の都合上概要の紹介のみにとどまり，詳細な発生背景と結果について検討，分析は行なっていない。紹介事例はすべてリーディングケースであり，事件の詳細は文末の参考文献だけでなく，インターネットで容易に入手可能である。問題の正確な理解には，事件発生の複雑な背景の把握が不可欠であり，ぜひとも詳細を入手し熟読することを希望する。

第1節 パワーハラスメント

1. パワーハラスメントとは

　パワーハラスメントとは,「同じ職場で働く者に対して,職務上の地位や人間関係などの職場内の優位性を背景に,業務の適正な範囲を超えて,精神的・身体的苦痛を与える又は職場環境を悪化させる行為をいう」と定義づけられている(厚生労働省, 2012a)。

　かつては,どのような事例がパワーハラスメントに該当するのか,という定義でさえ曖昧であったが裁判例,各方面からの研究が蓄積されるようになり,ようやく適用基準が明らかになった。

　なお,労働者が通常就業している職場以外の場所であっても,労働者が業務を遂行する場所であれば「職場」に含まれる。勤務時間外の宴会,社員旅行などであっても,職務との関連性,参加者,参加が強制か任意かという点を総合的に判断し,実質上職務の延長と考えられるものは「職場」に該当するのである(セクシュアルハラスメントの「職場」概念も同義)。

　また,本稿においては企業内で生じる「いじめ」についても,「職場内の優位性」が前提となる場合が大部分であり,パワーハラスメントとして扱うこととする。

2. パワーハラスメントに該当する行為

　職場のパワーハラスメントに該当するものとして,以下のような行為が指摘されている(厚生労働省, 2012a)。

(1) 身体的な攻撃

　具体的な例として暴行,傷害である。行為自体が刑法に抵触するのでパワーハラスメント該当の是非について議論を行なうまでもない。企業内は比較的閉鎖的な社会,空間であり,このような露骨な行為が問題になるケースも多く発生している。

(2) 精神的な攻撃

具体的な例として脅迫，名誉毀損，侮辱，ひどい暴言などである。脅迫，名誉毀損ともなれば (1) 同様，刑法犯であり議論の余地はないが，侮辱，ひどい暴言になると「どの程度」の発言が該当するか判断がむずかしくなるケースも想定される。

たとえば，上司が部下に対する業務上の指導のつもりで叱咤激励を行なったとしても，それを部下が「パワーハラスメントである」と解釈すれば，指導は失敗である。ハラスメントへの警戒から，管理者が指導に弱腰になり，部下とのコミュニケーションが希薄になる恐れもあるが，指導に際しては相手の尊厳を損なわないよう注意が必要である。

(3) 人間関係からの切断

具体的な行為としては隔離，仲間外し，無視などである。

対象者を別室に隔離して仕事をさせる，もしくは与えない行為や，上司の命令で集団で仲間外し，無視を行ない退職に差し向けるなど，いわゆる「いじめ」行為である。強い上下関係と，閉鎖性を伴う職場では多く発生している。

(4) 過大な要求

具体的な行為としては，業務上明らかに不要なことや遂行不可能なことの強制，仕事の妨害などである。

「業務上明らかに不要なこと」を強制することが，パワーハラスメントに該当するという点については異論はないが，職務上のノルマは達成限界点に設定されることも多く，「業務上明らかに遂行不能」とはどのような状態であるか，ケースバイケースで判断せざるを得ず，予測が困難な場合も考えられる。

(5) 過小な要求

具体的な行為としては，業務上の合理性なく，能力や経験とかけ離れた程度の低い仕事を命じることや仕事を与えないことである。

営業の第一線で活躍していた労働者が，理由なくそれまでの仕事を奪われ，掃除係を命ぜられるような場合が想定されるが，(4) 同様，「業務上の合理性」

の有無についてはケースバイケースで判断する必要がある。

(6) 個の侵害

具体的な行為としては、私生活について過度に立ち入ることである。1日の生活、交友関係、家族構成などについてくり返し執拗に尋ねる行為などが該当すると考えられるが、労働者の健康状態の把握のため、睡眠時間などの私生活について調査する場合もあり (4), (5) 同様ケースバイケースで判断しなければならない (厚生労働省, 2012a)。

第2節 パワーハラスメントと法的責任

1. 責任の所在

パワーハラスメントに伴い生じる法的責任については、直接行為を行なった当事者（加害者）と、使用者（会社）の責任が問われる。

会社の業務とまったく関係のない、当事者間の私恨による「けんか」のようなトラブルであれば法的責任の追求は加害者のみに限定されるが、パワーハラスメントとして問題となる行為は、「職務」と密接にリンクして集団的、組織的に行なわれることが特徴であり、使用者側に対しても法的責任の追及は免れないのである。

2. 当事者の責任

上司は部下を指揮監督し、業務命令を発する権限をもつのは当然であり、方法、内容については上司の裁量に委ねられている部分も多い。ただし、その裁量権は無限のものではなく、著しく社会通念を逸脱した場合は、「裁量権の濫用」として上司に対して法的責任が生ずるのである。

(1) 刑事的責任

上司が部下に対して暴力を行使した場合、暴行（刑法208条）、傷害罪（204条）に該当し、刑事上の責任が追求される。また、物理的な暴行行為はなくとも、

発言や態度の内容しだいでは脅迫（222条），名誉毀損（230条），侮辱罪（231条）に該当し，その行為が長期間継続的かつ執拗に行なわれ，心的外傷後ストレス障害（PTSD）を生じさせた場合には，傷害罪が成立する可能性がある。

なお，上司が自ら手を下さず，他の部下に命じて刑事上の罪に問われる行為を行なった場合も教唆犯（61条）として，実際に行為を行なったものと同等の責任が問われることとなる。

(2) 民事的責任（不法行為責任）

故意または過失により他人の権利を侵害し，その結果，損害を発生させたと認められる場合，生じた損害を賠償する責任がある（不法行為に基づく損害賠償責任，民法709条）。

法律で保障されている個人の権利は非常に多いが，パワーハラスメント行為で問題となるのは，名誉やプライバシー侵害（人格権，憲法13条）をはじめとして，前述した刑法の規定，良好な職場環境で働く権利（労働契約法3,5条）などが代表的な法律上保護されている権利である。また，具体的な保護規定がなくとも「法律上保護に値する権利」が犯されれば，損害賠償が認められる。

民事的責任は，刑事的責任の認定がされていなくとも認められ，その認定要件は刑事的責任に比較して柔軟である。裁判例では侵害行為の存在と損害の発生，そして両者の相当因果関係（侵害行為の結果，損害が発生したという事実）が認定されれば，その行為がパワーハラスメントに該当するか否かを判断せずに，損害賠償を認める事例も多い。

> **事例1　三井住友海上火災上司事件**
> （東京地裁判決平16.12.1　労働判例914号86頁，東京高裁判決平17.4.20　労働判例914号82頁）
>
> 上司が部下に対し仕事上の指導，叱咤激励を目的として，当該部下と同僚十数名に宛て「意欲がない，やる気がないなら会社を辞めるべきです」「あなたの給料で業務職が何人雇えると思いますか」という趣旨のメールをCCで一斉送信した。一審判決では，「メールの表現のみで業務指導の範囲を逸脱したものとは判断できない」として，賠償責任を認めなかったが，控訴審判決では，メールは正当な目的の下で送信されたとして，パ

ワーハラスメントの意図は否定したが，メールの内容は「許容範囲を超え，部下の名誉感情をいたずらに毀損する行為」であるとして不法行為に基づく損害賠償責任を認定している。

(3) 懲戒処分

　労働者は他人の権利，または職場の秩序を侵害した場合，労働契約違反として雇用主から懲戒処分を受けることがある。労働者は雇用契約を締結する条件として，企業内において定められている服務規程を遵守することが求められる。雇用契約の締結により，使用者の指揮監督下において，定められた労働に従事する義務（本来的義務，民法623条）を負う。

　さらに労働契約法3条4項は，「労働者及び使用者は，労働契約法を遵守するとともに，信義に従い誠実に，権利を行使し，及び義務を履行しなければならない」と規定し，本来的義務の履行に際し，労働者が企業にとって不名誉な事件を起こしたり，パワーハラスメントなどにより他の労働者の就労を妨害した場合には，企業秩序遵守義務違反（同趣旨の規定として，労働基準法2条2項）として懲戒処分を受ける場合がある。なお，懲戒処分の処分類型については，事前に詳細に定め労働者に周知しておく必要があるが，人事院「『懲戒処分の指針』の一部改正について」（平成20年4月1日）がその基準として参考になる。

> **事例 2　豊中市不動産事業協同組合事件**
> （大阪地裁判決平19.8.30　労働判例957号65頁）
>
> 　組合の事務局長が，勤務時間中に事務所内で，部下の肩を小突き，侮辱的な内容を大声で怒鳴り続けた上で，同部下に向かって「跳び蹴り」を加え，加療7日間を要する傷害を与えた。
>
> 　同組合は就業規則おける懲戒事由に「素行不良，及び性的な言動など風紀秩序を乱したとき」「金銭の横領等その他刑法に触れるような行為をしたとき」と規定しており，同事務局長に対し懲戒処分として「依願退職」を促したが従わなかったため，「懲戒解雇」処分とし，裁判によりその妥当性が認められた事件である。

3. 使用者（企業）の責任

(1) 不法行為責任

　故意，または過失であっても，業務命令や職務上の指導が，その権限の範囲を逸脱して行使され，労働者に保障される権利を侵害し，損害の発生が認められれば，前項（2）同様，損害賠償の責任（民法709条）を負うこととなる。

> **事例3** バンク・オブ・アメリカ・イリノイ事件
> （東京地裁判決平7.12.4　労働判例685号17頁）
>
> 　会社が従業員に対して行った配置転換命令が，従業員に対する合理的で，公正な評価と手法に基づいた処遇をすべき義務（公正評価義務）に違反したとして，「権限の逸脱」が認められた事件である。
>
> 　会社のリストラ方針に消極的であった管理職（勤続33年）に対し，会社は2度の配置転換を行った。
>
> 　1度目は，指揮監督権を有さない職位への降格であるが，この配置転換について裁判所は「新経営方針の推進，徹底が急務とされていたことから，積極的に協力しない管理職を降格する業務上，組織上の高度の必要性があったと認められ」「多数の管理職らは，いずれも降格に異議を唱えておらず，会社のとった措置をやむを得ないものとして受け止めていたと推認される」として，会社の裁量権の逸脱を認めなかった。
>
> 　しかし，2度目の総務課への配置転換について，その仕事の内容は「それまで20代前半の女性の契約社員が担当していた」業務受付であり，「元管理職の旧知の外部者の来訪も少なくない職場であって，課長まで経験したものにふさわしい職務であるとは到底言えず，著しく名誉，自尊心を傷つけ」「職場内，外で孤立させ，勤労意欲を失わせ，やがて退職に追いやる意図を持ってなされたものであり，会社に許された裁量権の範囲を逸脱した違法なものであって，不法行為を構成する」と判示し，慰謝料の支払いを命じた。

(2) 使用者責任

　民法715条1項は，「ある事業のために他人を使用する者は，被用者がその事業の執行について第三者に加えた損害を賠償する責任を負う。但し，使用者が被用者の選任及びその事業の監督について相当の注意をしたとき，又は相当

の注意をしても損害が生ずべきであったときは，この限りではない」と規定している。

パワーハラスメントが，使用者の命令に基づき上司等を通じて行なわれた場合，企業に対しても「使用者責任」（民法715条）が生じるのである。

使用者は直接行為を行なった上司とともに，連帯してその賠償責任を負うことになるが，企業が損害賠償を行ない，問題の発生原因が上司等の不注意であると判断した場合，企業は損害賠償に要した相当額について，上司等に対して請求（求償）することも可能である（民法715条3項）。

> **事例 4　U福祉会事件**
> （名古屋地裁判決平17.4.27　労働判例895号24頁）
>
> U福祉会の職員等が中心となり，職場の施設で開催された職員会議において，労働組合を脱退し，他の労働組合に加入した看護師を非難，糾弾する発言をした上で，他の職員会議参加者を誘導，扇動し同様に非難の発言をさせた。その結果，当該看護師は精神的疾患に罹患し休職を余儀なくされた事件である。
>
> 判決では，「職員会議は，U福祉会の施設長により主催されるものであり，U福祉会の事業執行について開催されたものであることは明らかであり」「U福祉会は職員等の不法行為について連帯して責任を負う」ことを認め，U福祉会，職員等が連帯し慰謝料を支払うことを命じている。

(3) 債務不履行責任（安全配慮義務違反）

パワーハラスメントが，労働契約上，使用者が労働者に対し負う安全配慮義務違反（労働契約法）と判断され，民法415条に規定される債務不履行責任が認められる場合がある。

労働契約法5条は，「使用者は，労働契約に伴い，労働者がその生命，身体等の安全を確保しつつ労働することができるよう，必要な配慮をするものとする」と規定しており，使用者は労働者に対価として賃金を支払う本来的義務を負うとともに，パワーハラスメント等のない職場環境を整備する「安全配慮義務（労働者に対する債務）」があると考えられる。

したがって，職場においてハラスメントが発生した場合，使用者は労働者に

対し負う責任を果たしていない「債務不履行」の状態であり，生じた損害を賠償する責任とともに，健全な職場環境を回復する義務が生ずる。

　(1)で解説した損害賠償責任（民法709条）は，あくまでパワーハラスメントにより被害者が受けた損害の回復を目的とする制度である。しかし，使用者が主導するハラスメントには解雇，降格，配置転換など人事権の濫用を伴うケースも多く，それらの濫用行為からの救済手段として債務不履行責任は有効である。また，債務不履行は「不法行為」の状態でもあり，債務不履行を原因とした損害賠償請求も可能となる。

事例5　**トナミ運輸事件**
（富山地裁判決平17.2.23　判例時報1889号16頁，労働判例891号12頁）

　会社の不正を内部告発した社員に対し，不当な異動を命じ6畳程の個室に隔離したうえで，草むしりなど本来の業務と関係のない仕事のみ与え，以降約28年間にわたり昇進させていない。

　判決は，使用者の持つ人事権については「相当程度，使用者に裁量権が認められる」としたが，その裁量権は「合理的な範囲内で，法令や公序良俗に反しない限度で行使されるべきであり，これらの範囲を逸脱する場合は違法である」と判示した。また，従業員は労働契約の締結，維持に際して「配置，移動，担当職務の決定及び人事考課，昇格等について使用者に自由裁量があることを承諾したものではなく，これらの人事権が公正に行使されることを期待した」のであり，「使用者は，雇用契約の付随的義務としてその契約の本来の趣旨に則して，合理的な裁量の範囲内で人事権を行使すべき義務を負っており，その裁量権を逸脱した場合は債務不履行責任が認められる」と判示し，使用者の債務不履行と損害賠償責任を認めた。

4．労災保険の適用

　企業内におけるハラスメントにより精神疾患等に罹患したり，自殺に至った場合，「業務労災」として認定されれば，労災保険の適用が可能となる。

　労災保険制度とは，労働者災害補償保険法に基づく制度で，業務上災害または通勤災害により，労働者が負傷した場合，疾病にかかった場合，障害が残った場合，死亡した場合等について，被災労働者またはその遺族に対し所定の保

険給付を行なう制度である。

「業務労災」に該当するか否かの判断は，事件を管轄する地域の「労働基準監督署長」が行ない，その判断基準は，労働者が労働契約に基づき事業者の支配下におかれた状態であるかという「業務遂行性」と，疾患の発生が業務を原因としているのかという「業務起因性」が重要となる。

労働基準監督署は従来，パワーハラスメントを原因とする疾患について，画一的な基準を設定し，労災適用に消極的であったが，裁判においてその決定が覆される事例が多く発生し，監督官庁である厚生労働省はその認定基準の再考を迫られることとなった。現在は厚労省通達により労災基準の柔軟化，適用範囲の拡大等が図られ，適用事例も増加している（厚生労働省，2008，2009，2011a）。

事例 6　静岡労働基準監督署長（日研化学）事件
（東京地裁判決平 19.10.15　労働判例 950 号 5 頁）

製薬会社の医薬情報担当者（MR）社員が，営業所の業績改善を使命として転勤してきた上司から，「存在が目障りだ，居るだけでみんなが迷惑している」「おまえのカミさんも気がしれん，お願いだから消えてくれ」「何処へ飛ばされようと仕事しない奴だと言い触らしたる。お前は会社を食いものにしている，給料泥棒」「病院の廻り方がわからないのか。勘弁してよ。そんなことまで言わなきゃいけないの」「肩にフケがベターと付いている。お前病気と違うか」等の発言を受けうつ状態に陥り，自殺に至った。

これらの言葉は，部下の営業成績改善を目的とした「指導」の結果発せられたものであるが，その背景，経緯を考慮しても個人の人格を否定するような内容である。このような発言による，本人の心理的負荷は「人生においてまれに経験することもある程度に強度のもの」で，客観的に判断して，精神障害を発症させる程度に過重な出来事と認定し，自殺の業務起因性を認め，労災認定を相当とした判決である。

第9章　企業内ハラスメント

第3節　パワーハラスメント発生の予防

1．企業内全体における問題意識の共有

　中央労働災害防止協会の「パワーハラスメントの実態に関する調査研究報告書」(2005年)によると，パワーハラスメントまたは類似の問題については，43.1％の企業で「時折発生」または「発生したことがある」とし，82.3％の企業がパワーハラスメント対策が重要であると考えている。また，パワーハラスメントの防止対策（複数回答）としては，「窓口設置」(30.1％)，「講演や研修を実施」(22.4％)，「就業規則や行動基準に盛り込んだ」(16.1％) と回答し，企業における問題意識は高まっていると評価できるであろう。

　しかし，事件，相談件数が高止まりしている背景には（東京都産業労働局，2011），問題意識の一般化という傾向に反して，現場の労働者間においてはパワーハラスメントに対する真の理解がされていないと批判せざるを得ない。企業のハラスメント防止担当者が，いかに対策を講じようと，現場においてその重要さが理解されていないのであれば，それはまったく意味をなさない「絵に描いた餅」となってしまうのである。

　企業内研修などを通じ，社内においてどのようなケースがパワーハラスメントに該当するか基準を策定し，パワーハラスメントは①労働者個人の名誉，尊厳を傷つける人権侵害行為であること，②加害者，被害者という当事者間のトラブルではなく，企業全体の問題であること，③職場の士気を低下させ，人材の流出，企業イメージの凋落を招く行為であること，④トラブルを察知した場合，企業はけっして問題を放置せず積極的解決に取り組む，という姿勢を明らかにし，労使間（上司，部下）・同僚間の共通認識としなければならない。

2．職場コミュニケーションの充実

　パワーハラスメントは，何らかの職務上における「指導」が行き過ぎ，発生するケースが多くみられる。

　従来であれば，部下を指導する「マネジメント」の職位に就くまでに，上司による十分時間を掛けたオンザジョブ・トレーニング（OJT：On-the-Job

Training）や管理職研修を受けることが一般的であった。映画『スターウォーズ』に登場する新人の「ジェダイの騎士」が，熟練の先輩騎士（ジェダイ・マスター）からメンタル面を含め徹底的なトレーニングを受けているシーンがまさに OJT であるが，企業においては徹底した「経営の効率化」が推し進められ，マネジメント教育のための十分な時間が確保されない場合が多く，社員評価は「業務成績」が最も優先され，マネジメントに対する資質向上を考慮する余地が薄れる傾向にある。

そのような状況のなかで，職場全体の業績を向上させる職責を負った上司は，「自分は優秀な成績をあげることができたのに，なぜ部下は達成できないのか」と不満に思い，部下に対する具体的な指導，改善方法が定まらないまま，厳しい叱責をするだけになってしまうのである。

上司はつねに部下それぞれの特性を理解することに努める職責を負い，そのためのコミュニケーションを絶やしてはならない。部下からの相談を受けやすい環境づくりを心がけ，他人からの意見を否定することなく耳を傾けなければならない。上司は「熱血指導」と考えていても，部下を叱責するのみでは相互理解は得られず，いずれ両者の関係は破綻してしまう。指導後のフォロー，そして成果を達成した際には，積極的に部下を「ほめる」姿勢も重要である。

近年では，「叱られる」ことに極端に慣れていない新入社員が多くみられるようになった。自己主張は多いが，上司の指導を素直に受け入れることはできない新人に対し，従来のような強い指導した場合，いとも簡単に挫折してしまうのである。

また，上司による一方的な，「職場における信頼関係を構築できている」という過信から，部下に対する熱血指導を行ない，パワーハラスメントと訴えられるケースも多くある。上司はつねに，自分のみの思い込みで行動するのではなく，部下との積極的なコミュニケーションを図り，客観的な情報収集，そして相手を「思いやる」指導に努めなければならないのである。

第4節　セクシュアルハラスメント

1．セクシュアルハラスメントとは

　セクシュアルハラスメントとは一般に，組織内において生じる「相手の意に反する不快な性的言動」または「性的嫌がらせ」として理解されており，ハラスメント行為の性的な言動に重点を置いた概念である。

　わが国におけるセクシュアルハラスメントに対する問題意識は，諸外国における研究や裁判例，法制化が報道されるなど，他のハラスメントと比較すると古くから存在していたが，その判断基準が抽象的であり，「扱いにくい問題」として企業内に拒絶反応があったのも事実である。

　1989年，セクシュアルハラスメントに対する社会的認知度が一気に高まった。女性雑誌『MORE』においてセクシュアルハラスメントが特集され，それまで，企業内において「理不尽ではあるがしょうがない」と葬られてきたさまざまな事象が，違法行為であると広く認識されるきっかけとなったのである。同年は，わが国初のセクシュアルハラスメント訴訟が提起され，「流行語大賞」は「セクシュアルハラスメント」であったことからも，当時における注目の大きさが想像できよう。

　セクシュアルハラスメントの発生は，労働者のモチベーション低下，人材流失はもとより，女性が被害者となるケースが多いことから，社会的な企業イメージの低下，新卒社員の募集困難などさまざまな弊害が発生する。パワーハラスメント同様，社内における防止策の徹底と周知が必要である。

2．セクシュアルハラスメントの定義

　諸外国においては1970年代，学説，判例の蓄積により法制化が進み，セクシュアルハラスメントの全体像が明らかになっていたが，わが国における法規制は男女雇用機会均等法の改正を待たなければならない。

　1997年に改正された男女雇用機会均等法21条において，使用者に対して雇用管理上の配慮義務を規定し，さらに2006年改正に際し，保護対象を「労働者一般」として，正社員だけでなく派遣社員，女性だけでなく男性にも拡大し，

使用者に発生防止のための必要な体制の整備，雇用管理上必要な措置とともに（11条1項），その具体的内容の指針を定めることを義務付け（同2項），ようやく実効性ある規定となったのである。

セクシュアルハラスメントの定義として，「意に反する性的な言動により，職務を遂行する上で一定の不利益が生じたり，就業環境が悪化すること」という対価型のセクシュアルハラスメントと，「相手方の意に反して，性的な性質の言動を行い，それ対する対応によって仕事をする上で一定の不利益を与えたり，またはそれを繰り返すことによって就業環境を著しく悪化させること」という環境型セクシュアルハラスメントに分類し明確化している（同1項）。

対価型のセクシュアルハラスメントとは，「事業所内において事業主が労働者に対して性的な関係を要求したが，拒否されたため，当該労働者を解雇する」ような行為であり，環境型のセクシュアルハラスメントとは「同僚が取引先において労働者に係る性的な内容の情報を意図的かつ継続的に流布したり，当該労働者が苦痛に感じて仕事が手につかないこと」が代表的な行為とされている（「事業主が職場における性的な言動に起因する問題に関して雇用管理上講ずべき措置についての指針」（以下，「指針」と略称する）平成18年10月11日厚生労働省告示615号）。

3．企業に対するセクシュアルハラスメント防止義務

セクシュアルハラスメント防止のために，企業が雇用管理上講ずべき措置が「指針」において明らかにされており，発生抑止を目的とした「事前措置」と，発生後の対処を適切に行なうことを目的とした「事後措置」に分類される。

「指針」は企業に対する法的強制力は有していないが，求められている措置が不十分であった結果，セクシュアルハラスメントが発生，拡大した場合，企業は「職場環境配慮義務」に違反したと判断され，法的責任が追及される可能性がある。

(1) 規定作成と啓発義務（事前措置）

企業は就業規則もしくは服務規定などにより，「セクシュアルハラスメントを許さない」という立場を明確に表明し，該当する行為を個別具体化するとと

もに，行為に対する懲戒規定を策定し，労働者全体に対して周知，啓発する義務を負う。

(2) 相談窓口等の設置（事前，事後措置）

　企業は，労働者から相談を受けるための相談窓口を設け，その内容や状況に応じ適切かつ柔軟に対応するために必要な体制を整備する義務を負う。

　相談窓口は労働者に周知されている必要があり，相談方法も労働者の利便性を考え，面談，電話，メールなど複数の方法で受けられるよう工夫する必要がある。また，相談は公平な立場から受ける必要があり，必要に応じて柔軟かつ適切な処置を行なわなければならない。

　行為の初期段階における抑止が最も効果的であるが，適切な対応には高度な専門的知識が必要となる。また，相談者が窓口担当者から二次的なセクシュアルハラスメント（担当者の言動による二重被害）を受けることを防止するために，相談担当者の専門的な研修や，産業カウンセラーなどの登用も必要である。

(3) 事実関係の調査（事後措置）

　企業は，セクシュアルハラスメントの相談があった場合，事実関係を迅速かつ正確に確認し，適正に対処する義務を負う。

　相談があった時点で状況が深刻な場合も多く，相談を受けてからどのような手順と担当で対応するのか検討していたのでは迅速な対応ができない。事前に担当部署や対応手順を明確に定め，マニュアル化しておく必要がある。

　調査に際しては，当事者双方ともに「言い分」があり，その「言い分」の多くが「やった」，「やっていない」という対極に位置するものである。相談担当者は，どちらか一方の意見にかたよるのではなく，第三者からの意見を聴取するなど，公平な立場から判断しなければならない。万一，企業による調査に限界が生じた場合，調停の申請（均等法18条），もしくは社外の第三者機関に紛争処理を委ねる決断も必要である。

(4) 適正な措置の実施（事後措置）

　企業は，セクシュアルハラスメントを確認した場合，行為者に対する措置お

よび被害者に対する措置を適正に行なう義務を負う。

　加害者に対し，事前に定めたルールに従い，懲戒その他のペナルティを科すとともに，被害者と加害者の関係改善への援助を行ない，改善が不可能と判断した場合，職場において両者が顔を合わせないよう配置転換を行なうなどの配慮も必要である。

　また，被害者がセクシュアルハラスメントの結果として，配置転換や減給など労働条件上の不利益を受けている場合，その回復措置を講じなければならない。

(5) 再発防止策の実施（事後措置）

　企業は労働者に対し，改めてセクシュアルハラスメントに対する方針を周知，啓発し，再発防止に向けた措置を講ずる義務を負う。

　事件が収束すると労働者の意識も薄れてしまう。企業はくり返し労働者に対し，パンフレットの作成や，社内報の記事，研修などを通じて「セクシュアルハラスメント防止」の啓発活動を行ない，コンプライアンス意識を高める必要がある。

第5節　セクシュアルハラスメントと法的責任

1．責任の所在

　セクシュアルハラスメントに伴い生じる法的責任については，パワーハラスメント同様，直接行為を行なった当事者（加害者）と，使用者（会社）の責任が問われることとなる。

　事件が会社の業務とまったく関係のない，当事者間の私的な「性的トラブル」であれば，法的責任の追求は加害者のみに限定されるが，セクシュアルハラスメントの被害者は女性が多く，加害者は職場の上司，取引先の担当者などの男性であり，職場内の「上下関係」，もしくは取引上の「優劣関係」を前提として，事件が発生することが特徴である。つまり，職務上強い立場の者がその権力を振りかざし，弱い立場の者に対して明確に拒否しにくい状況下で性的関係を強

要するのである。セクシュアルハラスメントはパワーハラスメント同様、「職務」と密接に関係しており、使用者側に対する法的責任の追及も免れない。

2. セクシュアルハラスメントの違法性判断基準

(1) セクシュアルハラスメントの分類

セクシュアルハラスメントということばは幅広い概念であり、一般に、①レイプ、強制わいせつ、名誉毀損、つきまといのような刑法犯となる性的言動、②人々のモラルや価値規範に違反し、法的にも違法とされる行為（不法行為に基づく損害賠償請求の対象）、③望ましくない行為であるが、社会一般の価値規範に違反するものではなく、不法行為が成立するほどの違法性はない行為（小島、2008、8頁）、に分類することが可能である。

①、②の行為が法的責任を負うことは議論の余地はないが、③については法的責任は問われないが、職場からは追放されるべき行為と判断された場合、懲戒処分の対象となる恐れがある。

また、「相手の意に反する」という基準にとらわれすぎると、セクシュアルハラスメントは「イケメンの発言はよいがオジサンの発言は許されない」などという誤解が形成される恐れがある。セクシュアルハラスメントの結果が違法行為となるか否かを問わず、つねに「許されない行為」であることを認識して、職場からの排除に努めなければならないのである。

(2) 客観的基準と主観的基準

「相手の意に反する不快な性的言動」という判断基準には不明確な点が多い。不快な性的言動であるか否かの判断は、つねに性的言動を受けた相手側が不快に感じたか否かという「主観」によるところが大である。男女雇用機会均等法の解釈指針においては、主観とともに、「平均的な女性労働者の感じ方」という「客観的」判断基準の提案をしているが、そもそも「平均的」とはどのような状態か曖昧である。

また、特に身体に対する直接的なセクシュアルハラスメントは、密室で行なわれることが多く、行為の存在自体を証明することが困難な場合も多い。閉鎖的環境下で予期せぬ行為に恐怖を感じた場合や、「言うことを聞かねば解雇す

るなど」職場の上下関係に基づいた生殺与奪の条件下においては，その行為を明確に拒絶できない事態も想定される。「意に反する」，「不快な性的言動」であるか否かは，さまざまな状況を勘案し慎重に判断される必要がある。

> **事例 7　金沢セクシュアルハラスメント訴訟**
> （名古屋高裁判決平 8.10.30　判例タイムズ 950 号 193 頁）
>
> 会社社長宅の家政婦的仕事のために採用された，同会社従業員に対するセクシュアルハラスメント事件である。社長は従業員に対して，キスをしようとしたり，胸をさわり，抱きついたりしたが拒絶された。社長は従業員に対して会社を辞めてもらいたいと考え，仕事やボーナスを与えず，些細なことからも頻繁に口論になり，その結果従業員を殴打するような事態にも発展し，社長は 9 か月後，「職務上の命令違反」を理由に解雇処分とした。
>
> 判決はセクシュアルハラスメントの認定基準について，「職場において，男子の上司が部下の女性に対し，その地位を利用して女性の意に反する性的言動に出た場合，これが全て違法と評価されるものではなく，その行為の態様，行動者である男性の職務上の地位，年齢，被害女性の年齢，婚姻歴の有無，両者のそれまでの関係，当該行為の行われた場所，その限度の反復・継続性，被害女性の対応等を総合的にみて，それが社会的見地から不相当とされる程度のものである場合には，性的自由ないし性的自己決定権等の人格権を侵害するものとして，違法となる」と判示し，被害者の主観に判断の重点を置きつつも，社会の一般的女性がその行為をセクシュアルハラスメントと判断するか否かという，客観的な基準も考慮すべきであるとしている。

3．個人に対する法的責任

(1) 刑事的責任

セクシュアルハラスメントでは，「性的な言動」が直接身体に及んだ場合，強姦罪（刑法 177 条），強制わいせつ罪（176 条）が成立し，飲酒による酩酊など，抗拒不能の状態を利用して暴行した場合には，準強姦，準強制わいせつ罪（178 条）が成立する。また，これらの行為が長期間継続的かつ執拗に行なわれ，精神的傷害（PTSD など）を生じさせた場合には傷害罪（204 条）が成立する可能性もある。ただし，身体に対する侵害行為は密室で行なわれ，行為自体の存

在や,「意に反する」行為であったかどうかなど,証拠が不十分なことも多く摘発には障壁がある。

なお,直接的な身体に対する暴行行為はなくとも,性的な噂を広めるなどの行為は名誉毀損（230条），侮辱罪（231条）に該当する。

(2) 民事的責任（損害賠償責任）

セクシュアルハラスメントは,性的・身体的自由,名誉毀損など憲法上保障される人格権を侵害し,良好な職場環境で働く権利（労働契約法3,5条）など,法律上保護に値する権利を犯す行為であり,民法上の不法行為（709条）となり,損害賠償の責任を負う（第2節2.（2）参照）。

裁判における民事的責任の追及は,パワーハラスメントにおける訴訟と同様に刑事的責任の有無を前提とせず認められ,その認定要件は刑事的責任に比較すると柔軟である。セクシュアルハラスメントは,刑法犯としての摘発に一層の困難が伴うため,法的責任の追及は,慰謝料を含めた損害賠償請求が中心となっている。

裁判例では,「相手の意に反する不快な性的言動」の存在が証明されれば,その行為に「故意,過失」を認め,悪質性,反復・継続性,被害者の行動などさまざまな点を総合的に判断して（事例7参照），損害賠償（額）の認定を行なっている。

事例 8　福岡セクシュアルハラスメント事件
（福岡地裁判決平4.4.16　判例時報1426号49頁）

雑誌の出版社に勤務する男性編集長が,部下である有能な女性編集者に嫉妬心を抱き「結構遊んでいる,おさかんらしい」「今度は××係長をくわえ込んだ」「ボーイフレンドがたくさんいて,夜の仕事が向いている人」などと,会社内部,取引先関係者に対して2年間にわたって流言した。また,女性編集者に対し,「私生活が派手で,男達とも付き合いが派手なようだ。そのような女性はこの業界に向いていないと思う」などと退職を示唆する発言をするようになった。女性編集者は会社幹部に対して救済を求めたところ,幹部は「お互いで話し合うように」とするのみで有効な対策をせず,女性編集者は退職を余儀なくされた。

判決では，男性編集長の発言は，女性編集者の「個人的な性生活や性向を窺わせる事項について発言を行い，その結果，職場に居づらくさせる状況を作り出し，しかも，この状況の出現について意図していたか，又は少なくとも予見していた場合には」「人格を損なってその感情を害し，働きやすい職場で働く権利を害するもの」であるとして，不法行為の成立を認めている。

4．使用者（企業）の責任

(1) 不法行為責任

　企業は労働者に対して，性的・身体的自由，名誉毀損など憲法上保障される人格権の侵害を防止し，良好な職場環境で働く権利を確保する義務を負う。セクシュアルハラスメントの発生により，これらの権利が侵害された場合，企業自身も損害賠償の責任（民法709条）が生じるのである（第2節3．(1)参照）。

(2) 使用者責任

　セクシュアルハラスメントが，職場における上下関係，もしくは職務に密接に関係する状況下で発生した場合，企業には，職場の環境を良好に保つ義務を怠ったとして民法715条に規定される「使用者責任」（第2節3．(2)参照）が生じる。

　前掲した，「福岡セクシュアルハラスメント事件」は，職場における上下関係を背景として，職務と密接にかかわる条件下で発生している。

　判決は，女性が会社幹部に救済を求めたが適切な対処を怠った結果について，「使用者は，労務遂行に関連して被用者の人格的尊厳を侵し，その労務提供に重大な支障を来す事由が発生することを防ぎ，またはこれに適切に対処して，職場が被用者にとって働きやすい環境を保つよう配慮する注意義務がある」として，企業の使用者責任を認めている。

(3) 債務不履行責任（安全配慮義務違反）

　セクシュアルハラスメントにより，労働者が損害を被った場合，使用者が労働者に対し負う安全配慮義務違反となり，民法415条に規定される「債務不履行責任」が生じる（第2節3．(3)参照）。

> **事例 9** 京都セクハラ（呉服販売会社）事件
> （京都地裁判決平 9.4.17　判例タイムズ 951 号 214 頁，労働判例 716 号 49 頁）
>
> 　職場内の女子更衣室において男性従業員がビデオカメラで「盗撮」を行っていた。代表取締役は，カメラの向きを反対にして撮影を阻止したが，翌日カメラが自主的に撤去されたことから，撮影者の特定は行わなかったが，結果として再度の盗撮を許すこととなった。
> 　会社は男性従業員を懲戒解雇処分としたが，同社専務は，会社の対処方法に不満の意を表明していた女性従業員について，盗撮を行った男性社員と男女関係があったとの噂を流し，その結果同女性従業員は職場に居づらくなり，退職せざるを得なくなった。
> 　判決においては，「女子更衣室でビデオ撮影されていることに気付いたのであるから，何人がビデオ撮影したかなどの真相を解明する努力をして，再び同じことがないようにする義務があったというべきである」と判示して会社側の安全配慮義務違反を認定し，債務不履行に基づく損害賠償を命じている。

第 6 節　モラルハラスメント

　モラルハラスメントとは，フランスの精神科医，マリー＝フランス・イルゴエンヌ（Hirigoyen, M-F.）により提唱された概念で「不当な行為（身振り，言葉，態度，行動）をくり返し，あるいは計画的に行なうことによって，ある人の尊厳を傷つけ，心身に損傷を与え，その人の雇用を危険にさらすことである。また，そういったことを通じて職場全体の雰囲気を悪化させることである」と定義されている（Hirigoyen, 2001 ／高野，2003）。

　わが国においては，パワーハラスメント，セクシュアルハラスメントの基準が次第に明確になり，モラルハラスメントとして扱わなければならない行為は少なくなったと考えられる。

　特に，パワーハラスメントは，行為者間に「職場内の優位性」が存在していることが要件とされ，従来その優位性は上司・部下という「職務上の地位」ととらえられてきた。しかし，先輩・後輩間や同僚間，さらには部下から上司に対して行なわれるいじめ，嫌がらせも発生しており，職場における「人間関係」や「専門知識」など，当事者間におけるさまざまな「優位性」を考慮すること

により，パワーハラスメントの適用範囲を拡大する提言も行なわれている（厚生労働省，2012a）。この提言に従えば，多少大雑把ではあるが，セクシュアルハラスメント以外のハラスメントのほぼすべてが，パワーハラスメントとして対処が可能となる。

仮にモラルハラスメントの定義を「パワーハラスメント，セクシュアルハラスメントに該当しない職場における嫌がらせ」とした場合，個々の嫌がらせの多くは比較的軽微なものと想定される。しかし，軽微な嫌がらせであっても，職場においてくり返し行なわれることにより，労働者が強い精神的ストレスを感じ退職，自殺にいたるケースも想定される。

企業がそのような嫌がらせを見過ごした結果，労働者に損害が生じた場合，パワーハラスメントと同様に，職場環境配慮義務違反，安全配慮義務違反として使用者責任（民法715条），債務不履行責任（415条），損害賠償責任（709条）を負うこととなる。

モラルハラスメントの被害は，軽微な行為がくり返された結果として顕在化するのであり，被害者が訴訟を通じ，損害の回復を求めるにはそれぞれの行為の違法性を明らかにし，結果として損害が生じたことを証明する必要がある。しかし，嫌がらせが軽微であるがゆえ，違法性を客観的に証明する証拠に乏しい場合が多く，相当の困難を伴うことが想定されるのである。

企業としては，他のハラスメント対策と同様に，モラルハラスメントに該当する行為を社内規定などで明確化し，労働者に対して周知徹底させ，必要に応じて注意，懲戒などの対応を怠ることなく，被害の発生を事前に防止するよう努めなければならない。

◆ 引用・参考文献

相原佳子・石井妙子・佐野みゆき（2008）『セクハラ・DVの法律相談』青林書院
中央労働災害防止協会（2005）「パワーハラスメントの実態に関する調査研究報告書」
Hirigoyen, M-F. (1998) *Le Harcèlement Moral*. La Découverte et Syros. 高野 優（訳）(1999)『モラル・ハラスメント―人を傷つけずにはいられない―』紀伊國屋書店
Hirigoyen, M-F. (2001) *Malaise dans le Travail*. La Découverte et Syros. 高野 優（訳）(2003)『モラル・ハラスメントが人も会社もダメにする』紀伊國屋書店
犬伏由子・井上匡子・君塚正臣（編）(2012)『レクチャージェンダー法』法律文化社

金子雅臣（2011）『職場でできるパワハラ解決法』日本評論社
金子雅臣・加城千波（2012）『パワハラなんでも相談』日本評論社
君嶋護男（2010）『パワハラはこうして行われる』女性労働協会
金城清子（2007）『ジェンダーの法律学　第2版』有斐閣
小島妙子（2008）『職場のセクハラ―使用者責任と法―』信山社
厚生労働省（2008）「上司の『いじめ』による精神障害等の業務上外の認定について」平成20年2月6日　基労補発第0206001号
厚生労働省（2009）「心理的負荷による精神障害などに係る業務上外の判断指針について」平成21年4月6日　基労補発第0406001号
厚生労働省（2011a）「精神障害の労災認定の基準に関する専門検討会報告書」
厚生労働省（2011b）「精神障害の労災認定の基準に関する専門検討会セクシュアルハラスメント事案に係る分科会報告書」
厚生労働省（2012a）「職場のいじめ・嫌がらせ問題に関する円卓会議ワーキング・グループ報告」
厚生労働省（2012b）「平成23年度個別労働紛争解決制度施行状況」
厚生労働省都道府県労働局雇用均等室（2011）「職場のセクシュアルハラスメント対策」
水谷英夫（2010）『職場のいじめ・パワハラと法対策　第3版』民事法研究会
岡田泰子（2004）『上司と部下の深いみぞ』紀伊國屋出版
奥山明良（1999）『職場のセクシュアル・ハラスメント』有斐閣
佐久間大輔（2012）『精神疾患・過労死』中央経済社
東京都産業労働局（2011）「職場のいじめ」
辻村みよ子（2008）『ジェンダーと人権』日本評論社
辻村みよ子（2010）『ジェンダーと法　第2版』信山社
山﨑文夫（2004）『セクシュアル・ハラスメントの法理』労働法令
吉川英一郎（2004）『職場におけるセクシュアル・ハラスメント問題』松尾堂出版
財団法人21世紀職業財団（2011）『セクシュアルハラスメント裁判例集』
財団法人21世紀職業財団（2011）『パワーハラスメント裁判例集』

第10章 グローバル化と企業経営

　企業活動のグローバル化は，今もなお急速な進展をみせている。グローバル企業は世界に多数の拠点をもち，各拠点に経営資源をいかに効果的に配分し，グループ全体での最適化を図れるかが焦点となっている。近年，先進国経済が伸び悩む一方で，新興国経済や新興国市場は著しい成長をみせている。グローバル市場が均質化し，企業には先進国や途上国の枠組みにとらわれない即応性や対応力が求められるようになっている。本章では，企業の海外進出の形態や企業経営がグローバル化していく際にみられる理論的側面について検討していくことにする。

第2部　経営戦略・企業と経営

第1節　企業の海外進出と発展段階

1．企業の海外進出とその形態

　企業の海外進出は，海外との取引活動によるものと海外直接投資によるものの大きく2つに分けられる。海外との取引活動には，国際貿易（間接輸出・直接輸出）をはじめ，ライセンシング，フランチャイジングなどがあり，海外直接投資には，完全所有子会社による形態や合弁会社による形態などがある。企業活動がグローバル化する際には海外との取引活動，なかでも国際貿易がその出発点となる。ここでは，企業の海外進出のおもな形態について要約する。

(1) 海外との取引活動
①間接輸出

　企業が海外市場への参入を図る場合，その初期段階で選択するものが間接輸出である。これは海外市場へ輸出を行なった経験のない企業が，輸出業務に精通した商社などの自国の貿易仲介業者を通じて製品輸出を行なうことである。この方法を採用すると，海外市場へ参入するための投資やリスクを最小限に抑えることが可能となる。仮に貿易に関する実務経験が不十分な企業が自力で海外輸出を行なおうとすれば，貿易従事者の養成や現地での販売網の構築などにも資金や時間を投入していかなければならない。このため，輸出の初期段階にある企業や資金的な制約がある企業，中間財や低技術製品など，生産する製品自体が差別化されておらず，輸出後のフォローがあまり必要とされない企業では，間接輸出を選択することが多くなるのである。

②直接輸出

　自国の貿易仲介業者を介さずに自社内に貿易部門を設置し，現地市場には販売会社を設立するなどして，製造業者自らが海外市場への製品輸出を行なうことを直接輸出という。直接輸出では，現地の消費者や取引先と直接接触することができるため，現地市場におけるニーズの把握や企業のプロモーション活動が容易に行なえるというメリットがある。このため，高度な技術を用いて最終消費財を大量生産している企業などでは，直接輸出が選択されることが多くな

るのである。
③ライセンシング
　ライセンシングは，ある企業（ライセンサー）が他の企業（ライセンシー）に対して，一定期間，特許やノウハウ，技術，商標，著作権などの無形資産を提供する契約である。自社製品の製造，販売を他の企業（ライセンシー）が行なうため，新規市場への展開などではコスト，リスク面で有利になる半面，ライセンサーがライセンシーへ，ノウハウ，技術の供与を行なうという点では，ライセンサーのもつ優位性を低下させる可能性もある。
④フランチャイジング
　フランチャイジングは，ある企業（フランチャイザー）が加盟店（フランチャイジー）に対し，商標，商号，ビジネスモデルや経営ノウハウなどをパッケージとして提供する契約である。フランチャイジーによる現地での経営活動には，こまかい規則が設けられ，これを実践する方法がとられるのである。

(2) 海外直接投資

　海外投資は，直接投資と間接投資（証券投資）に分けられる。直接投資は，ある国の企業が他国に研究，生産，販売，サービス拠点などを設置するような場合を指し，経営資源を移転した進出先での経営のコントロールを目的に行なわれる投資である。一方の間接投資は，外国政府債，外国株式，不動産などへの投資であり，資本移動が行なわれるのみで経営の支配権とはかかわりがない。そして，海外直接投資は所有形態の違いから，完全所有子会社と合弁会社に分けることができるのである。
①完全所有子会社
　海外に100％出資の完全子会社を設立する形態である。本国企業の単独進出のため，現地子会社のコントロールが容易に行なえるうえ，海外におけるすべての収益を獲得することができる。しかし一方では，企業設立にかかわるあらゆるコストや市場参入リスクを負担しなければならない形態でもある。
②合弁会社
　進出国の現地パートナー企業と共同出資して現地法人を設立する形態である。現地パートナーを通じた市場参入が可能になるため，現地における市場ニーズ

の把握や商習慣への適応をスムーズに行なうことができるのである。また現地国政府とのつながりが得られるなどのメリットもみられる。

2. 海外直接投資の類型

企業はさまざまな目的を達成するため，企業戦略に応じた海外直接投資を行なっている。ここでは代表的な海外直接投資の類型について取り上げていく。

(1) 輸出志向型

生産された製品を日本や第三国へ輸出することを目的として，外国に部品や完成品の生産拠点を設置することを輸出志向型直接投資という。この型の直接投資は生産コストの削減を目的に行なわれるため，労働コストの削減や部品，原材料などの削減が可能になる地域へ投資が行なわれる。先進国の企業が高い技術を要しない労働集約的な製品生産や製造工程を労働コストの安い発展途上国に移転するのは，このケースにあてはまる。

(2) 市場追求型

現地市場での販売やサービス活動を目的として，投資先国に生産拠点や販売拠点，サービス拠点などを設置することを市場追求型直接投資という。この型の直接投資は，現地市場での製品供給やビジネス活動をスムーズに行なうことが目的とされる。したがって貿易障壁の回避が必要となる企業や消費者ニーズに適合した製品供給を円滑に行ないたい企業が，消費市場での生産活動や販売活動を行なう場合，このタイプの直接投資を行なうことになる。今後成長が見込まれる新興市場への直接投資や小売，ホテル，不動産，金融など，サービス業の直接投資も，その多くはこの型にあてはまる。

(3) 資源追求型

資源追求型直接投資とは，原油や天然ガス，鉄鉱石，木材など，投資国にはない資源を本国へ安定的に供給することを目的として，資源を豊富に有する国に対して行なわれる直接投資のことをいう。資源開発会社や商社などが石油産出国に合弁会社を設立し，輸出拠点や輸送インフラなどを整備するケースがこ

れにあたる。

(4) 戦略資産追求型

戦略資産追求型直接投資は，自社のもつ優位性を強化，維持し，企業の競争力を高めるために行なわれる直接投資である。M＆Aや合弁を通じて自社に不足している技術を投資先国の企業から獲得したり，進出先での新しい市場を開拓することなどが目的となる。高度な研究開発能力や経営ノウハウを獲得するために，主として投資先は先進国となる。

3．グローバル企業の発展段階

海外直接投資を行なえば，企業はグローバル化したといえるのであろうか。「多国籍企業（MNC: multinational corporation）」ということばが，1960年にテネシー渓谷開発公社初代長官であったリリエンソール（Lilienthal, D. E.）によって初めて使われて以来，「多国籍企業」にはさまざまな定義が付され，その解釈も変容してきている。1974年の国連による多国籍企業の定義は包括的なもので，多国籍企業を「本拠のある国以外で生産またはサービスの設備を所有もしくは支配している企業」と規定している。また定量的な基準による定義としては，1973年のハーバード大学多国籍企業プロジェクトによるものがあり，多国籍企業は「雑誌『フォーチュン』誌にリストされた米国鉱工業上位500社に含まれ，親会社の出資比率が25％以上の海外製造子会社を6か国以上に所有している企業で，他社の子会社ではないもの」とされた。

パールミュッター（Perlmutter, H. V.）は，それまでみてきた定義を補うような，より広範囲の基準を取り入れ定義づけを行なった。彼は図10-1にみられるように，構造基準や成果基準といった定量的な基準だけで企業の多国籍化を測るのは不十分であり，定性的な基準となる企業トップの海外事業に対する姿勢を「姿勢基準」として以下のように分類し，企業の多国籍化を測るための指標に組み入れたのである。

①本国志向型（Ethnocentric）：主要な意思決定は本社によって行なわれ，海外子会社は，本社の指示や決定事項に沿って業務を行なう。海外子会社には自由な裁量権は与えられていない。海外子会社は中央集権的に管理さ

第2部 経営戦略・企業と経営

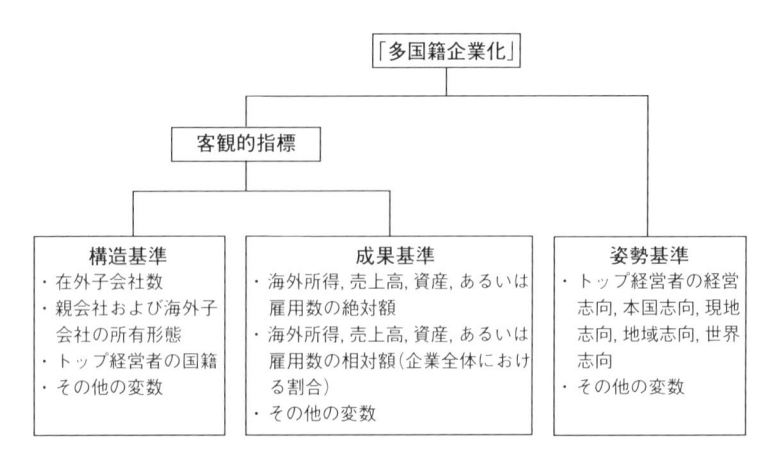

```
                    「多国籍企業化」
                         │
                    ┌────┴────┐
                   客観的指標
                         │
        ┌────────────────┼────────────────┐
      構造基準           成果基準           姿勢基準
    ・在外子会社数    ・海外所得,売上高,   ・トップ経営者の経営
    ・親会社および海外子  資産,あるいは      志向,本国志向,現地
      会社の所有形態    雇用数の絶対額      志向,地域志向,世界
    ・トップ経営者の国籍 ・海外所得,売上高,   志向
    ・その他の変数      資産,あるいは     ・その他の変数
                      雇用数の相対額(企業全体におけ
                      る割合)
                    ・その他の変数
```

図 10-1　多国籍企業化の定義（Heenan & Perlmutter, 1979）

れ，本国中心主義の考え方をもとに運営される。海外子会社の管理者も本社から派遣される。

②現地志向型（Polycentric）：研究開発，財務，全体管理などの重要な意思決定を除いた現地での日常的な業務や一定の意思決定は，海外子会社に任される。現地志向型の管理体制では，現地人が経営の主要ポストに登用される。

③地域志向型（Regiocentric）：一国単位の管理ではなく，アジア，アメリカ，ヨーロッパなどの地域単位ごとに，近隣の国々にある海外子会社を包括しながら管理することが志向される。人材の登用，異動も地域内で行なわれ，生産拠点の選定，マーケティングなどの活動も地域単位ごとの最適化がめざされる。

④世界志向型（Geocentric）：世界の各地域を統合し，グローバルレベルでの管理がめざされる。本社と各地域の子会社とは相互依存的な協調関係にあり，経営資源がグローバルレベルで最適地利用される。人材登用もグローバルレベルで行なわれるほか，重要な意思決定は本社と海外子会社の情報交換のもとに行なわれる。

パールミュッターはこのような企業トップの海外事業に対する経営姿勢を「E-P-R-G プロファイル」とよび，企業が多国籍化していく方向性を図10-2の

第10章　グローバル化と企業経営

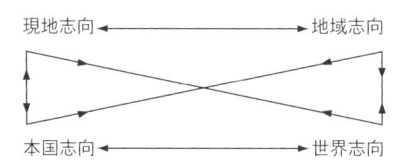

```
現地志向 ←――――――→ 地域志向
        ↘       ↗
         ↗   ↘
本国志向 ←――――――→ 世界志向
```

図 10-2　多国籍化の方向（Heenan & Perlmutter, 1979）

ように表わしている。彼によれば多国籍企業は，本国志向型（E）から現地志向型（P）へと発展し，一部地域では地域志向型（R）に進むものがみられるものの，最終的には世界志向型（G）へと発展し，E→P→Gの順で進化していくものととらえられているのである。

このようにパールミュッターの企業の多国籍化の測定方法では，企業トップの海外事業に対する「姿勢」という定性的な基準が加えられ，定量的基準に定性的基準を加えた，より多面的な視点から企業の多国籍化が分析されたのである。この考え方により，企業の多国籍化に伴う本社，子会社の役割や両者の関係性は，経営者層の姿勢にも少なからず左右されることが改めて理解されることになったのである。

第2節　企業の多国籍化に関する理論

1．ハイマー理論

企業はなぜ直接投資を行なうのであろうか。この疑問について答える概念的枠組みを初めて提供したのがスティーブン・ハイマー（Hymer, S. H.）であった。ハイマーは，1960年に彼によって著わされた博士論文「国民企業の国際的活動」のなかで，投資企業が投資先企業を「支配（control）」しているかどうかという基準のもとで，直接投資と証券投資（portfolio investment）を明確に区別しなくてはならないと主張し，直接投資を初めて資本移動論から分離させ，産業組織論的接近を試みたのである。

それまでにみられた企業の海外投資の根拠は，各国の利潤率の格差によって発生するものと考えられていた。これは，企業の海外進出の本質を説明するも

のではなく，企業が高い利子率を求めて証券投資を行なうという資本移動論を踏まえた考え方であった。これに対しハイマーによって指摘された企業が直接投資を行なう動機は以下のものであった。

　①企業間の競争排除
　②優位性に対する報酬の掌握
　③多様性の確保

　企業が海外進出を行なう本質的な理由については，彼は特に企業のもつ優位性に着目し理論を展開している。この理論では，企業が直接投資を行なう場合，投資を行なう企業は現地の企業に対してさまざまな点で不利な状況に立たされているのであって，劣位な状況を上回る優位性を保有しなければならないと考えられている。企業が海外へ進出すると，現地の商習慣に関する情報や消費者情報の不足，現地政府や，消費者，企業などからの差別的扱いといった困難に直面する可能性が大きい。こうした劣位性を上回る優位性が，直接投資の際には必要だというのである。また進出企業がもつ優位性は，国外に移転された後でも十分に発揮され，ここから得られる報酬も完全に掌握されることが重要である。これらの点からも経営の支配権が確保される直接投資が行なわれると考えられたのである。

　ハイマーはこの優位性の源泉を，ベイン（Bain, J. S.）の産業組織論から援用している。それによれば，企業が現地での優位性を達成するために必要な要件は次のようになる。

　①生産要素入手のための特権的アクセスがある場合
　②より優れた流通力がある場合
　③生産技術に対して独占的優位がある場合
　④差別化商品をつくっている場合

　しかしこうした優位性も，ライセンシングのような方法で市場取引すると，市場の不完全性ゆえに，いくつかの問題点が生じると考えられている。直接投資は，以下にみられる市場の不完全性を回避するためにも行なわれるのである。

　①企業間に相互作用が働くと，分権的意思決定にまかせていては結合利潤の
　　最大化が実現されない。
　②不確実性があるために，売り手と買い手の間で優位性の評価について食い

違いが生じる。

③類似的革新や模倣を通じて優位性そのものが失われる危険が高い。

このハイマーの理論は，市場の不完全性と直接投資を結びつけ，企業の海外進出の際に直接投資が選好される理由を，初めて明らかにした点で評価されるものであった。

2．内部化理論

1960年代の直接投資の理論は，ハイマーやキンドルバーガー（Kindleberger, C. P.）による独占的優位性や市場の不完全性に着目する産業組織論的アプローチが主流であった。産業組織論は，圧倒的な優位性が与件とされていたアメリカ企業によるヨーロッパへの投資行動を対象として確立した理論であったが，70年代後半以降になると内部化の議論へと発展する。内部化理論はイギリスのレディング学派によるものであり，それまでの直接投資理論を精緻化するなかで生み出された理論であった。当時のアメリカ企業の企業特殊的な優位性は世界最高水準であり，この優位性を効率的に利用しながら，その利益を専有するための海外市場参入方式として考え出されたのである。

内部化（internalization）とは，企業が保有する情報，技術，製品などを他の企業に外部市場を通じて貸与，販売するのではなく，市場にかわる取引の場を企業内部に自ら創り出す行為を指すものである。つまり，企業が市場で，ある種の取引活動を行なうと，市場不完全性に起因した情報収集や，契約のためのさまざまなコストがかかってしまう。市場を通じた取引よりも，本社と海外子会社との間，もしくは海外子会社間どうしの企業内取引を行なうほうが，費用削減の点からも効率的と判断する際，企業は取引活動の内部化を行なうというのである。

バックレー（Buckley, P. J.）とカソン（Casson, M.）は多国籍企業の経営組織における生産を中心とする諸活動と製品生産の流れを分析し，中間財市場の不備を内部化の要因であると主張した。企業の生産活動は，複数の段階から構成され，各段階は半製品の流れによって結合されているが，その過程には，生産活動のほかマーケティングやR＆D（研究開発）活動が含まれている。こうした半製品やマーケティング，研究開発活動の中から発生する知識や情報

は，中間生産物と見なされる。一般に企業は，利益の極大化を狙いながら市場での財の移転を行なおうとするが，こうした中間財における市場は初めから不完全性をもっているため，多国籍企業は外部市場でこれらを移転させず，企業組織の中で内部市場を創出することで不本意な知識や技術の流出を防ぎ，資源配分の費用効率性を改善するのだという。

　内部化理論に依拠しながら，企業多国籍化の動態的視点といえる外国市場参入モデルの提示を試みたラグマン（Rugman, A. M.）によれば，企業のもつ独自の優位性が他社に模倣されることにより，消散コストが発生するのであり，消散コストの削減が内部化のメリットの１つであるとする。ラグマンによれば，市場を介したライセンシング取引による消散コストは，新しい技術段階で最も大きく，伝播，普及するにつれ減少するという。このため，市場に不完全性が存在し，多国籍企業の企業特殊的知識優位（広義に知識・技術・経営スキルなどを含む）が強い場合，ライセンシングではなく直接投資が行なわれるとされている。なぜなら，対外直接投資によって，多国籍企業が保持する知識優位が世界的規模で拡散するのを監督できるからであり，対外直接投資の誘引が低下するのは，製品が標準化の傾向をもつときだからなのである。このため，ラグマンの内部化アプローチでは，消散コストの大きさを製品ライフサイクルとの関連で，動態的に把握ができるものと考えられるのである。

　ダニング（Dunning, J. H.）は，これまでの理論的アプローチを総括し，「国際生産の折衷理論（eclectic theory of international production）」を展開した。彼は多国籍企業の国際生産は所有特殊的優位（ownership specific advantage），立地特殊的優位（location specific advantage），内部化優位（internalization advantage），のすべての条件が揃うときに進展をみせると主張する。まず必要とされるのが所有特殊的優位であり，それは企業が受入国へ単独進出するためには，進出企業は現地企業に比べ，国際生産に必要なコストを相殺できるだけの優れた資産とスキルをもたなければならないと考えられるからである。企業の所有特殊的優位は，企業規模，経営技術，マーケティング技術，生産技術，資金調達力，情報収集力などを指すという。こうした企業に備わる優位性は，進出国における不利な条件を克服し進出国の競争相手と戦うためには不可欠な要素となるのである。次に内部化優位とは，技術優位の確保や，取引や情報に

関する高価なコスト，買い手不確実性などの外部市場の失敗を回避するための決定因であると考えられる。これは企業のもつ所有特殊的優位を市場取引で売却するよりも，企業組織内で取引し，取引市場を内部化するほうが優位である状態を指している。また立地特殊的優位は，現地の市場規模や成長性，低廉な労働力や現地政府の優遇策等である。企業は，自社のもつ優位性を活用できる場所についても，グローバルレベルで考慮しながら直接投資を行なうか否かについての決定を行なうのである。内部化優位の有無は，直接投資かライセンス供与かを決定する要因として，また立地特殊的優位の有無は，直接投資か輸出かを決定する要因として大きな役割を果たすと考えられているが，こうしたダニングの理論構成は，ハイマーにみられる優位性命題や，市場にかわって企業組織における取引が選択されるのはなぜかを考える取引費用の理論，立地による生産要素賦存状態の違いを分析したヘクシャー＝オリーン・モデルなどの諸理論を統合，折衷したものと考えられている。このような，多国籍企業の国際生産を総合的に考察，理論化しようとする試みは，その後の研究者に対しても，一定のフレームワークを提供することになるのである。

3. 製品ライフサイクル理論

　バーノン（Vernon, R.）は，製品ライフサイクル理論で企業の海外展開を説明する。彼は，技術格差が導く製品の生産立地について，米国を基点とし，米国から他の先進国，そしてその後は発展途上国へと，しだいに生産拠点が移転する国際的な分業パターンを示したのである。

　製品ライフサイクルとは，製品には人と同じように一生があり，市場への導入期，成長期，成熟期，衰退期の各ステージを辿るという考え方である。この概念をもとにバーノンは，製品が新製品から成熟製品へ，そして，標準製品へと進むにつれ，生産立地と貿易パターンに変化が生じ，企業の国際化に影響が及ぼされることを明確に示したのである。この理論では，以下のような段階を経て，国際分業が進行すると考えられている（図10-3）。

　①米国で新製品が開発され，生産が始まる。まず国内市場で販売され，国内に製品が行きわたると欧州へ輸出される。②生産技術がしだいに平準化し，米国以外の先進国でも生産が開始される。③先進国で製品は成熟期を迎え，発展

第2部　経営戦略・企業と経営

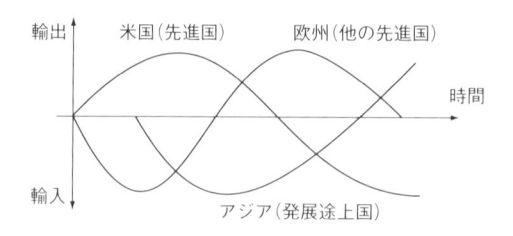

図10-3　国際プロダクト・サイクル（柴田・中橋，2003）

途上国への輸出が開始される。その後，発展途上国でも製品生産が開始されるようになる。④米国は国内生産を中止し，価格の安い製品を他の先進国，あるいは発展途上国から輸入し始める。

この理論は，米国が世界で最も進んだ先進国であるという立場で考えられた，1960年代の理論であるため，現在の国際経営を必ずしも反映したものになっていない。近年においては，各国間の技術格差と製品ライフサイクルという時間の経過が，必ずしも生産拠点の移転とは結びついておらず，研究開発や部品調達，生産，販売にいたる，グローバルな最適化をねらった直接投資や経営戦略が行なわれる傾向が強まっている。また，製品ライフサイクルの短縮化により，その各段階が明確さを失いつつあるうえ，あくまでも米国を頂点とした理論展開であるため，他の先進国や発展途上国の多国籍化を上手く説明することができないのである。

しかしながら，本節でみてきた企業の多国籍化に関する理論によって，経営資源をなぜ国外へ展開していくのかという問題に対し，一定の根拠が見いだされたのは事実であり，こうした理論的妥当性がその後の国際経営に関する研究の精緻化にも，大いに役立てられたのである。

第3節　グローバル企業の組織形態

企業活動のグローバル化に伴い，その組織構造は変化する。ストップフォード（Stopford, J. M.）とウェルズ（Wells, L. T.）は，フォーチュン誌「世界500社番付」にリストされた米国の多国籍企業を分析し，多国籍企業はその海

第10章 グローバル化と企業経営

```
                世界的製品別
                事業部制            グローバル・
海                                  マトリックス
外
製               発展の
品               選択肢
多
角
化
の
程
度            国際事業部        地域別
                                事業部制

                海外売上高（対売上高総額比率％）
```

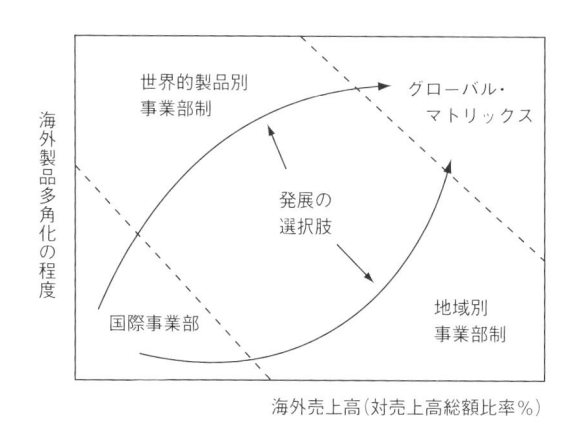

図 10-4 ストップフォードとウェルズのモデル (Stopford & Wells, 1972)

外進出の段階や戦略に応じて、異なった組織構造を採用すると考えたのである。彼らによれば、企業の海外進出の初期段階はフェーズ 1 とされ、海外に自立的子会社を有する段階であるとされている。次のフェーズ 2 は、海外子会社間の調整を図るために国際事業部が設立される段階であり、フェーズ 3 は、本社での戦略策定や計画立案のもと、グローバルな視点に立って全社的な組織運営が開始される段階であると考えられている。この段階では、企業の組織構造は主として 2 つのルートに分かれるものとされている。その 1 つは、製品多角化を追求する世界的製品別事業部制を採用する企業と、製品の多角化率は低いものの海外での売上げを追求する地域別事業部制を採用する企業である。

さらに次の段階として現われるのが、グローバル・マトリックスといわれる組織構造である。この組織は、世界的製品別事業部制により製品多角化を追求していた企業が、海外での売上比率もさらに高めたい場合や、地域別事業部制により海外売上を伸ばしてきた企業が、製品多角化も併せて進めていく場合に選好する組織構造である。本節では、ストップフォードとウェルズによる国際事業部制組織、製品別事業部制組織、地域別事業部制組織、グローバル・マトリックス組織のそれぞれの組織構造についてみていくことにする。

第2部　経営戦略・企業と経営

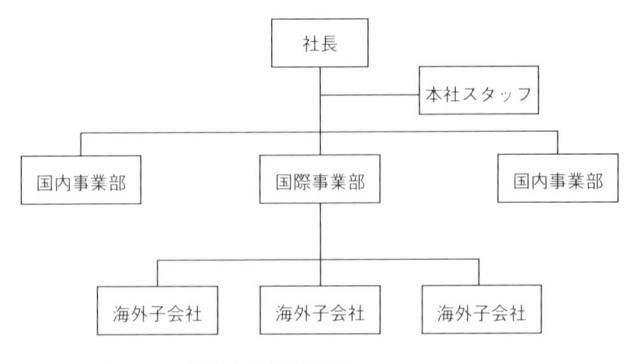

```
                    社長
                     |
                     |─── 本社スタッフ
         ┌───────────┼───────────┐
      国内事業部    国際事業部    国内事業部
                     |
          ┌──────────┼──────────┐
       海外子会社  海外子会社  海外子会社
```

図10-5　国際事業部制組織（宮脇・深見，2008）

1. 国際事業部制組織

　企業が国際化していく初期の段階では，国際事業部は国内事業部と同列にあり，人材や資金，技術，ノウハウなどの経営資源は，国内事業部で使用されるものと同様のものを利用するのが一般的である（図10-5）。国際事業部制組織は，1つの事業部のみで，すべての海外子会社を運営，管理しているが，場合によってはその下に，米国や欧州，アジアといった，地域別の統括組織を設置して，地域別に子会社を管理する場合もある。この組織形態では，国際事業部に海外事業を集約できるため，海外子会社を効率的に管理したり，専門の管理者を育成することも可能になる。しかし，海外事業が拡大していくと国際事業部に過度の負担がかかるため，多角化などの戦略により製品分野が増加していく場面では，次の製品別事業部制組織へと移行がみられるようになる。

2. 製品別事業部制組織

　製品別事業部制組織では，製品分野別に事業部が設置され，各事業部は，担当する製品分野について，グローバルな事業活動を一元的に運営，管理するというものである。したがってこの組織形態では，製品分野別に，国内での事業活動も，海外での事業活動も1つの事業部の統制下に置かれる体制がとられる（図10-6）。

　製品別事業部制組織の特徴は，製品分野別の事業部体制であるため，地域の枠組みを超えたグローバルレベルでの戦略策定や，資源配分の効率化が可能に

第 10 章 グローバル化と企業経営

```
                    社長
                     |
                     +――― 本社スタッフ
                     |
       +─────────────┼─────────────+
       |             |             |
   A製品事業部    B製品事業部    C製品事業部
                     |
       +──────┬──────┼──────┬──────+
       |      |      |      |
    国内事業 海外子会社 海外子会社 海外子会社
```

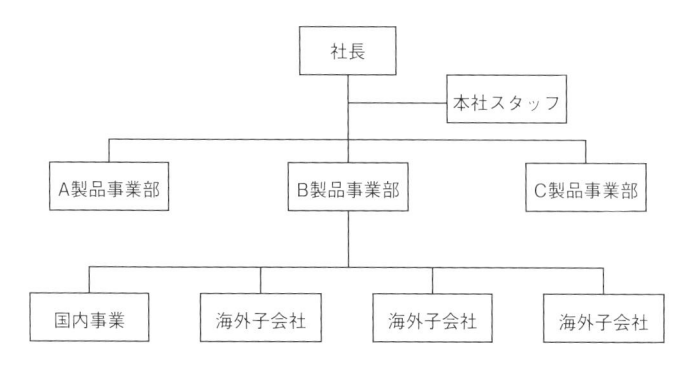

図 10-6　製品別事業部制組織（宮脇・深見, 2008）

なることである。企業が生産する製品にはそれぞれ特性があり，技術集約的製品と労働集約的な低技術の製品では，調達活動や生産，販売の仕方も異なってくるため，製品別に事業活動が行なえることは，企業活動の効率性から見ても非常に効果が高いのである。たとえば，技術集約的な製品の部品の調達は，高い技術をもった国内の子会社から行なわれるかもしれないが，一方で，低技術の製品では，調達活動は，コストの安い海外の企業から行なわれるかもしれない。また，販売経路や販売後サービスも製品の特性によって，異なった方法で行なわれる可能性が高くなるのである。製品別事業部では，1つの製品分野の，原料調達から生産，販売，顧客サービスにいたるすべての供給連鎖活動について，グローバルなコントロールが可能になる。しかしながら，上記のような効果が得られるのは，製品が明らかに違った特性を有する場合であると考えられる。製品別事業部の下には，生産や販売，研究開発といった一揃えの職能部門が配置されているため，製品別の特性が不明瞭であった場合，全社的には，それぞれの事業部に，同じような研究拠点や，工場施設，調達経路を構築することになり，投資効率が悪化する場合が考えられるからである。また，地域内における問題解決のための調整も，製品別に分けられた事業部の利益を優先するあまり，図りにくくなる。このような点が，製品別事業部制組織で指摘されるマイナス面である。

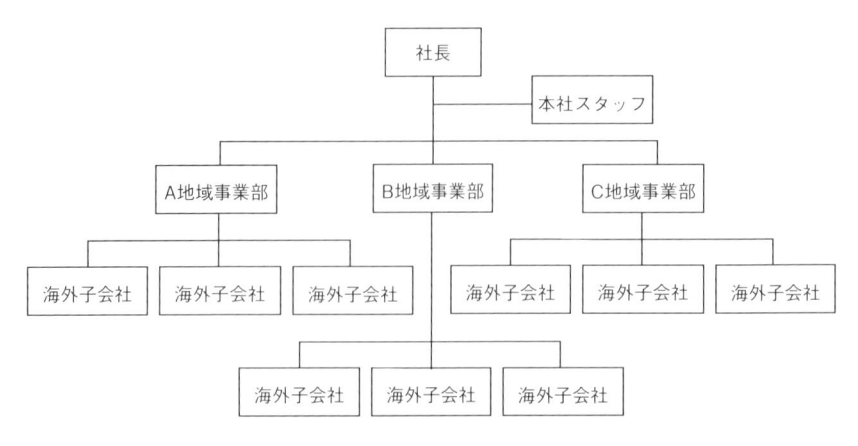

図 10-7 地域別事業部制組織（宮脇・深見, 2008）

3. 地域別事業部制組織

　地域別事業部制組織は，海外での事業活動を地域ごとに分割し，分割されたそれぞれの市場に配慮していこうとする組織形態である（図10-7）。したがって親会社のある本国も地域別事業部の一地域に属していることになる。各事業部は基本的に自社が生産するすべての製品分野を取り扱い，地域内の事業活動全般について，管理，運営を行なっていくのである。この組織形態では，各地域の市場特性を生産活動に反映させることが容易になるため，自社のもつ製品が市場によって大きな変更を余儀なくさせる企業や，現地の規制や商習慣などに頻繁に対応しなければならない企業で採用される傾向が強い。また，もともと取り扱う品目が少ない専業型の企業では，各地域のマーケティング活動に重点を置くため，この組織形態を構築する場合が多い。

　現地市場における対応力や迅速性という点では有効な組織である一方，地域別に事業が運営されるため，地域ごとに，生産拠点や研究拠点，流通，販売拠点などがつくられ，グローバル規模での資源の移転が困難になるというマイナス面も併せもっている。

4. グローバル・マトリックス組織

　図 10-8 にみられるようにグローバル・マトリックス組織は，製品別事業部

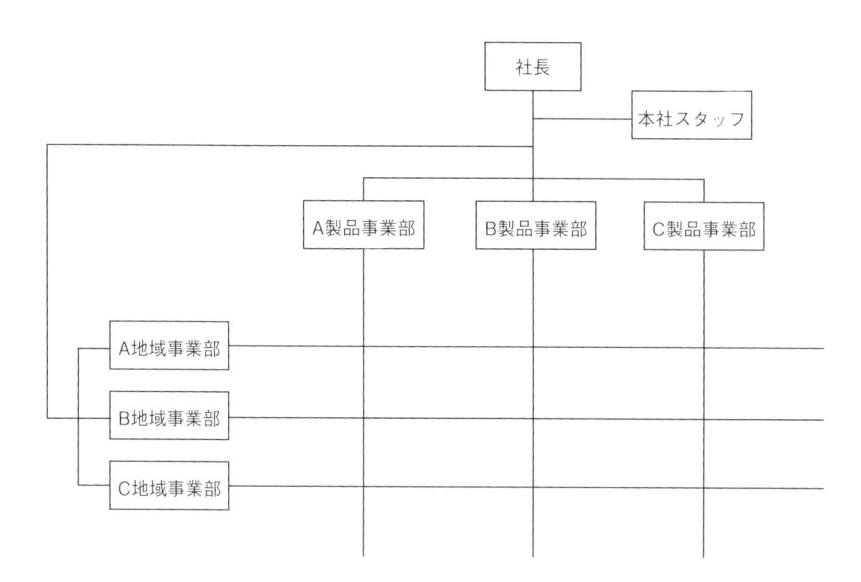

第10章　グローバル化と企業経営

図10-8　グローバル・マトリックス組織（宮脇・深見，2008）

と地域別事業部の2つの軸を併せもつ組織形態である。この組織形態では，社員は製品別事業部の管理者と地域別事業部の管理者の2名の管理者のもとに置かれ，複数の指示に従事することになる。これを家電メーカーにたとえると，製品別事業部は，テレビ事業部，パソコン事業部，半導体事業部などであり，地域別事業部は，米国，欧州，アジアなどの地域を統括する事業部となる。このため社員は，パソコン事業部と米国事業部，テレビ事業部とアジア事業部といった2つの部門に所属し，指示を仰ぐことになるのである。マトリックス組織は本来，両者のデメリットを相殺しながら，メリットを最大限に引き出そうとする目的で考え出された組織形態である。たとえば，製品別事業部のみで経営資源の効率的利用を考えるだけではなく，地域内での異なった事業部間で，経営資源の共同利用を実現したい場合であるとか，地域別のみの経営資源の展開を図るだけでなく，グローバルな展開を行ないたい企業にとって，グローバル・マトリックス組織は理想的な組織形態であると思われたのである。しかし，複数の命令系統をもつことによる指示内容の矛盾や責任の曖昧さが目立つようになり，組織の調整コストが増大するようになったのである。また，両事業部

の意見が衝突すると，業務の決定事項も迅速に下せなくなってしまった。このようななか，2つの命令系統への報告とこれらの報告をもとにした組織的調整が行なわれるようになったものの，実際の運用では，うまく機能しないことも多い組織形態だったのである。

第4節 バートレットとゴシャールによる企業組織の分析

世界各地でグローバルな企業活動が進展をみせ始めると，本社と海外子会社との関係性もより複雑化し，世界中に配置された海外拠点間の調整をいかに行ない競争力を高めるべきかが多国籍企業の課題となってきた。バートレット（Bartlett, C. A.）とゴシャール（Ghoshal, S.）は，欧州，日本，米国の多国籍企業を分析し，マルチナショナル企業，グローバル企業，インターナショナル企業という3つの組織形態を提示したうえで，これら3組織の強みを兼ね備えた理念型としてのトランスナショナル企業をあげている。そしてこれらの組織形態にみられる特徴は，以下のようなものであるという。

1．マルチナショナル企業

欧州企業に多くみられる形態といわれる。進出国の経営手法や市場ニーズなどに適応する戦略をとる。したがって，経営資源や能力の多くを現地に分散させ，現地の海外子会社は自立的に運営されることになる。また海外子会社には知識の開発やそれを保有する権限も与えられている。

2．グローバル企業

日本企業に多くみられる形態といわれる。経営資源や能力の多くを本国本社に集中させ，海外子会社は本社の戦略に従って行動する。標準化された製品を大量生産する場合など，グローバルな効率性の追求には適した形態であると考えられるが，海外子会社には知識の開発や保有といった権限が与えられていない。

3. インターナショナル企業

　米国企業に多くみられる形態といわれる。本社がもつ経営管理の手法やノウハウなどを海外子会社に分散させ，本社の能力を世界的に活用する。マルチナショナル企業やグローバル企業に比べ，現地への適応やグローバルな効率性の追求という点ではその能力は低くなるが，本社，子会社間での学習という面では優れた形態であると考えられている。

4. トランスナショナル企業

　トランスナショナル企業は本社，海外子会社にかかわらず，独立した複数の事業単位間で経営資源や能力などを相互依存的に交換しながら，事業単位ごとに戦略策定と責任の分担が行なわれ，企業グループ全体で機能を発揮させる形態である。したがって獲得された知識，情報，ノウハウ，技術などの管理と分配も企業全体で実行される。たとえば基本的な部品を標準化しその他の部分は市場特性に合わせた特徴をもたせる製品生産を行ないたい場合，本社が効率化を追求するための標準化の役割を果たし，現地の海外子会社が現地市場への適応化の役割を果たすなど，事業単位それぞれが自立的役割を担うのである。また近年において，製品開発能力が企業の競争優位のために重要な戦略と位置づけられていくなかで，トランスナショナル企業の知識管理は，研究開発能力を本社か現地かのどちらかに集中させる方法をとるのではなく，本社や，海外子会社の情報の共有，蓄積によって，企業グループ全体でこれら情報をわかち合い，世界的な解決を図ろうとするのである。つまり，トランスナショナル組織は，各海外子会社の役割と責任の分化により，企業グループ内の複数のイノベーションやさまざまな資源を，統合ネットワークによって同時に管理し，相互補完的に複数の目標達成を可能にする組織システムといえるものであり，本社，海外子会社のそれぞれの能力に応じて相互に関連性をもつネットワークの形成が，企業競争力へ繋がることを示唆したものなのである。

　このようにトランスナショナル企業は，マルチナショナル企業の適応性，グローバル企業の効率性，インターナショナル企業の学習力を併せもつ形態であると考えられる。マルチナショナル企業にも，グローバル企業にも，インターナショナル企業にも，それぞれ長所，短所があることが明らかになっており，

欧州，米国，日本の企業がそのモデルとなっている。トランスナショナル企業はこれらすべての長所を備えた組織形態であることから，実際にいくつもの実例が存在する形態であるというよりはむしろ，ネットワーク型組織を志向する多くのグローバル企業にとって，より理想型に近い組織形態を示しているものと考えられるであろう。

マルチナショナル型組織モデル

権力分散型連合体
多くの重要な資源，責任，意思決定権が分散している

人的管理
単純な財務統制の上に成り立つ，非公式な本社と子会社の関係

マルチナショナル経営精神
経営者側は海外での事業を独立した事業体の集合と見なしている

インターナショナル型組織モデル

管理的統制
公式的な経営計画と管理体制によって本社と子会社は密接に結びついている

調整型連合体
多くの能力や権限，意思決定権は分散しているが本社の管理を受ける

インターナショナル経営精神
経営者側は海外での事業を本社の付属であると見なしている

グローバル組織モデル

集中中枢
能力，権限，意思決定権の大部分が中央に集中している

業務コントロール
意思決定，情報に関する中央の厳しい統制

グローバル経営精神
経営者側は海外での事業をグローバル市場への配送パイプラインと見なしている

統合ネットワーク

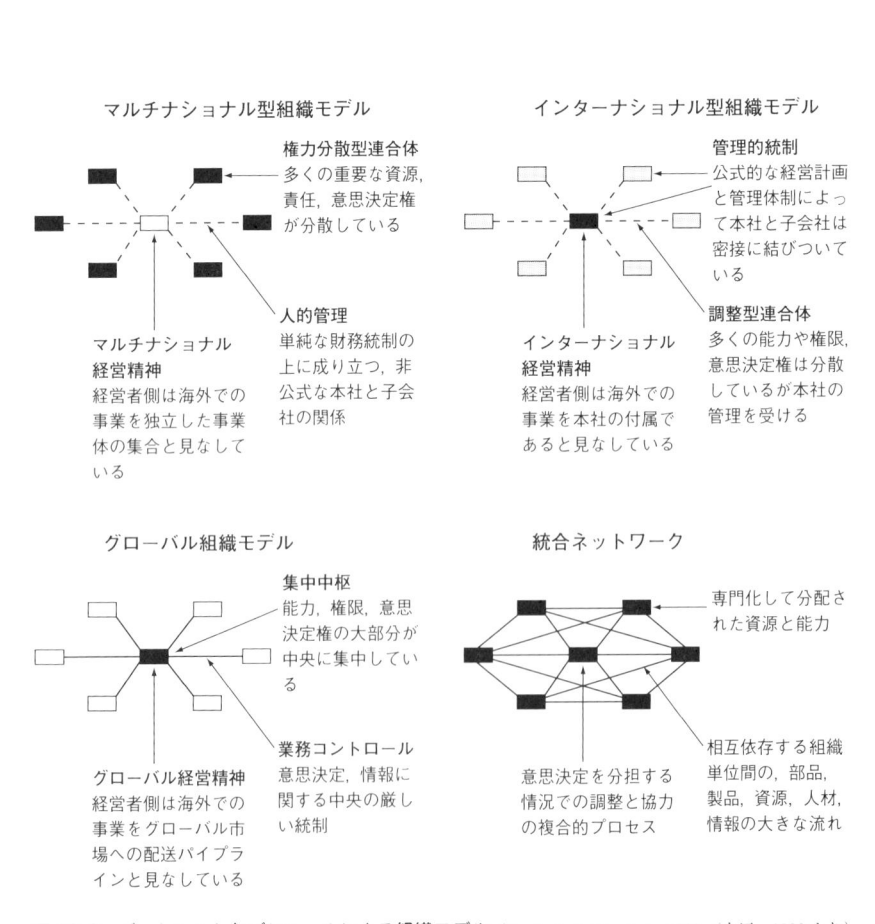

専門化して分配された資源と能力

相互依存する組織単位間の，部品，製品，資源，人材，情報の大きな流れ

意思決定を分担する情況での調整と協力の複合的プロセス

図10-9　バートレットとゴシャールによる組織モデル（Bartlett & Ghoshal, 1989／吉原, 1990より）

第10章 グローバル化と企業経営

◆ 引用・参考文献 ……………………………………………………………

浅川和宏（2003）『グローバル経営入門』日本経済新聞社
Bartlett, C. A., & Ghoshal, S. (1989) *Managing Across Borders: The Transnational Solution.* Harvard Business School Press. 吉原英樹（監訳）（1990）『地球市場時代の企業戦略』日本経済新聞社
Buckley, P. J., & Casson, M. (1991) *The Future of the Multinational Enterprise.* 2nd ed. London: Macmillan. 清水隆雄（訳）（1993）『多国籍企業の将来』文眞堂
Chandler, Jr. A. D. (1962) *Strategy and Structure.* MIT Press. 三菱経済研究所（訳）（1967）『経営戦略と組織』実業之日本社
Dunning, J. H. (1979) Explaining Changing Patterns of International Production: in Defense of the Eclectic Theory. *Oxford Bulletin of Economics and Statistics,* 41 (4), 269-295.
江夏健一・米澤聡士（2004）『ワークブック国際ビジネス 第3版』文眞堂
Heenan, D. A., & Perlmutter, H. V. (1979) *Multinational Organization Development.* Addison-Wesley. 江夏健一・奥村皓一（監修）（1990）『グローバル組織開発』文眞堂
Hymer, S. H. (1960) The International Operations of National Firms: A Study of Direct Investment. Doctoral Dissertation, MIT. published in 1976. Cambridge, MA: MIT Press. 宮崎義一（訳）（1979）『多国籍企業論』岩波書店
Kindleberger, C. P. (1969) *American Business Abroad: Six Lectures on Direct Investment.* Yale University Press. 小沼 敏（監訳）（1970）『国際化経済の論理』ぺりかん社
宮脇敏哉・深見 環（2008）『企業経営の基礎』東京経済情報出版
Rugman, A. M. (1981) *Inside the Multinationals.* New York: Columbia University Press. 江夏健一・有沢孝義・中島 潤・藤沢武史（訳）（1983）『多国籍企業と内部化理論』ミネルヴァ書房
柴田悟一・中橋國藏（編著）（2003）『新版 経営管理の理論と実際』東京経済情報出版
Stopford, J. M., & Wells, L. T. (1972) *Managing the Multinational Enterprise: Organization of the Firms and Ownership of the Subsidiaries.* Basic Books. 山崎 清（訳）（1976）『多国籍企業の組織と所有政策』ダイヤモンド社
Vernon, R. (1971) *Sovereignty at Bay, the Multinational Spread of U.S. Enterprises.* Basic Books. 霍見芳浩（訳）（1973）『多国籍企業の新展開―追いつめられる国家主権―』ダイヤモンド社
Vernon, R. (1996) International Investment and International Trade in the Product Cycle. *Quarterly Journal of Economics,* 80, 190-207.

第11章 異文化経営とコミュニケーション

　日本企業はこれまで，良質な製品を低コストで生産し，市場の整備された先進国やアジア地域の新興国などに販売するケースが多かった。しかしながら，近年における成長市場は，こうした狭い範囲の国々におさまるものではなく，世界各地に新興市場が現われ，そのプレゼンスは急速に高まっている。このようなグローバル市場の変化に対応するために不可欠な要素となるのが各国文化に対応し，グローバルな事業活動をコントロールできる人材の育成とその活用であると考えられる。

　本章では，各国市場への対応を迫られる企業にとって，求められる組織運営のあり方とはいかなるものなのかについて，異文化下における人的コミュニケーションの問題も取り上げながら検討していくことにする。

第1節　価値連鎖の配置と調整

　企業が世界の各国に多数の拠点を設置し，グローバルレベルでの事業活動を行なうようになると，企業の行なう業務プロセスの各国への配置と，それら諸活動の調整という問題が取り上げられるようになった。ポーター（Porter, M. E.）はこの問題について，価値連鎖（バリューチェーン）の概念を用いて議論を深めている。

　そもそも価値連鎖は，企業が競争優位を生み出すための源泉はどこに存在するのか，企業が価値を生み出すプロセスはいかなるものかを，企業活動のつながりとして明らかにするものである。価値連鎖によれば，企業活動は2つの価値活動に分けられ，その一方が主活動（プライマリー）であり，もう一方が支援活動（サポート）であるとされている。主活動は，図11-1に示される通り，購買物流，製造，出荷物流，販売とマーケティング，販売後サービスに分けられる。購買物流は，原材料や部品を購入し，工場まで運び入れる活動をさし，原材料や部品を製品に仕上げる製造へと進んでいく。その先には製品を配送する出荷物流や販売先を開拓するマーケティングなどがあり，製品が販売された後には，顧客に対する販売後サービスが実施されるというつながりがみてとれる。一方の支援活動は，全般管理，人事・労務管理，技術開発，調達活動から構成され，これらは主として本社が行なうサポート業務となる。企業は，このように分割されたそれぞれの活動の配置と調整を考え，全プロセスの効率性を

図 11-1　価値連鎖（Porter, 1986／土岐ら, 1989）

第11章 異文化経営とコミュニケーション

図らなければならないのである。

ここで中国に進出した日本企業の価値連鎖の配置を考えてみよう（図11-2）。この場合次のような配置が考えられる。支援活動のうち，本社の役割が重要な全般管理は日本の本社で行ない，人事・労務管理は，現地従業員の管理の視点から日本の本社と中国で役割分担しながら行なうことが考えられる。技術開発は技術力の優位な日本国内で行ない，部品などの調達活動は日本の本社が指示を出しながら，調達拠点である日本，タイ，中国から行なうであろう。次に主活動であるが，購買物流は，調達拠点のある日本，タイ，中国からとなり，製造は生産コストの点からも進出国の中国で行なうことになるであろう。出荷物流は生産国の中国に拠点を置き，販売とマーケティング，販売後サービスは，販売拠点である日本，米国，ドイツで行なうことになる。

しかしながら，こうした企業の活動の配置も企業の戦略によって異なることが指摘されている。ポーターは，企業の海外事業に対する戦略には，グローバル戦略とマルチドメスティック戦略があることを指摘しており，この2つの戦略の違いは，価値連鎖の各活動の配置にも影響を及ぼすと考えているのである。企業がグローバル戦略をとった場合，世界市場を単一的にとらえ，標準化された製品の世界規模での拡販を狙うため，価値連鎖の各活動の配置も，上記の事例のような，それぞれの活動の内容に応じた世界各国への最適地配置を行なう

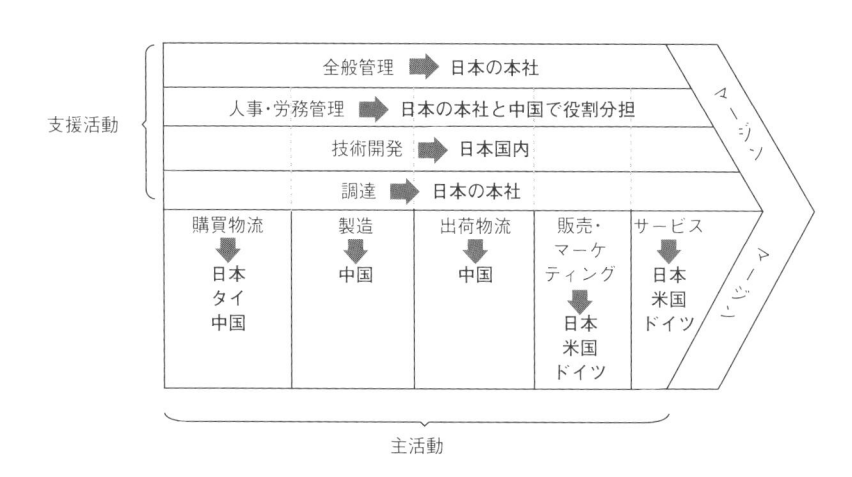

図11-2 価値連鎖の国際的配置の例 (Porter, 1986／土岐ら, 1989より作成)

ことになるのである。一方企業がマルチドメスティック戦略をとる場合，各国市場の違いに着目した現地適応化の戦略をとるため，価値連鎖の活動の多くが各国内に配置されることになる。この戦略では企業は特定国での優位性を確保するための現地市場への適応と，現地での競合他社との熾烈な競争に対処しなければならないため，効率性よりも対応力に重点を置かなければならないのである。その際，販売・マーケティングや販売後サービスの分野だけではなく，製造や購買物流，出荷物流，技術開発や人事・労務管理など，価値連鎖の多岐にわたる活動において，資源の現地への集中が進むと考えられるのである。

　ポーターはまた，活動の調整（高・低）と配置（分散型・集中型）の組み合わせにより，企業の国際戦略のタイプが異なることを示している。図11-3はこの違いを示したものだが右上にみられる活動の配置が集中型で活動の調整が高い「単純なグローバル戦略」は，価値連鎖内の活動の多くを一国に集中的に配置し，グローバルな効率化を目的として高度な調整を図ろうとする戦略である。この戦略では中央集権的な意思決定が行なわれ，本社の指示のもとで企業の国際化が進められる。右下の，活動の配置が集中型で活動の調整が低い「マーケティングを分権化した輸出中心戦略」は，価値連鎖の活動の中でも，マーケティング分野を現地に分権化することで，市場ニーズに適合した製品供給を行ないやすくし，これによって活動の調整度合いも低く抑えることを可能に

活動の調整	分散型	集中型
高	海外投資額が大きく，各国子会社に強い調整を行なう	単純なグローバル戦略
低	多国籍企業（MNC），または1つの国だけで操業するドメスティック企業による国を中心とした戦略	マーケティングを分権化した輸出中心戦略

活動の配置

図11-3　配置と調整　(Porter, 1986／土岐ら, 1989)

する戦略である。左下の，活動の配置が分散型で活動の調整が低い「多国籍企業，または1つの国だけで操業するドメスティック企業による国を中心とした戦略」は，価値連鎖の活動のほとんどが国ごとに分散され，国をまたいだ活動の調整もほぼ行なわれないという戦略である。左上の，活動の配置が分散型で活動の調整が高い「海外投資額が大きく，各国子会社に強い調整を行なう」戦略は，価値連鎖の活動をグローバルに分散しながら各活動の調整も高度に行なうという戦略である。今後企業のグローバル化が進展すると，特殊な場面を除き，分散が進み，価値連鎖内の活動の調整がより重要性を増すものと考えられている。ポーターもまた，図の左上に位置づけられる分散型・調整高の戦略が，今後みられる企業の国際戦略の方向性であると示唆している。

第2節　グローバル企業の機能と類型

1．グローバル統合とローカル適応

　これまでの議論からもうかがわれるように，グローバル企業は，本社への集権化か，あるいは海外子会社への分権化かの，どちらかの選択を迫られることが多かった。規模の経済性や効率性を追求するため，経営資源のグローバルな最適地利用をめざすためには，本社が主要な意思決定を行なう集権化の方法が選択された。また，現地市場や現地の習慣，現地政府の規制や要求に応じた企業運営を行なわなければならない場合には，現地での意思決定がスムーズに行なわれるように，現地の子会社へ権限が委譲されていったのである。この集権化・分権化の方向性は，プラハラードとドーズ（Prahalad & Doz, 1987）によって示されたI-Rフレームワークに類似している。このI-Rフレームワークには次のような概念が提示されている。

　第1にIは，「グローバル統合（global integration）」を，Rは「ローカル適応（local responsiveness）」を表わしている（図11-4）。グローバル統合とローカル適応は前述の集権・分権と基本的に同じ考え方に立っている。両者の方向性は両極にあるため，従来こうした両者の関係は二律背反的なものとしてとらえられていた。しかし実際のグローバル企業のマネジメント手法をみていく

第2部 経営戦略・企業と経営

```
グローバル統合
(integration) ↑
            │
            │
            │
            │
            └──────────→ ローカル適応
                          (responsiveness)
```

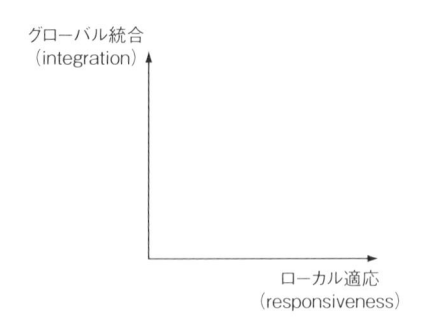

図 11-4　I-R フレームワーク（Prahalad & Doz, 1987）

と，必ずしも二律背反の関係にあるものではなく，グローバル統合・ローカル適応のどちらにも適切に対処しなければならないことがわかるのである。たとえば当初，人件費の削減を目的として，途上国に生産拠点である海外子会社を設立していた企業が，現地市場の急速な拡大に伴い，急遽，販売拠点を設置する必要に迫られることがある。この場合その初期に，企業は途上国に対して生産のみの活動を移転しているだけで，現地市場にでき上がった製品を販売することなどは考えていないため，輸出志向型の直接投資を行なっていたことになる。しかし現地市場へ販売することになれば，市場追求型直接投資に投資の方向性が変わることになり，現地市場への対応を急がなければならなくなるのである。このときグローバル統合によるオペレーションの効率化とローカル適応による現地市場などの経営環境への適応は，まったく異なった要素であるにもかかわらず，同時に達成されなければならないのであり，それができない場合，企業はこのグローバル経営環境下における熾烈な競争に打ち勝つことはできないのである。

　これらに企業がどのように対応すべきか，I-R フレームワークでは，企業が受けるグローバル統合のプレッシャーはどの程度であるか，またローカル適応のプレッシャーはどの程度であるかをそれぞれ検討できるように考えられている。当然，企業内部の部門によってグローバル統合とローカル適応の度合いは異なる場合が多い。研究開発部門，人事・労務部門，生産部門，販売部門などの部門ごとにグローバル統合とローカル適応の比重は変化するであろうし，川

上産業においてはグローバル統合が，川下産業においてはローカル適応へのプレッシャーが強くなるという傾向がある。これは企業の業務も，その内容が消費者に近づけば近づくほど消費者ニーズの反映が不可欠になるためであると考えられる。いずれにしても，グローバル企業にとっては，世界各地の経営環境の変化や現地市場の動向を迅速に把握しながらグローバルな効率性を図ることが，よりいっそう重要になっているのである。

2. I-R フレームワークによる多次元的分析

次に I-R フレームワークを用いて，産業，企業，機能，タスクという多次元の視点から，グローバル統合とローカル適応のプレッシャーの度合いについて研究を行なった，バートレット（Bartlett, C. A.）とゴシャール（Ghoshal, S.）の分析についてみていくことにしよう。

それによれば，I-R のポジションがまず産業ごとにプロットされ，産業の違いによって I と R のバランスが異なることが初めに明らかにされている。その次に同一産業内でも企業によって I と R のプレッシャーやこれに対応する戦略は異なることが予想されたため，企業別に I-R フレームワークにプロットが行なわれ，企業別の I-R バランスが分析されたのである。また，その次にはそれら企業がもつ機能によって，さらには機能をより細分化したタスクによっても I と R のバランスは異なるものと考えられた。そこでこれらについてもそれぞれの項目ごとに I-R フレームワークへのプロットが行なわれている（図 11-5）。

なお，I-R のプレッシャーを多次元に分析するこの手法は，企業の次元から

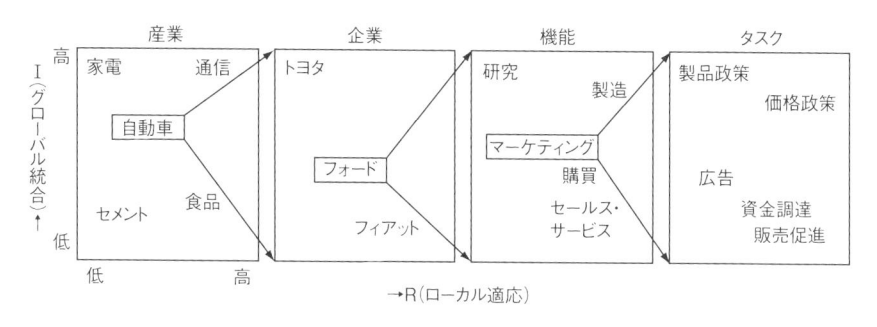

図 11-5　I-R フレームワークの多次元性（Ghoshal, 1987）

スタートすれば，個別企業にあてはめることが可能である。たとえばバートレットとゴシャールは，家庭用品・食品メーカーであるユニリーバを対象として海外子会社の経営に関する研究を行ない分析を行なった結果，ユニリーバの事業，職能，職務には図11-6に表わされるようなグローバル統合とローカル適応のバランスが存在することが明らかとなったのである。

ここでわかることは，企業内のIとRのバランスを考えると，中央集権の意思決定によって効率的に働く業務もある一方で，現地に権限を委譲させることが必要になる業務もあるということである。機能の範囲で考察すると研究開発は最もグローバル統合が重要になると位置づけられているが，市場開発や販売など，消費者に近接した機能になるほどローカル適応の度合いが強まると考えられている。これは，研究開発には，現地のニーズへ対応するというよりもむしろ製品の全般的な品質向上に特化する傾向が強まるのであり，市場開発や販売は，現地市場に受け入れられる方法を考慮することが必要になるためだと推察できる。

このように事業や職能，職務によるIとRのばらつきは，個々の特性に起因するものだと考えられる。したがって海外子会社の経営は，IとRのばらつきを考慮したものでなければならないのである。一般に海外子会社の経営方針は，現地適応型で進めるべきであるとの指摘が多いものの，I-R分析では，必ずしもローカル適応の度合いを強めることだけがよいとは言い切れない結果となっている。機能やタスクの種類によりグローバル統合の方針を探る部署も存在するため，海外子会社の経営に対する意思決定は，今後ますます複雑化，高

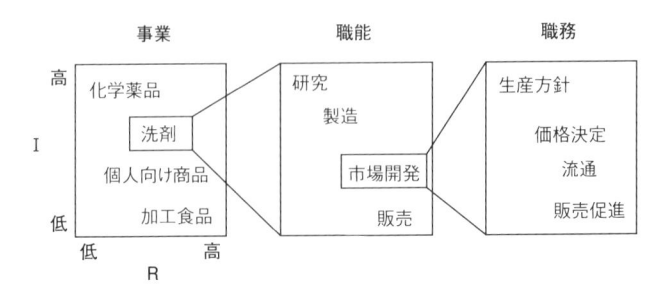

図11-6 I-Rグリッドを用いたユニリーバの分析 (Bartlett & Ghosha, 1989／山本ら，1990)

度化していくものと考えるべきである。

3. I-R におけるグローバル企業の類型

これまで I-R フレームワークの概念では，I と R がけっして二律背反の関係にあるとはいえないという点や，多次元でとらえる必要がある点などが議論されてきた。こうした点をふまえ，第10章第4節でみたバートレットとゴシャールのマルチナショナル企業，グローバル企業，インターナショナル企業，トランスナショナル企業を I-R グリッドに落とし込み表わされたものが図 11-7 である。彼らは4つの組織を I-R グリッドに示すことで類型化を行ない，それぞれの組織にかかってくるグローバル統合のプレッシャーとローカル適応のプレッシャーについて考察し，体系的な枠組みの提示を試みたのである。

バートレットとゴシャールは，表11-1 にもみられるように各組織の特徴を①能力と組織力の構成，②海外事業が果たす役割，③知識の開発と普及，の3つの観点から定義づけ，これらの特徴と I-R の枠組みとの接点を見いだしている。能力と組織力の構成では，マルチナショナル企業が分散型であり，グローバル企業が中央集中型である。このため，マルチナショナル企業はローカル適応にもっとも近く，グローバル企業はグローバル統合に最も近く位置づけられているのである。インターナショナル企業は，一部コア能力は中央に集中させ

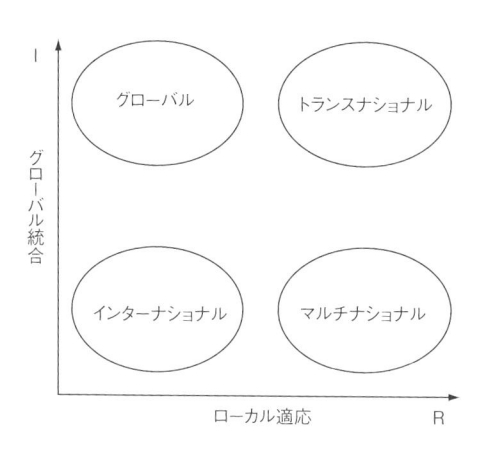

図 11-7　I-R における企業の類型 (Bartlett & Ghoshal, 1989／吉原, 1990)

表 11-1 マルチナショナル企業,グローバル企業,インターナショナル企業,トランスナショナル企業の組織の特徴(Bartlett & Ghoshal, 1989／吉原, 1990)

組織の特徴	マルチナショナル企業	グローバル企業	インターナショナル企業	トランスナショナル企業
能力と組織力の構成	分散型 海外子会社は自立している	中央集中型 グローバル規模	能力の中枢部は中央に集中させ他は分散させる	分散,相互依存,専門化
海外事業が果たす役割	現地の好機を感じ取って利用する	親会社の戦略を実行する	親会社の能力を適応させ活用する	海外の組織単位ごとに役割を分けて世界的経営を統合する
知識の開発と普及	各組織単位内で知識を開発して保有する	中央で知識を開発して保有する	中央で知識を開発し海外の組織単位に移転する	協同で知識を開発し,世界中で分かち合う

るものの他の能力は分散させるため,ローカル適応にもグローバル統合にも力を発揮しない位置づけとなる。トランスナショナル企業は,能力を分散し専門化したうえで,各事業拠点間で相互依存的に能力の発揮を実現させるため,ローカル適応とグローバル統合の両者を併せもつ位置づけとなる。

次に海外事業が果たす役割では,マルチナショナル企業は現地の好機を感じ取って利用する一方,グローバル企業は親会社(本社)の戦略を実行するのであり,まさしく前者はローカル適応に位置づけられ,後者がグローバル統合に位置づけられることになる。インターナショナル企業は,親会社の能力を(ローカル)に適応させ活用することから,ローカル適応でもなく,グローバル統合でもない位置づけとなるのである。ここでトランスナショナル企業は海外の組織単位ごとに役割を分けて世界的経営を統合することから,ローカル適応とグローバル統合の両者を兼ね備えた経営をめざしていることがわかる。

最後に知識の開発と普及である。マルチナショナル企業は,各組織単位内で知識を開発して保有し,グローバル企業は,中央で知識を開発して保有する。知識の開発と保有する場所を考えれば,前者はローカル適応であり,後者はグローバル統合となる。インターナショナル企業は,中央で知識を開発し海外の組織単位に移転することから,ローカル適応にもグローバル統合にもあてはまらない位置づけとなる。ここでトランスナショナル企業は,共同で知識を開発し,世界中でわかち合うとされており,本社や海外子会社にかかわらず,ロー

カルで発生した複数のイノベーションを世界中で有効に活用するという組織形態となるのである。したがってトランスナショナル企業はやはり、ローカル適応とグローバル統合の両者を兼ね備えていることになるのである。

第3節　組織運営とコミュニケーション

本節では、近年グローバル企業にとって重視されている海外子会社の運営とそれにかかわる異文化下での人的コミュニケーションの問題について、いくつかの理論を用いながら議論を進めることにする。初めにバーナード（Barnard, C. I.）が示した組織の3要素からみていくことにする。

1．バーナードによる組織の定義

バーナードは、組織について「2人あるいはそれ以上の人々の意識的に調整された活動や諸力のシステム」と定義している。そこでは、組織内に一定の方向性や目的が存在しており、そのための調整が図られ、組織構成員による協働が図られなければならないとされるのである。そして協働の調整のために不可欠なものはコミュニケーションとされる。このような点から組織が成立するためには、共通の目的（組織構成員に共有される目的）、協働の意思（組織内における個人の行動を組織の目的に沿う形で変換すること）、コミュニケーション（情報伝達や指示、命令が合理的に行なわれること）の3つが同時に充足される必要があるというのである。したがって、企業が組織運営を円滑に行なうためには、逆説的に、企業がいかにして組織構成員の共通の目的を明確にできるのか、協働意欲をかきたてこれを維持できるのか、また、効果的なコミュニケーションを実現することで、いかに共通目的と貢献意欲を結びつけられるかが課題となるのである。特にグローバル企業ではコミュニケーションが異文化下で行なわれるため、効果的な組織運営を行なうためには一定の困難を伴うことが予想されるのである。

2．組織の3要素に対する異文化下での障壁

企業組織を運営するにあたり、共通の目的、協働の意思、コミュニケーショ

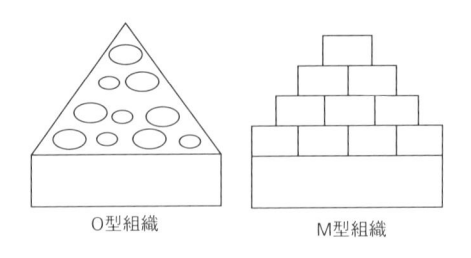

図 11-8　組織化原理の分析による O 型組織と M 型組織 （林，1994 より作成）

ンが重要な要素であることは理解できた。しかし，企業が国境を越えて事業活動を行なう場合には，組織構成員の間に文化や習慣，言語の違いなどが発生し，これらが障壁となって，この3つの要素を充足することは必ずしも容易でないことが想定される。では，異文化下における組織の3要素への障壁とはいったいどのようなものであろうか。ここで考察していくことにしたい。

　まず，共通の目的については，日本人と外国人では，職務観の違いがあるため，これが障壁となる場合が予想される。図11-8は，日本人と外国人との職務観の違いを表わしたものであるが，職務に関するとらえ方には，日本と外国とでは大きな違いが存在する。この図で，日本企業の多くはO型組織に該当し，外国企業はM型組織に該当する。日本企業に近いO型組織の図によれば，三角形が組織全体の仕事の領域を表わしており，三角形の中の丸い円が個人の仕事の領域として表現されている。円の外側の部分，つまり全体の仕事の領域と個人の仕事の領域との間には特定の人員に割り当てられていない仕事の領域が存在している。この領域は，特定の個人に割り当てられていなくても，複数の人員が一体となって遂行していく仕事の領域である。この図は，日本人の集団主義的な企業運営の方法と密接に関係するものであると考えられる。一方のM型組織の図では，組織構成員の1人ひとりの仕事の領域が明確になっている。白い四角形が個人の職務領域であり，個人の職務領域が積み上がって全体の職務となっており，明確化された仕事の領域を個人個人がまかせられることで責任感やモチベーションが高められるのである。このように日本企業の職務構造には，自分の職務領域のほかにも全体としてカバーしあう職務領域が存在し，職務に対する自発性や柔軟性がみられる一方，外国企業の職務構造には，こう

第 11 章　異文化経営とコミュニケーション

した曖昧な領域が存在してない。このため，日本人が海外で現地人を採用すると，「察しが悪く言われたことしかやらない」というマイナスイメージが強くなってしまうのである。

　この 2 つの職務観の違いを比較するだけでも，組織の構成員に共通目的をもたせるためには，異文化を意識しなければならないことがうかがわれる。O 型組織には，組織構成員が一体となって取り組まなければならない仕事の領域が含まれるため，おのずと共通目的をもって職務を遂行する環境が生み出されやすいと考えられる。しかし一方のM型組織では，こうした領域が存在しないため，個人に与えられた職務と組織全体の目的との関連性まで明確にしなければならないのである。そうすることによって，個人 1 人ひとりの職務の達成が組織の目的にどのように寄与し，組織にどのように貢献できるかが明らかになるからである。

　次に協働の意思についてである。組織構成員に協働の意識を芽ばえさせるためには，彼らの経営者や監督者がリーダーシップを発揮することが重要となる。バーナードは道徳的リーダーシップ（moral leadership）を重視しており，社会的正当性や正しい価値観に基づく組織共通の目的を，組織構成員に信念をもって理解させ，協働の意識を鼓舞しなければならないと考えている。しかしながら，前述の通り，外国人の職務観は個人主義的で，就職という意識は強いものの就社という意識は弱いといわざるをえない。職務内容も個人によって明確化され，より専門的である。これは，全体の目的を協働して達成しようとするものではなく，個人の目的を達成することにつながっていく。またこれは，個人の仕事に対する評価を求めたがることとも関係している。したがって一般的に外国人は転職率が高く，自身の仕事の成果に対して報酬が妥当でないと判断した場合には，容易に転職してしまうのである。こうした点からも外国人に協働の意思を芽ばえさせるのは容易ではないことがわかるのである。

　最後に異文化下でのコミュニケーションの問題である。日本人と外国人では言語の違いがあるうえに，コミュニケーション・コンテキストのレベルが異なることが指摘されている。この点が組織の成立に障壁となりうる可能性がある。

　コミュニケーション・コンテキストとはホール（Hall, E. T.）による，異文化間におけるコミュニケーション手段に関する分析である。ここでコンテキス

215

第2部 経営戦略・企業と経営

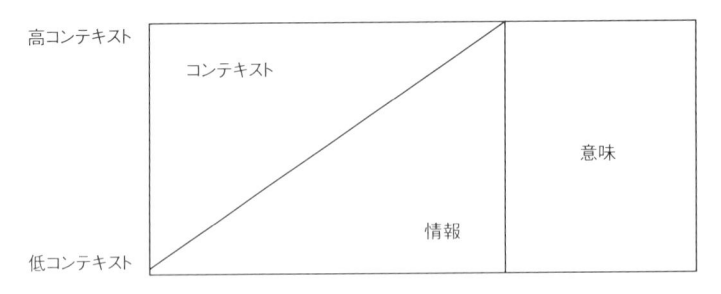

図11-9 コンテキスト・情報・意味の相互関係 （Hall, 1976より作成）

```
日本人            ↑ 高コンテキスト
中国人
アラブ人
ギリシア人
スペイン人
イタリア人
イギリス人
フランス人
アメリカ人
スカンジナビア人
ドイツ人
ドイツ系スイス人   ↓ 低コンテキスト
```

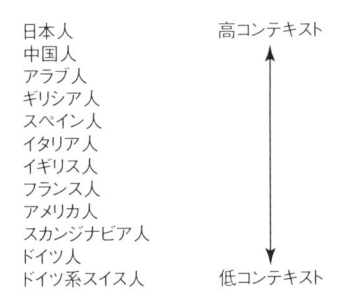

図11-10 各国のコンテキスト・レベル （Ferraro, 1990／江夏・太田, 1992）

トとは文脈や前後関係を意味し，コミュニケーションを行なううえでの前提条件となる。したがって，これは，コミュニケーションにおける情報と反比例するものとなる。図11-9のようにある一定量の意味を送り手と受け手が共有したいとき，その国のコミュニケーション方法が高コンテキストであるときは，情報量（言語化された明確なメッセージ）は少なくなり，逆に低コンテキストの場合は，多くの情報（言語化された明確なメッセージ）が必要になるのである。

　低コンテキスト文化圏では言語による表現は少なくなり，受け手が自発的に非明示的な情報も推察しなければならない。そのため同一のコンテキストレベルでのコミュニケーションは比較的スムーズになされる場合もあるが，コンテキストレベルが異なる異文化間では，誤解を生じることが多くなるのである。

　各国のコンテキストレベルは，日本人，中国人，アラブ人，ギリシャ人など

が高コンテキスト文化であり，ドイツ系スイス人，ドイツ人，スカンジナビア人などが低コンテキスト文化に属している。日本は，最もコンテキストレベルが高い文化に位置づけられており，日本人が外国人とコミュニケーションを図ろうとすると，ほとんどの場合コンテキストレベルに差異が生じるため，両者のコミュニケーションには，おのずと困難が生じるであろう。高コンテキストなコミュニケーションは低コンテキスト文化の人々には曖昧でわかりづらいものである一方，低コンテキストなコミュニケーションは，高コンテキスト文化の人々にはたいへんくどく，非効率な印象を受けることが多い。これらは，最終的にはことば以外の誤解や思い込みなどを生じかねないことにもなるのである（図11-10）。

第4節　人的資源管理と異文化マネジメント

　企業のグローバル化が進展すると，人材の登用も多国籍となり，そこにはおのずと，文化の違いや言語の違い，民族の違い，宗教の違いなどによる多様性が生まれてくる。こうした多様性に柔軟に対応し，これを効果的に取り込み，組織の優位性へと結びつけていくことは，現代企業にとって欠くことのできない重要な課題である。以下では，異文化経営に関する2つの理論についてみていくことにしよう。

1．ホフステッドの理論

　ホフステッド（Hofstede, G.）は，世界40か国11万人を超えるIBMの社員に調査を行ない，この調査から各国の文化を，初めは4つの基準で，そしてのちには5つの基準で分類し，経営と文化の関係性へアプローチを試みた。

　彼が世界中に点在するIBMのオフィスにおける文化の違いを説明するために使用した基準は，次の5つであった。

①権力格差

　上司の権力を部下がどの程度受容するかを示す指標である。権力格差（power distance）が高く位置づけられる国では，部下が上司の命令や指示に素直に従

う傾向がある。権力格差が高い国にはアジアやアフリカ，ラテン諸国が，低い国にはアメリカや，ラテン諸国を除いたヨーロッパの国々が位置づけられている（図11-11）。

②個人主義

個人主義（individualism）は，人と人のつながりが弱く，自分の仕事は自分でこなす傾向が強い指標である。また自分の時間や家族との時間を大切にするという考え方ももつ。これに対して，集団主義（collectivism）は，個人が団結した集団のなかに属していることが前提であり，集団に忠誠を尽くすことで，

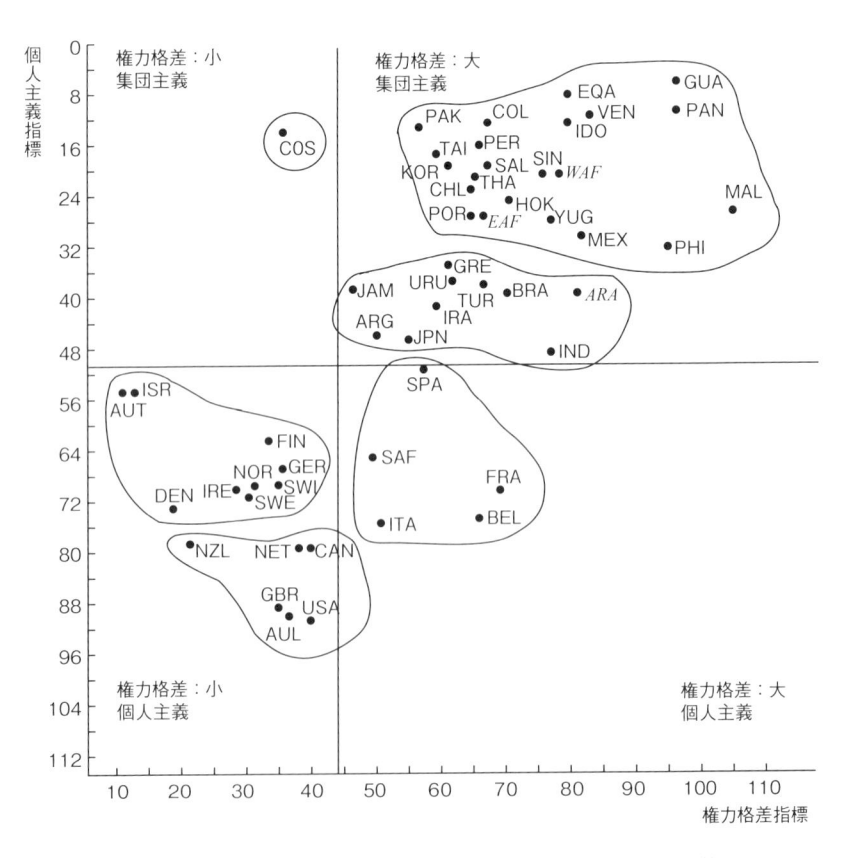

図11-11　権力格差の次元と個人主義における50か国と3地域の位置
（Hofstede, 1991／岩井・岩井，1995）

第11章 異文化経営とコミュニケーション

図 11-11 の国と地域の略式表記

略式表記	国または地域	略式表記	国または地域
ARA	アラビア語圏の国々（エジプト，イラク，クウェート，レバノン，リビア，サウジアラビア，アラブ首長国連邦）	ITA	イタリア
		JAM	ジャマイカ
		JPN	日本
ARG	アルゼンチン	KOR	韓国
AUL	オーストラリア	MAL	マレーシア
AUT	オーストリア	MEX	メキシコ
BEL	ベルギー	NET	オランダ
BRA	ブラジル	NOR	ノルウェー
CAN	カナダ	NZL	ニュージーランド
CHL	チリ	PAK	パキスタン
COL	コロンビア	PAN	パナマ
COS	コスタリカ	PER	ペルー
DEN	デンマーク	PHI	フィリピン
EAF	東アフリカ諸国（エチオピア，ケニア，タンザニア，ザンビア）	POR	ポルトガル
		SAF	南アフリカ共和国
EQA	エクアドル	SAL	エルサルバドル
FIN	フィンランド	SIN	シンガポール
FRA	フランス	SPA	スペイン
GBR	イギリス	SWE	スウェーデン
GER	旧西ドイツ	SWI	スイス
GRE	ギリシア	TAI	台湾
GUA	グアテマラ	THA	タイ
HOK	香港	TUR	トルコ
IDO	インドネシア	URU	ウルグアイ
IND	インド	USA	アメリカ
IRA	イラン	VEN	ベネズエラ
IRE	アイルランド共和国	WAF	西アフリカ諸国（ガーナ，ナイジェリア，シエラレオーネ）
ISR	イスラエル		
		YUG	旧ユーゴスラビア

互いに助け合ったり，集団に守られる傾向が強くなるというものである。個人主義が高い国は欧米諸国で，低い国は中南米であった（表11-2）。

③男性度

仕事の目標において重視する項目についての質問を行ない，収入や昇進など物質的な成果を求める傾向が強い国は男性度（masculinity）が高い国と位置づけられ，職場の人間関係や生活の質の向上などを求める傾向が強い国は女性度が高い国と位置づけられた。男性度が高い国は，日本や欧州の国々（北欧を除く）であり，低い国は，スウェーデンやノルウェーなどの北欧諸国であった（表11-3）。

④不確実性の回避

将来的な不確実性に対して恐れを抱く度合いであり，曖昧な状況を回避したいと考える傾向のことである。不確実性の回避（uncertainty avoidance）が高い国は，ラテンアメリカや地中海沿岸諸国，日本などである（表11-4）。

⑤長期志向

この指標は，これまでみてきた①から④の4つの指標に儒教の精神を取り入れてつくられたものである。ホフステッドが①から④の4つの指標を提示するために集めたデータは，1970年代と1980年代に集中しており，この当時，日本をはじめ韓国，台湾，香港，中国など，東アジア諸国は著しい経済発展をみせていた。このため彼は東アジアの儒教的な価値観と経済活動との間に新たな関連性を見いだすことにより，忍耐，秩序，肩書，恥といった儒教的考え方を取り入れた長期志向（long-term orientation）の指標も提示したのである（表11-5）。

2．アドラーによる異文化シナジー

アドラー（Adler, N. J.）は，企業組織のマネジャーが文化的多様性をどのように認識し，管理していくかという視点から，組織のタイプを偏狭主義的組織，本国志向的組織，シナジー的（創造的）組織の3タイプに分け，それぞれの組織にみられる文化的多様性に対する戦略の違いについて論じている。

表11-6にみられるように，偏狭主義的な組織では，自分たちのやり方が唯一であり，文化的多様性は考慮されず，そこからの影響もないものと考えられ

第11章　異文化経営とコミュニケーション

表11-2　50か国と3地域における個人主義指標（Hofstede, 1991／岩井・岩井, 1995）

スコアによる順位	国または地域	個人主義スコア	スコアによる順位	国または地域	個人主義スコア
1	アメリカ	91	28	トルコ	37
2	オーストラリア	90	29	ウルグアイ	36
3	イギリス	89	30	ギリシア	35
4	カナダ	80	31	フィリピン	32
4	オランダ	80	32	メキシコ	30
6	ニュージーランド	79	33	東アフリカ諸国	27
7	イタリア	76	33	旧ユーゴスラビア	27
8	ベルギー	75	33	ポルトガル	27
9	デンマーク	74	36	マレーシア	26
10	スウェーデン	71	37	香港	25
10	フランス	71	38	チリ	23
12	アイルランド共和国	70	39	西アフリカ諸国	20
13	ノルウェー	69	39	シンガポール	20
14	スイス	68	39	タイ	20
15	旧西ドイツ	67	42	エルサルバドル	19
16	南アフリカ共和国	65	43	韓国	18
17	フィンランド	63	44	台湾	17
18	オーストリア	55	45	ペルー	16
19	イスラエル	54	46	コスタリカ	15
20	スペイン	51	47	パキスタン	14
21	インド	48	47	インドネシア	14
22	日本	46	49	コロンビア	13
22	アルゼンチン	46	50	ベネズエラ	12
24	イラン	41	51	パナマ	11
25	ジャマイカ	39	52	エクアドル	8
26	ブラジル	38	53	グアテマラ	6
26	アラブ諸国	38			

表11-3　50か国と3地域における男性らしさ指標（Hofstede, 1991／岩井・岩井, 1995）

スコアによる順位	国または地域	男性らしさスコア	スコアによる順位	国または地域	男性らしさスコア
1	日本	95	28	シンガポール	48
2	オーストリア	79	29	イスラエル	47
3	ベネズエラ	73	30	インドネシア	46
4	イタリア	70	30	西アフリカ諸国	46
4	スイス	70	32	トルコ	45
6	メキシコ	69	32	台湾	45
7	アイルランド共和国	68	34	パナマ	44
7	ジャマイカ	68	35	イラン	43
9	イギリス	66	35	フランス	43
9	旧西ドイツ	66	37	スペイン	42
11	フィリピン	64	37	ペルー	42
11	コロンビア	64	39	東アフリカ諸国	41
13	南アフリカ	63	40	エルサルバドル	40
13	エクアドル	63	41	韓国	39
15	アメリカ	62	42	ウルグアイ	38
16	オーストラリア	61	43	グアテマラ	37
17	ニュージーランド	58	44	タイ	34
18	ギリシア	57	45	ポルトガル	31
18	香港	57	46	チリ	28
20	アルゼンチン	56	47	フィンランド	26
20	インド	56	48	旧ユーゴスラビア	21
22	ベルギー	54	48	コスタリカ	21
23	アラブ諸国	53	50	デンマーク	16
24	カナダ	52	51	オランダ	14
25	マレーシア	50	52	ノルウェー	8
25	パキスタン	50	53	スウェーデン	5
27	ブラジル	49			

表11-4　50か国と3地域における不確実性の回避指標 (Hofstede, 1991／岩井・岩井, 1995)

スコアによる順位	国または地域	不確実性回避スコア	スコアによる順位	国または地域	不確実性回避スコア
1	ギリシア	112	28	エクアドル	67
2	ポルトガル	104	29	旧西ドイツ	65
3	グアテマラ	101	30	タイ	64
4	ウルグアイ	100	31	イラン	59
5	ベルギー	94	31	フィンランド	59
5	エルサルバドル	94	33	スイス	58
7	日本	92	34	西アフリカ諸国	54
8	旧ユーゴスラビア	88	35	オランダ	53
9	ペルー	87	36	東アフリカ諸国	52
10	フランス	86	37	オーストラリア	51
10	チリ	86	38	ノルウェー	50
10	スペイン	86	39	南アフリカ共和国	49
10	コスタリカ	86	39	ニュージーランド	49
10	パナマ	86	41	インドネシア	48
10	アルゼンチン	86	41	カナダ	48
16	トルコ	85	43	アメリカ	46
16	韓国	85	44	フィリピン	44
18	メキシコ	82	45	インド	40
19	イスラエル	81	46	マレーシア	36
20	コロンビア	80	47	イギリス	35
21	ベネズエラ	76	47	アイルランド共和国	35
21	ブラジル	76	49	香港	29
23	イタリア	75	49	スウェーデン	29
24	パキスタン	70	51	デンマーク	23
24	オーストリア	70	52	ジャマイカ	13
26	台湾	69	53	シンガポール	8
27	アラブ諸国	68			

表11-5　23か国の長期志向の指標
(Hofstede, 1991／岩井・岩井, 1995)

スコアによる順位	国または地域	長期志向のスコア
1	中国	118
2	香港	96
3	台湾	87
4	日本	80
5	韓国	75
6	ブラジル	65
7	インド	61
8	タイ	56
9	シンガポール	48
10	オランダ	44
11	バングラデシュ	40
12	スウェーデン	33
13	ポーランド	32
14	旧西ドイツ	31
15	オーストラリア	31
16	ニュージーランド	30
17	アメリカ	29
18	イギリス	25
19	ジンバブエ	25
20	カナダ	23
21	フィリピン	19
22	ナイジェリア	16
23	パキスタン	00

表11-6　文化的多様性の認識と管理（Adler, 1983）

組織のタイプ	認識	戦略	最も予想されうる結果	頻度
	文化的多様性が組織にどんな影響を与えると認識されているか。	組織への文化的多様性の影響はいかに管理されるべきか。	こうした認識と戦略のもとでなにが予想できるか。	こうした認識や戦略はどれくらい一般的か。
偏狭主義的 　自分たちのやり方が唯一のもの。	影響なし：文化的多様性は組織に影響を与えないと考えられている。	文化的相違を無視：文化的多様性の組織への影響を無視する。	問題の発生：問題は生じるが，その原因を文化に求めない。	非常に一般的
本国志向的 　自分たちのやり方がベスト。	マイナスの影響：文化的多様性は組織にとっての問題を引き起こす。	文化的相違を最小化：文化的多様性の原因とその組織への影響を最小化する。可能ならば，単一文化の労働力を選択する。	問題も生じるし利益もほとんどない：問題は多様性の減少とともに減少し，利益を創造する可能性も無視あるいは排除される。問題の原因を文化に求める。	一般的
シナジー的 創造的 　自分たちのやり方と彼らのやり方の組み合わせがベスト。	マイナス，プラス双方の影響が潜在：文化的多様性は組織にとって問題と利益の両方を同時にもたらしうる。	文化的相違を管理：組織のメンバーを訓練して文化的相違を認識させ，彼らに組織への利益を創造させる。	問題も生じるが利益も大きい：文化的多様性が組織にもたらす利益が認識され，実現される。同時に問題も生じつづけるので管理する必要がある。	きわめて稀

ている。本国志向的な組織では，自分たちのやり方がベストであり，文化的多様性は組織にとって問題を引き起こすため，文化的多様性の原因や組織への影響を最小限にとどめるべきだと考えられている。ここで，文化の多様性を初めから無視している偏狭主義的な組織では，文化の多様性によって生じるマイナス要因は最小化されるものの，プラスの影響を得ることはできず，文化的多様性を最小化しようとする本国志向的な組織でも，文化的多様性からのメリットを引き出すことはむずかしくなる。しかしシナジー的（創造的）組織では，文化的多様性にはプラスとマイナスの両面があり，自他双方のベストな組み合わせを実現すれば，シナジー効果が発揮されると考えられている。この組織では，偏狭主義的組織のように文化的多様性を無視することも本国志向的組織のようにこれを最小化することもなく，文化的多様性を管理するという戦略がめざされている。文化的多様性を管理するということは，初めから，文化の相違に優

劣をつけていないことを意味しており，また，文化的相違から得られる利益も大きいものだと考えているのである。

　グローバル企業にとっても，このような文化の多様性のプラスとマイナス両面を管理することによって，企業組織の潜在的メリットを最大化していこうとする視点はとても重要であると考えられる。それは近年，企業の海外事業活動は，複数拠点間にまたがり，グローバル拠点間の調整が最も重要な課題になっているからである。多くの海外拠点では，多国籍な人材が登用され，異文化下におけるコミュニケーションの問題は，企業内の主要な課題になりつつある。そして企業組織内における文化的多様性を管理するためには，これを実践する人材の育成が不可欠になっているのである。アドラーによる異文化シナジーの考察でも，文化の多様性を上手く管理し，その多様性からプラスのシナジー効果を生み出すためには，文化の相違に優劣をつけず，双方の文化の結合によるプラスの影響をしっかりと認識できるマネジャーを育成することが，その前提になると考えられている。

◆ 引用・参考文献

Adler, N. J. (1983) Organizational Development in a Multicultural Environment. *Journal of Applied Behavioral Science*, 19 (3), 349-365.

Adler, N. J. (1991) *International Dimensions of Organizational Behavior*. 2nd ed. Boston, MA: PWS-Kent. 江夏健一・桑名義晴（監訳）(1992)『異文化組織のマネジメント』マグロウヒル出版

浅川和宏 (2003)『グローバル経営入門』日本経済新聞社

Barnard, C. I. (1938) *The Functions of the Executive*. Cambridge, MA: Harvard University Press. 山本安次郎・田杉　競・飯野春樹（訳）(1968)『新訳・経営者の役割』ダイヤモンド社

Bartlett, C. A., & Ghoshal, S. (1989) *Managing Across Borders: The Transnational Solution*. Harvard Business School Press. 吉原英樹（監訳）(1990)『地球市場時代の企業戦略』日本経済新聞社

Ferarro, P. G. (1990) *The Cultural Dimension of International Business*. Prentice Hall. 江夏健一・太田正孝（監訳）(1992)『異文化マネジメント』同文館出版

Ghoshal, S. (1987) Global Strategy: An Organizing Framework. *Strategic Management Journal*, 8, 425-440.

Hall, E. T. (1976) *Beyond Culture*. Anchor Press. 岩田慶治・谷　泰（訳）(1979)『文化を越えて』TBSブリタニカ

林　吉郎 (1994)『異文化インターフェイス経営』日本経済新聞社

Hofstede, G. (1980) *Culture's Consequences: International Differences in Work-Related Values*. Beverly Hills, CA: Sage Publications. 万成　博・安藤文四郎（監訳）(1984)『経営文化の国際比較』

産業能率大学出版部
Hofstede, G. (1991) *Cultures and Organizations.* McGraw-Hill. 岩井紀子・岩井八郎（訳）(1995)『多文化世界―違いを学び共存への道を探る―』有斐閣
馬越恵美子・桑名義晴（編著）(2010)『異文化経営の世界』白桃書房
Porter, M. E. (1986) *Competition in Global Industries.* Harvard Business School Press. 土岐 坤・中辻萬治・小野寺武夫（訳）(1989)『グローバル企業の競争戦略』ダイヤモンド社
Prahalad, C. K., & Doz, Y. (1987) *The Multinational Mission: Balancing Local Demand and Global Visi.* New York: Free Press.

第12章 地域産業の中小企業経営

　今回，取り上げた三条市は新潟県を代表する中小企業クラスター地域である。隣接する燕市と「燕三条」として国内有数の金属加工企業の集積地として名高いところである。三条市は人口に対する社長の割合が日本一であり，経営学分野において重要な地域であるといえる。

　三条市は新潟県の中央に位置しており，中越地域として栄えている。金属加工がさかんになったのは，江戸時代からであり，和釘の生産から発展してきた。同じ中越地域である長岡市での石油採掘によって，モーターの加工や使用した機材の修理や製造によって金属加工の技術が蓄積されてきた。現在では航空機の重要な部分の製造や自動車部品加工，生活雑貨，アウトドア用品などさまざまな製品加工や製造が行なわれている。

　三条市の調査は2011年に行なった。部門は自然，工業，歴史地理であり，本章は工業部門をまとめたものである。今回の調査はI製作所の部長のご厚意によって三条市の各社をヒヤリング調査することが可能となり，感謝するしだいである。I製作所はイントラプレナーとしてプルタブオープナーを企画，開発，販売をしている。マーケティング活動としては東京・原宿におけるファッションショーで，モデルがアクセサリーとしてプルタブオープナーを使用するなど多岐にわたり，今後の成長が楽しみである。

　日本の企業の99％が中小企業であり，地域産業が成長することによって，地域の発展そして日本の発展が可能となると考えられる。

第２部　経営戦略・企業と経営

第1節　三条市の工業

1. 歴史

　三条市の金物は，三条市ホームページによれば，1625（寛永2）年に三条代官所奉行大谷清兵衛地元が，五十嵐川の氾濫で苦しむ農民を救うために，木造船製造業者がつくっていた和釘（家釘）づくりを奨励したことが始まりとされている。江戸時代には，金物は，しだいに鎌，小刀，鍬といった農具や包丁など人々が求める道具の生産にも結びつくようになっていた。この金物生産の原料は，木炭に関しては地元の下田郷で生産されたものを利用していた。また，金物は船を利用して信州や関東地方へも輸送されていた。

　明治期以降，三条市の金物も規格の統一化や戦争という時代背景に左右されるようになっていく。1891年の度量衡法に伴い曲尺が量産化されるようになると，1933年に新潟県度量衡検定所三条支所が開設された。1904～1905（明治37～38）年の日露戦争が終わり，鋸（のこぎり），鑿（のみ），鉈（なた），鋏（はさみ），鉞（まさかり），ナイフなどの軍需品の生産が滞ると，1910（明治43）年には，県の意向を受けた郡長の斡旋や，内務大臣からの県知事あての内示などによって，重要物産同業組合法が制定され，商・工業者による三条金物同業組合が設立された。この組合の地域には，三条町のほかに，一ノ木戸，田島，東・西裏館，荒町，大島，本城寺があり，組合員は，商業者が35名，工業者が700名いた。また鍛冶の類別職種目は30あまりで，組合事業としては，①製品の検査，②企画の統一，③生産制限，④視察・研究等を行なった。1915（大正4）年には，この組合区域内で生産するナイフと南京錠は，それぞれの生産額の7～9割を南洋・南清，インド，ロシア，アメリカ，イギリスに初めて輸出されるようになった。1923（大正12）年の関東大震災では，被災地による復興用の利器工匠具や家庭金物の生産を増産した。1931（昭和6）年の満州事変では，満州国第1次自衛移民国などからの軍需品の注文があり，納入品の量産と規格化を図るため，三条市の工場は工場制工業へと移行するようになった。1938（昭和13）年には，鉄鋼や屑鉄の配給統制と非軍需品とされた鋼製品の製造禁止を受け，転・失業対策を目的として三条では金属関係業者で第一から六の金属製品工業組合を設立した。また，

第 12 章　地域産業の中小企業経営

大工場誘致による下請け発注の開拓が進められ，自動車・飛行機の部品ならびに鍛造品を製作する北越工作機械株式会社が田島地区に誘致されたのである。

2. 工業の概況

(1) 金属製品製造を中心とした工業

三条市の工業について「平成 20 年工業統計調査」をみると，「金属製品」の事業所数が 42％と最も多い（図 12-1）。そして「金属製品」にかかわる従業員数も 34％と最も多い（図 12-2）。さらに，製造品出荷額も「金属製品」が 23％と最も多い（図 12-3）。以上より，三条市は，「金属製品」を主とした工業を展開する地域だといえる。

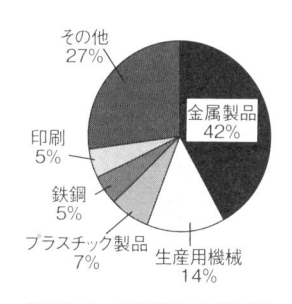

図 12-1　三条市の事業所数

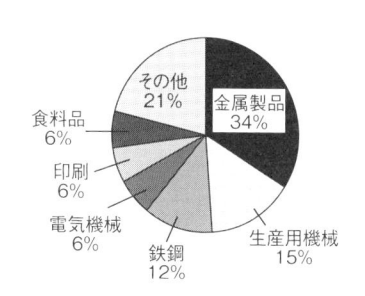

図 12-2　三条市の従業員数

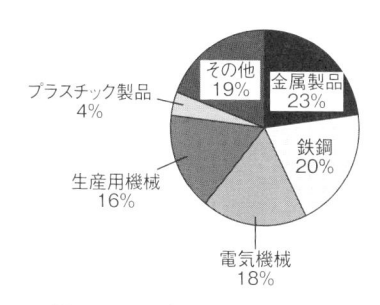

図 12-3　三条市の製造品出荷額

注）図 12-1，図 12-2，図 12-3 とも「平成 20 年工業統計調査」より作成。
　　従業員 4 人以上を対象とし，上位の製品を表示。

(2) 利器工匠具・手道具を中心とした金属製品

三条市の工業の金属製品について,「平成20年工業統計調査」をみると,「利器工匠具・手道具」の事業所数が約20％と最も多い（図12-4）。しかし,従業員数は「作業工具」が約20％と最も多い（図12-5）。また,製造品出荷額は「作業工具」「建築用金属製品」がそれぞれ約20％と最も多い（図12-6）。以上より,三条市は,伝統工業にかかわる「利器工匠具・手道具」と他地域のニーズに合った製品を生産する「作業工具」「建築用金属製品」の2つの側面を重視する地域だといえる。

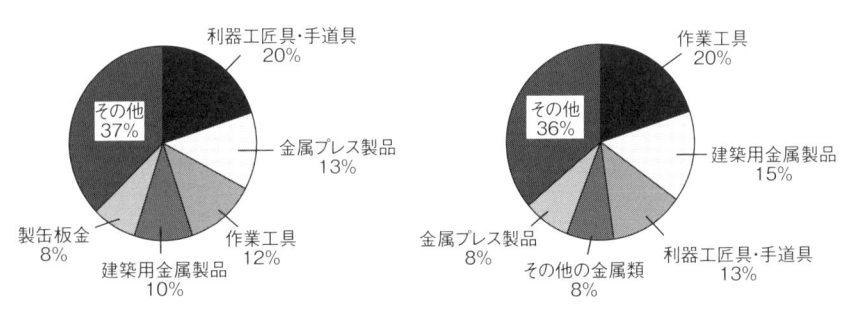

図12-4　三条市の金属製品製造業の事業所数

図12-5　三条市の金属製品製造業の従業員数

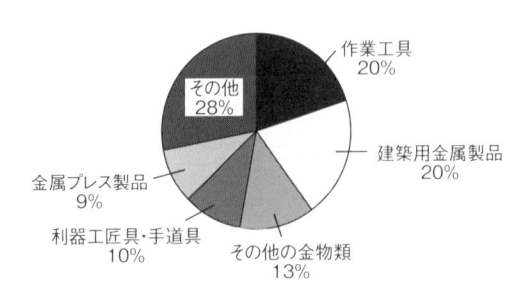

図12-6　三条市の金属製品製造業の製造品出荷額

注）図12-4,図12-5,図12-6とも「平成20年工業統計調査」より作成。
　　従業員4人以上を対象とし,上位の金属製品を表示。

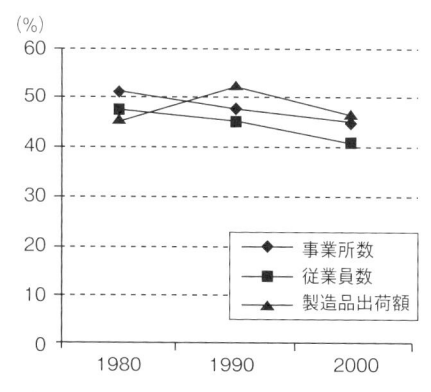

第12章　地域産業の中小企業経営

図 12-7　三条市の金属製品製造業の変遷
（1980, 1990, 2000 年工業統計調査より作成）

注）従業員4人以上を対象とする。

3. 金属製品製造業の変遷

　2008年時点で三条市の主工業として行なわれている金属製品は，1980年の事業所数が約51.1％，従業員者数が約48.6％，製造品出荷額が約45.2％とあるように（図12-7），1980年時点からすでに主工業として展開されてきた。この金属製品製造業は，1990年以降事業所数，従業員者数ともに減少している。製造品出荷額も1990年に約52.7％に増加が見られたものの，2000年には約47％に減少している。

第2節　中小企業経営の具体例

1. M工作所

(1) 会社概要

　M工作所は1924（大正13）年に締ハタ（クランプ）をおもな生産品として創業され，2011年で創業87年となっている。今日における主要生産品のペンチは，1932（昭和7）年より生産が開始された。また1932年以前は，手作業による作業であったが，同年にスプリングハンマーが新潟県で初めて導入され，

231

自動化が図られていった。2011年現在，社長は4代目で，「人を作り，商品を造り，富を創る」という基本理念が守り続けられている。

　資本金は1000万円で，従業員数は120名となっており，1名の事務職員を除いて，すべて正社員となっている。社員の出身地域は，そのほとんどが地元の県央地域の人たちで占められており，その8割程度が三条市の人たちである。ちなみに，外国人の従業員はおらず，女性従業員は全体の4分の1である。

　初代社長は創意工夫を理念としていたが，発展した工業社会の今日においては，新しい製品を開発するのは非常にむずかしく，新しい販売路として，理容・美容や医療の方面の製品開発や製造に力を入れている。

　昭和50年代になり，2代目社長が積極的に海外進出を推進した。その結果，アメリカの商社を経由して，アメリカのホームセンターへと流通させるようになった。現在のペンチ類の生産個数は年間200万丁程度であるが，ピーク時にはその倍の400万丁生産されていた。海外への輸出は横浜港より船便で行なわれており，現在は月に1度船積みし，輸出しているが，ピーク時には月に5回船積みされ輸出していた。このピーク時には，いくらつくっても製品が足りないという状況であった。

　しかし，1985年のプラザ合意以降，中国によってその販路を取られたが，結果として他の販路が開拓されることとなり，ドイツなどヨーロッパ諸国にも輸出されるようになった。現在は，生産品の多くが東南アジアへ輸出されており，その他にも，中国や台湾など他のアジア諸国へ多く輸出されている。

(2) 主要製品について

　M工作所の主要製品としてあるのが，ペンチ類である。そのペンチ類には，ブランド名としてKEIBAという名称がつけられている。この名の由来としては，"天馬，空をゆく"が如く雄飛したいという思いが込められており，創業当時からのブランド名として親しまれている。近年は，こういった工作器具の他に，爪切りや理髪用はさみといった，理容・美容器具類の製造や販売にも積極的に取り組んでいる。

　M工作所では，素材から梱包までの一連の作業を一貫して自社工場で行なっている。製品に使用される素材は，神戸のK製鋼所より特注の鋼種を仕入

れ使用している。この仕入れは，三条市にある鋼材問屋から仕入れている。

　基本的に生産は，注文生産で行なわれており，在庫はつねに少ない状態である。またM工作所では，トヨタ生産方式を改良したMPI（Maruto Product Innovation）方式により生産が行なわれている。

　トヨタ生産方式での製造工程では，コンベヤーで製品が動き，ライン上の定められた場所で作業されるが，このMPI方式の特徴として，1人あたり10数台の多工程多台持ちの細長い生産ライン上で，人が動いて作業するといった点がある。この際に，多い人では歩行距離が1日10kmに及ぶこともある。また，最近ではさらに改良が加えられ，1人作業（セル方式）が確立されている。この結果，通常ペンチ1丁2分の機械加工時間であったのが，35秒にまで短縮された。

　さらなる効率的な生産を行なうために，月1回の改善運動が行なわれている。改善例として，作業機械の間隔をより効率的に作業できる間隔に変更した。また，A品からB品に型などを交換（段取り替え）する際の時間短縮を行なっている。これは，交換に通常半日から1日かかるところを6分40秒（世界記録）にまで短縮した。さらに，作業する台も，人がいちばん作業をしやすい高さに調整されたものを使用している。

　この他に，トヨタ生産方式に代表されるカンバンが随所にみられた。また，部品や消耗品が置いてある倉庫には，必要な物がある場所やなくなった場合にはどのくらいで仕入れが可能かといったことが，こまかく記された在庫一覧が示されており，初めて来た人でも一目瞭然でわかるよう工夫が凝らされている。

　また，鋼鉄は何度も熱を加え，叩くことによって強度を高めさせるが，より強度を増すために，低温でも熱して粘りを出させている。最終的には手作業で刃を整えるが，刃を削ると刃の強度が落ちるため，レーザーで部分的に熱して刃の強度をあげる。この作業により品質が大きく変わるので，M工作所ではたいへん気を使ってこの作業を行なっている。叩く動作を行なう機械は，リズムを乱さないために1人で操作されている。また，左右の2本でワンセットとなるペンチ類は，同じ型で同時につくり，型のすり減りなどで生じるわずかな誤差もなくせるように工夫されている。ちなみに，生産過程で出てくるくず鋼材は三条市のリサイクル業者へ引き渡される。

製品の流通に関しては，年間200万丁の国内最大規模の生産量であるが，在庫は少なく，生産された製品はそのうちの6割程度を輸出している。現在は20か国に輸出しており，その販売は現地法人ではなく，現地の代理店を通して流通させている。

(3) 今後の課題と展望
　生産品の6割を輸出しているが，輸出品は為替市場に左右されてしまうため，国内に販路を新たに見いだす必要があった。M工作所では新たな販路としてニッパータイプの爪切りに代表される理容・美容器具や医療器具を製造している。この爪切りは，関東などの都市部や高級ホテルで使用されたり，贈答用のギフトとして購入されている。
　工具というのは，一般の人たちからしてみれば，見た目では性能がわからないという弱点がある。そのため，M工作所ではデザインも重要と考え，力を注いでいる。その結果，多数のデザイン賞を受賞している。M工作所が初めてデザイン賞を受賞したのは，1982年ではあったが，1970年代からデザイン力の向上に取り組んでいた。これは，2代目社長が当時の市長に依頼し，デザインの先生を招聘した効果である。
　以上のような課題をもち対策を講じてはいるが，現在のような円高傾向は今後も解消されるとは考えにくいため，国内での販路の基盤づくりをより強化していきたいとしている。美容・理容や医療といった分野は，M工作所にとって後発の分野であるので，現在は売上を伸ばすのがむずかしい状況にあるが，今後期待のできる分野でもある。

2．I製作所
(1) 成り立ち
　創業者・初代社長によって，1949（昭和24）年にたんす金具，家具補強金具などの製造・販売を目的とするI製作所が起業された。1962（昭和37）年には，新潟県三条市工場誘致条例によるN製造所の操業に伴い協力会社として取引を始めた。N製造所は農業機械大手I社の関連会社である。1964（昭和39）年，有限会社I製作所に社名を変更し，法人化するとともに2代目が同社の社長に

就任した。1973（昭和48）年，本社工場を増設した。1990（平成2）年，F社と取引を開始し精密板金分野に進出した。F社はATMやPOSシステムなどの電子機器を製造する企業である。2001（平成13）年には東倉庫を増設，2011（平成23）年，燕市に燕工場を新設し自社ブランドの開発を開始した。

(2) 概要および特徴

I製作所はレーザー・パンチ複合機加工，プレス，溶接，金型加工を行なう精密板金企業である。本社工場は，三条市西大崎に属し，燕三条駅から車で約20分のところにある。また，燕市には燕工場（2011年操業開始）がある。従業員は49名（44名が正社員）で，外国出身の社員1名（デザイナー）以外は全員が地元出身である。本社工場にプレス課，管理課，精密板金課，溶接課，検査課があり，燕工場に金型事業部，IF開発事業部がある。資本金は1000万円，前年度売上高約4000万円である。

本社，燕の両工場はともに取引会社であるN製造所，F社の近隣に位置しており，出荷や商談の際に重要な拠点として機能している。特に，西大崎の本社工場はN製作所と同地区に所在しておりその親密性がうかがえる。取引としてもこの2社で半分以上を占めている。I製作所は，いわゆる下請け企業である。

燕三条における金属加工技術は，日本のみならず世界から高い評価を受けているが，I製作所においても，さまざまな原材料を用いて，他では真似のできない加工がなされている。おもな加工製品は，ATM部品，CRT部品，住基ネットの端末部品，計測器ケース，紙幣搬出入口パーツ，田植え機作溝機パーツ，田植え機ステップなどである。I製作所のいちばんの強みは，金型製作から組立まで一貫して自社で行なうことができる点である。創業以来，60余年培ってきた技術に加えて，コンピューターによる生産管理システム（CAD/CAMなど）を駆使することでそれを可能としている。

(3) 自社商品の開発

I製作所では，自社商品の第一弾としてプルタブオープナーを2011（平成23）年に発売した。背景には，N製造所の海外への生産シフトがある。仕事が

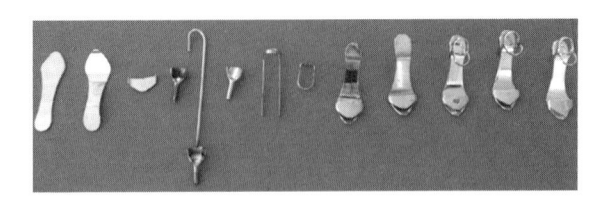

図 12-8　製造工程（写真左側より右側へ）（朝日新聞新潟全県 2011 年 5 月 18 日朝刊）

図 12-9　完成品（パンフレットより）（朝日新聞新潟全県 2011 年 5 月 18 日朝刊）

減っていくなかで，「自社の製品技術を PR できる品物を自分たちでつくって参入のきっかけにしたい」「技術の見える化をカタチにしたい」という思いがある。コンセプトは，
　① I 製作所の技術の結晶が詰まっていること
　②自己満足の製品づくりではなく，できるだけ相手が困っていることを聞いて，それをヒントにつくること
　③デザインや形だけではなく，また技術力だけでなく，そこに機能性・実用性をもたせること

の 3 つである。プルタブオープナーを 1 個つくるためには 13 名の職人が 28 工程をこなさなければならないため，1 日につくれるのは 4 個のみである。高度な金属加工技術によってつくられた商品を，いかに営業し展開していくかが今後の課題となっている。

3．I 新潟製造所

(1) 成り立ち

I 新潟製造所は，農業機械大手 I 社（1926（大正 15）年起業）の関連会社であり 1961（昭和 36）年に稲刈機械生産を目的とした工場として起業された。I

第 12 章　地域産業の中小企業経営

社は，I 新潟製造所の他にも松山，熊本，邦栄（松山）に製造所を構えている。1962（昭和 37）年に新潟県三条市工場誘致条例第 1 号会社として操業を開始した。同時に，I 製作所とも取引を開始した。1978（昭和 53）年に日本初の乗用田植機を，1984（昭和 59）年に回転式籾すり機を，1987（昭和 62）年に野菜移植機を，それぞれ生産開始した。1990（平成 2）年には，田植機 S が累計売上 100 万台を達成した。

(2)　概要および特徴

　I 新潟製造所は，田植機，籾すり機，野菜移植機などの生産拠点である。三条市西大崎に属し，燕三条駅から車で約 20 分のところにある。従業員は 280 名（女性 30 名）おり，大多数が地元出身者である。資本金は 3 億円，前年度売上高 98 億円である。

　メインに生産しているのは，田植機であり，I 社国内唯一の田植機製造拠点となっている。2010（平成 22）年度における乗用田植機の生産台数は 18258 台を数え，その割合は 76% である。同じものを一度につくらない混合生産を行なうとともに，ライン生産で 1 人が 5〜6 台の機械を担当するなどして効率化を図っている。

(3)　海外への生産シフト

　I 社は，1971（昭和 46）年にヨーロッパに進出するなど積極的に海外進出を行なってきた。2003（平成 15）年には中国江蘇省に進出し，農業政策を追い風に市場拡大が続く中国をはじめ，アジアでの本格的な展開に向け生産を開始した。

　これを受け I 新潟製造所でも，2010 年度から中国向け乗用田植機について生産工程の 5 割を現地での生産に移管した（新潟日報 2010 年 3 月 6 日付）。中国向けの販売が好調であることに加え，製造・輸送のコスト削減を狙っての移管である。I 社では，他社との競争に打ち勝つため中国での現地生産や近年注目を浴びるバングラデシュへの進出などが検討されている。これらの流れは N 製造所にとって仕事の減少を意味しており，それは下請けである I 製作所も同様である。

4．T製作所

(1) 概況

　現社長で8代目となるT製作所は，1907（明治40）年に，馬の鉄爪や火箸を生産する鍛冶屋として創業し，会社は1979（昭和54）年に設立された資本金1000万円の株式会社である。現在，工場は三条市内に3社，事務局を東京に1社，フィリピンに1社設立している。従業員は，現在70名おり，全員県内の人である。このうち女性は20名，うちパート5名が働いている。最も多かった2004年ごろは約83名が働いていた。

(2) 生産内容

　T製作所では，建築金具，住宅関連器具，農業用資材金具，JFEフレームキット（一般鉄鋼住宅加工）の製品を生産している。これらの製品のうち住宅関連器具に関しては，2012年現在500tの生産を行なっており，最も多かった6，7年前は800t生産していた。この生産量の変化の要因は，製品に対する需要量が減少したことの他に金属板の厚さの変化によるものである。実際に，T製作所の生産量についても2009年からしだいに減少しているが，製品に使う金属板の厚さは最も厚かったときの4.5mmから，しだいに薄くなり2.5mmとなった時期もあったという。原料は，長岡市，三条市，燕市の問屋をはじめ全国各地から取り寄せる。製品は，元請け企業の依頼に基づき自社にある2tトラックで全国各地，マリ共和国をはじめとした世界各国に横浜港を通して運ばれる。機械設備には，受注によりつくる製品の大きさや厚さが異なるため，圧力の異なるプレス機が76台設備されるほか，フォーミングロールが5ロール，ロボットラインが5ライン，自動ラインが5ライン，ベンダーが4台と金型設備一式がある。

(3) 現在の課題と今後の展望

　売上のほか，発注元企業の在庫の倉庫の状況など課題を多く抱える。しかし，最近では太陽光発電を屋根に取りつけるための部品や委託された焼き栗メーカーの生産など，時代のニーズと多様な受注に応えて売上を伸ばそうという新たな挑戦をしている。

第12章 地域産業の中小企業経営

第3節　三条市の工場立地

地理学的見地から三条市の工場立地状況を紹介する。三条市と燕市は隣接した中小企業クラスター地域であるが，まったく同じ構造ではない。燕市は基礎的な金属加工を行ない，金属食器や生活コモディティ製品などハウスウェアを

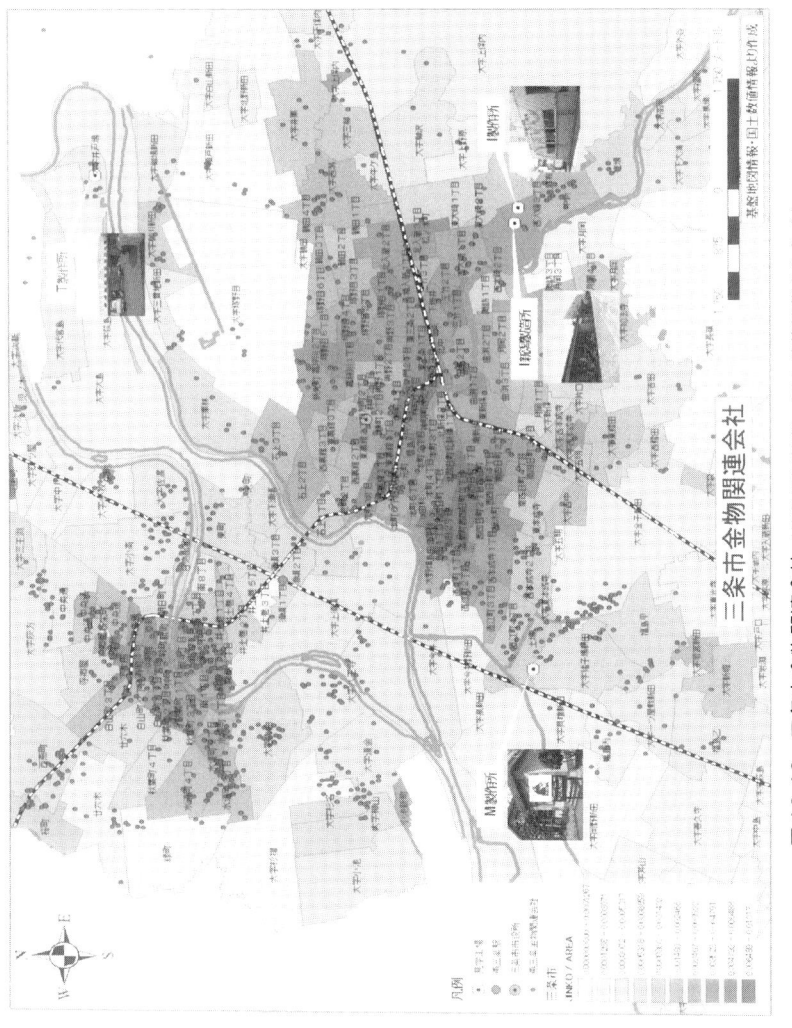

図12-10　三条市金物関連会社（基盤地図情報・国土数値情報より作成）

中心としている。三条市は燕市の製品を世界中に販売し，アウトドア用品などの新分野を切り開いている。三条の金物関連会社の分布図から以下のことがわかる（図12-10参照）。

・工場が，郊外立地だけでなく中心地にも多い。
　→　中心地にも多く立地している要因として，歴史的な結びつきがあるのではないか。
・河川沿いの立地が郊外では多い。
　→　工業用水や排水が行ないやすいように河川沿いに立地しているのではないか。
・工場が三条市と燕市に完全に分かれている。
　→　今日において互いの結びつきは強いが，歴史的な原因が考えられる。
・人口が密集しているところに工場も多く立地している。
　→　古くからの歴史や伝統が関係しているのではないか。
・営業所や倉庫を中心地において，工場を郊外に設置している企業もある。
　→　地域住民との騒音問題があるのではないか。

第4節　まとめ

　グローバル化した今日においては，江戸時代や明治時代のように自分たちの使うものを自分たちでつくり，消費するだけでは成り立たなくなっている。その理由としては，価格の安い海外からの輸入品が入ってくることによって，三条で生産された製品が消費されなくなってしまうからである。この現象は，三条だけでなく日本の産業全体の問題である。特に最近の急激な円高の影響によって中小の工場は安い外国製に負ける形で閉鎖や倒産に追い込まれているケースも少なくない。

　どの企業も直面している課題としてあったのがやはり，安い外国産製品にどう対応していくかであった。安さでは対抗できないのは，どの企業も理解している点である。そこで，高品質な製品を提供したり，開発力を活かしたさまざまなニーズへの対応という路線に活路を見いだしたのである。たとえば，下請けとして培ってきた技術力を活かして，I製作所では，自社ブランドを開発し，

下請け企業からの脱却をめざしている。また，その際にデザイン性を重視しているのが三条工場の特徴である。しかし，新規開発となると投資や設備の拡大などの金銭的な負担も発生する。

　地方の工場や，いわゆる小さな町工場といわれるところは，もともとはメーカー（大企業）の下請け企業であることが非常に多い。そのため，卸しているメーカー（大企業）が経営不振や生産の縮小を行なった場合，その影響を直に受けることとなってしまうのである。2008年9月のリーマンショックの影響による経済不況のときも，生産が伸び悩んでいる企業があったが，そういった影響であることがうかがえる。また，トヨタ生産方式を採用している企業は今日において多く存在するが，その問題点を指摘する声は少ない。在庫ゼロをめざす，ジャスト・イン・タイム（JIT）の生産方式は，下請け企業に在庫を置いているということはあまり知られていない。下請け企業がいつ注文されてもいいようにその在庫を多く抱えているのである。今回の工場見学でも，その一面をみることができた。また，海外に生産拠点を移す企業も今日においてはよくみられることであるが，そうすることによって，部品調達や組み立てもその進出先で行なわれることとなり，国内の下請け企業や，組み立て工場の廃業につながりかねないのである。

　新潟県三条市の中小企業を検討したが，わが国の中小企業はリーマンショックから景気低迷を続けている。特に自動車産業，航空機産業，機械産業，半導体産業，家電産業は大手企業の業績悪化を受けて中小企業にも悪影響を与えている。2008年には中越地域のステンレス加工大手のMメタルが韓国サムスン傘下となった。

　三条市の中小企業を含めて，わが国の中小企業が生き残るためには，自社開発製品とデザイン，外国人社員の3つがキーポイントとなると考える。そしてアジアへの展開は急務である。チャイナプラスワンではなく，東南アジアのマレーシアやインドネシアが要諦となる可能性が高い。

　ここまで問題点や課題について述べてきた。しかし，その問題点や課題をよく理解し，その解決に向けさまざまな取り組みがなされているのが工場見学をしているなかでみえてきた。また，その課題は，のびしろともいえる点であり，今後もたくさんの課題や問題に直面していくかもしれないが，三条市の歴史と

伝統の結びついた技術力はそれらの問題を解決していく能力を十分にもっていると確信している。さらに，三条では工場や企業間の相互協力体制ができているが，燕や加茂といった隣接した地域との協力体制を築いていくことも今後の課題である。

＜謝辞＞
　　M工作所の皆様，I製作所の皆様，I新潟製造所の皆様，T製作所の皆様には，実地調査の際には貴重なお話をうかがい，資料をいただき，お忙しい中親切に対応していただいたことにこの場をかりて感謝の気持ちを申しあげます。たいへんありがとうございました。

◆ 引用・参考文献

三条市ホームページ 「伊勢神宮へ和釘・金具を奉納」2011年8月15日参照
（URL：http://www.city.sanjo.niigata.jp/shokoka/page00151.html）
三条市史編修委員会（1983）「金物業と鍛冶職人」『三条市史　上巻』751-778頁
三条市史編修委員会（1983）「商工業と交通通信」『三条市史　下巻』277-288頁
三条市史編修委員会（1983）「昭和初期の商工業」『三条市史　下巻』501-507頁
『朝日新聞』「爪に優しいオープナー」新潟全県　2011年5月18日朝刊
『新潟日報』「製造工程の5割　現地へ」2010年5月6日朝刊

人名索引

● あ
アージリス（Argyris, C.）　35
アドラー（Adler, N. J.）　220
アンゾフ（Ansoff, I.）　58, 88, 89
アンドリュー（Andrews, K.）　88, 97

● い
イルゴエンヌ（Hirigoyen, M-F.）　177

● う
ウェーバー（Weber, M.）　12, 31
ウェルズ（Wells, L. T.）　192

● お
大前研一　89

● か
カークパトリック（Kirkpatrick, D. L.）　31
カソン（Casson, M.）　189
カプラン（Kaplan, R. S.）　144, 153

● き
キンドルバーガー（Kindleberger, C. P.）　189

● く
クラウゼヴィッツ（von Clausewitz, C.）　86
グラント（Grant, R.）　108

● こ
ゴシャール（Ghoshal, S.）　198, 209
コッター（Kotter, J. P.）　27, 35

● さ
サイヤート（Cyert, R. M.）　23
サイモン（Simon, H. A.）　3, 13, 33, 59, 60
サットン（Sutton, R. I.）　31
ザレズニク（Zaleznik, A.）　30

● し
ジャック・ウェルチ（Jack Welch）　99
シュンペーター（Schumpeter, J. A）　25
ジョンソン（Johnson, H. T.）　144

● す
ストーズ（Storrs, C.）　3
ストップフォード（Stopford, J. M.）　192

● せ
ゼノフォン（Xenophon）　88

● そ
孫子（Sun Tzu）　86

● た
ダニング（Dunning, J. H.）　190
タンポエ（Tampoe, M.）　85

● ち
チャーチ（Church, A. H.）　144
チャンドラー（Chandler, Jr., A. D.）　21, 87

● て
ティード（Tead, O.）　14
テーラー（Taylor, F. W.）　12, 16, 33
デュルケーム（Durkheim, É.）　3
テンニース（Tönnies, F.）　3

243

人名索引

● と
ドーズ（Doz, Y.） 207
ドラッカー（Drucker, P. F.） 24, 87

● な
ナハヴァンディ（Nahavandi, A.） 29

● に
ニーチェ（Nietzsche, F. W.） 41

● の
ノートン（Norton, D. P.） 153

● は
ハーズバーグ（Herzberg, F.） 3, 25, 41, 46, 61
パーソンズ（Parsons, T.） 3
バートレット（Bartlett, C. A.） 198, 209
バーナード（Barnard, C. I.） 3, 10, 33, 58, 60, 213
バーノン（Vernon, R.） 191
パールミュッター（Perlmutter, H. V.） 185
ハイマー（Hymer, S. H.） 187
バックレー（Buckley, P. J.） 189
ハメル（Hamel, G.） 97
パレート（Pareto, V.） 3

● ひ
ビル・ゲイツ（Bill Gates） 99

● ふ
ファヨール（Fayol, J. H.） 3, 12, 19
フォード（Ford, H.） 13
プラハラード（Prahalad, C. K.） 97, 207
フロイト（Freud, S.） 42

● へ
ベイン（Bain, J. S.） 188

● ほ
ポーター（Porter, M. E.） 85, 204
ホール（Hall, E. T.） 215
ホフステッド（Hofstede, G.） 217

● ま
マーチ（March, J. G.） 23
マクミラン（Macmillan, H.） 85
マグレガー（McGreger, D. M.） 3, 25, 41, 44, 61
マズロー（Maslow, A. H.） 3, 25, 41, 42

● み
ミンツバーグ（Mintzberg, H.） 89, 91, 96

● め
メイヨー（Mayo, G. E.） 3, 6, 33, 61

● ら
ラグマン（Rugman, A. M.） 190

● り
リッカート（Likert, R.） 25, 34, 41, 49, 61
リリエンソール（Lilienthal, D. E.） 185

● れ
レスリスバーガー（Roethlisberger, F. J.） 3, 6, 61
レビット（Levitt, T.） 93

● ろ
ロック（Rock, I.） 31

● わ
ワイク（Weick, K. E.） 33

● 事項索引 ●

● あ
R & D　189
I-R フレームワーク　207
アクティビティ　145
アナロジー　56
アネクドウト　90

● い
EVA（経済的付加価値）　153
意思決定　53, 54
イノベーション　14
インターナショナル企業　198
インタンジブルズ　155
インフォーマル　9

● え
営業量　123
ABM（活動基準原価管理）　147
ABC（活動基準原価計算）　143
SNS　90
X 理論　41, 45
M & A　105
M-H 理論　46
MPI 方式　233

● お
オフザジョブ・トレーニング（Off-JT）
　　68
オペレーショナル・コントロール　118
オンザジョブ・トレーニング（OJT）　68,
　　167

● か
海外直接投資　183
カオス　36

価値工学（VE）　151
価値連鎖　148
加点評価　72
金沢セクシュアルハラスメント訴訟　174
株主利益　115
間接輸出　182
感度分析　126
管理会計　114

● き
機会原価　121
企業の判断　156
企業の評判　156
技術開発　204
キャッシュ・フロー　71
キャッシュ・フロー経営　127
キャパシティ・コスト　121
強制わいせつ罪　174
業績評価　137
共通費　139
協働意欲　12
京都セクハラ（呉服販売会社）事件　177
業務起因性　166
業務遂行性　166

● く
グローバル企業　198
グローバル統合　207
グローバル・マトリックス　193
クロス・ファンクショナル・ティーム
　　145

● け
経営会計　114
計画機能　128

245

事項索引

経済計算　143
継電器組み立て実験　7
ケイパビリティ　23
限界利益　125
原価企画　150
原価基準　138
原価計算　116
原価作用因　145
原価割当　148
現地志向型　186
減点評価　72

● こ
コアコンピタンス　52
強姦罪　174
貢献利益　125
交渉価格　138
高低点法　123
コーポレートガバナンス　61
コーポレート・レピュテーション　156
国際生産の折衷理論　190
国際貿易　182
個人主義　218
コスト・ドライバー　145
コスト・プール　145
固定費　120, 123
個別設定目標　80
コミッテッド・コスト　121
コミットメント　107
コモディティ製品　239
コンソーシアム　105
コンティンジェンシー理論　34
コンテキスト　85, 88, 92
コンテキストレベル　217
コンピテンシー　70
コンプライアンス　5
コンフリクト　24

● さ
最小自乗法　124
債務不履行　165
債務不履行責任　164
差額原価　121

● し
CSR　66, 82
市価基準　138
事業部制組織　136
資金調達に伴うコスト　143
事後措置　170
静岡労働基準監督署長（日研科学）事件　166
事前措置　170
シナジー　105
資本コスト　143
資本予算　143
社内金利制度　140
社内資本金制度　141
収益性指数法　142
集団主義　219
準強制わいせつ罪　174
準強姦　174
準固定費　120
準変動費　120
傷害罪　174
使用者責任　164
正味キャッシュ・フロー　143
正味現在価値法　142
照明実験　7
職能的職長　18
職能部門別組織　136
職能別組織　18
所有特殊的優位　190
人事管理（PM）　65
人事・労務管理　204
心的外傷後ストレス障害（PTSD）　161

246

人的資源管理（HRM） 64, 65

●す
スキル 67
図式尺度法 72
スタッフ 115
ステークホルダー 23
ストレス 157

●せ
世界志向型 186
セクシュアルハラスメント 83, 157, 172
設備投資 141
セブンイレブン 105
全般管理 204
戦略計画 118
戦略構築プロセス 108

●そ
総資本利益率 123
損益分岐点図表 124

●た
多国籍企業 185
タスクフォース 15
男性度 220

●ち
地域志向型 186
チャイナプラスワン 241
中小企業クラスター地域 239
懲戒処分 162
長期志向 220
調整機能 128
調達活動 204
直接輸出 182

●つ
ツイッター 90

●て
テクノロジー 107
伝統的製造間接費配賦 146

●と
投資利益率（ROI） 154
統制機能 128
トップダウン 49
トップダウン法 133
トップマネジメント 133
トナミ運輸事件 165
ドメイン 52
トヨタ生産方式 233
豊中市不動産事業協同組合事件 162
ドローイング 56

●な
内部化 189
内部化優位 190
内部振替価格 138
内部利益率法 142
ナウエコノミー 100
ナレッジ 90
ナレッジマネジメント 5

●に
人間の選択の理論 60

●は
パーソナリティ 4
ハイパフォーマー 77
配賦 139
ハイマー理論 187
ハウスウェア 239
発生主義 127

事項索引

パフォーマンス　68
ハラスメント　157
パラダイムシフト　27
バランスト・スコアカード（BSC）　153
バリューチェーン　204
パワーハラスメント　83, 157, 158
バンク・オブ・アメリカ・イリノイ事件　163
バンク巻き線作業観察実験　7

●ひ
ヒエラルキー　49
非付加価値コスト　148
費目別精査法　123
標準原価　149

●ふ
ファーストムーバー　103
5フォース　85, 101
フェイスブック　90
フォーマル　9
フォロアー　32
付加価値コスト　148
付加価値標準　148
不確実性の回避　220
付加原価　122
福岡セクシュアルハラスメント事件　175
部門横断組織　145
プライオリティ　94
プライバシー　66
プライバシー侵害　161
フランチャイザー　105
フランチャイジー　105
フランチャイズ　105
フレームワーク　85, 101
ブロードバンディング　75
プロジェクト（計画）　143

プロジェクトチーム　15, 151

●へ
ベッレヘム製鋼所　17
変動費　120, 123

●ほ
ホーソン実験　6
ボトムアップ　49
ホフステッド理論　217
本国志向型　185
本社費　139

●ま
マーケットドリブン　106
マーケティング　75
マーケティング的近視眼症候群　93
埋没原価　121
マクドナルド　105
マネジド・コスト　121
マネジメント・コントロール　118
マルチナショナル企業　198

●み
ミクシィ　90
三井住友海上火災上司事件　161
ミッション　32, 52
ミッドベール製鋼所　17

●む
無形資産　155

●め
メタファー　56
面接調査実験　7
メンタルヘルス　83

248

●も
モーラル・サーベイ　10
モチベーション　45
モラルハラスメント　157, 177

●ゆ
U福祉会事件　164
ユニリーバ　210

●よ
予算統制　128
予算編成　128
欲求5段階説　41, 43
予定財務諸表　132

●ら
ライセンシング　183, 188
ライン　115

●り
利益計画　124
理想的配賦システム　144

リソース　92, 102
リーダーシップ　27, 28
立地特殊的優位　190
リーディングケース　157
リーディングテクノロジー　107
リーマンショック　241

●る
累積的回収期間法　142

●ろ
ロイヤルティ　105
労働組合　81
ローテーション　66
ロビイスト　107
論述法　72

●わ
ワークライフバランス　82
Y理論　41, 45
割引キャッシュ・フロー　142

249

● 執筆者一覧

宮脇　敏哉	事業創造大学院大学事業創造研究科	1章, 2章, 3章, 4章
野呂　一郎	清和大学法学部	5章, 6章
和田　造	新潟経営大学経営情報学部	7章, 8章
金津　謙	実践女子大学人間社会学部	9章
深見　環	四天王寺大学人文社会学部	10章, 11章
太田　義人	上越教育大学大学院学校教育研究科	12章
辰巳　佳彦	上越教育大学大学院学校教育研究科	12章
宮脇　広哉	上越教育大学大学院学校教育研究科	12章

● 編著者

宮脇敏哉（みやわきとしや）

1955 年　宮崎県出身
2010 年　山口大学大学院東アジア研究科後期博士課程東アジア専攻単位取得満期退学
現在　　事業創造大学院大学事業創造研究科教授（経営情報学修士）

主著：（単著）　『ベンチャー企業概論』創成社
　　　　　　　『ベンチャー企業経営戦略』税務経理協会
　　　　　　　『ベンチャー企業産学官連携と財務組織』学文社
　　　　　　　『ベンチャー企業マーケティングと経営管理』同友館
　　　　　　　『急成長現代企業の経営学』大阪経済法科大学出版部
　　　　　　　『マーケティングと中小企業の経営戦略』産業能率大学出版部
　　　　　　　『現代経営管理と経営戦略モデル』流通経済大学出版会
　　　　　　　『中小企業・地場産業のリスクマネジメント』第一法規
　　　　　　　『ベンチャービジネス総論』税務経理協会
　　　　　　　『マーケティング経営戦略』白桃書房
　　　（共著）　『サスティナブルマネジメント』日本工業新聞社
　　　　　　　『TAX&LAW 事業再生の実務－経営・法務・会計・税務－』第一法規
　　　　　　　『経営診断学の基礎理論と未来展望』同友館
　　　　　　　『経営教育事典』学文社
　　　　　　　『TAX&LAW 事業再生の実務－経営・法務・会計・税務－追録集 13 集』
　　　　　　　　第一法規
　　　　　　　『TAX&LAW 事業再生の実務－経営・法務・会計・税務－第 2 巻 14 集』
　　　　　　　　第一法規
　　　　　　　『企業経営の基礎』東京経済情報出版
　　　　　　　『日本と中国の現代企業経営』八千代出版

産業心理と経営学

| 2012年11月1日 | 初版第1刷印刷 | 定価はカバーに表示 |
| 2012年11月10日 | 初版第1刷発行 | してあります。 |

編著者　　宮　脇　敏　哉
発行所　　㈱北大路書房
〒603-8303　京都市北区紫野十二坊町12-8
電　話　(075) 431-0361㈹
Ｆ Ａ Ｘ　(075) 431-9393
振　替　01050-4-2083

© 2012　　DTP制作／T.M.H.　印刷・製本／亜細亜印刷㈱
検印省略　落丁・乱丁本はお取り替えいたします。
ISBN978-4-7628-2788-4　　Printed in Japan

・ JCOPY 〈㈳出版者著作権管理機構 委託出版物〉
本書の無断複写は著作権法上での例外を除き禁じられています。
複写される場合は，そのつど事前に，㈳出版者著作権管理機構
(電話 03-3513-6969,FAX 03-3513-6979,e-mail: info@jcopy.or.jp)
の許諾を得てください。